MÉMOIRES

1

Du même auteur

L'Affaire Audin, Minuit, 1958.
La Raison d'État, Minuit, 1962.
Clisthène l'Athénien (avec P. Lévêque), Les Belles-Lettres, 1964; rééd. Éditions Macula, 1983 et 1992.
Le Bordereau d'ensemencement dans l'Égypte ptolémaïque, Bruxelles, Fondation égyptologique Reine Elizabeth, 1967.
Journal de la Commune étudiante (avec Alain Schnapp), Éditions du Seuil, 1969; nouvelle édition, préface de Pierre Sorlin, coll. « L'Univers historique », Seuil, 1988.
La Torture dans la République, Minuit, 1972; rééd. Maspero, 1975, La Découverte, 1983.
Économies et Sociétés en Grèce ancienne (avec M. Austin), Armand Colin, 1972, 6e éd. 1992.
Mythe et Tragédie en Grèce ancienne (avec Jean-Pierre Vernant), Maspero, 1972.
Les Crimes de l'armée française, Maspero, 1975.
« Flavius Josèphe ou du bon usage de la trahison », introduction à *La Guerre des Juifs,* Minuit, 1977.
Le Chasseur noir, Formes de pensée et formes de société dans le monde grec, Maspero, 1981; La Découverte, 1983 et 1991.
« Flavius Arrien entre deux mondes », postface à *L'Histoire d'Alexandre,* Minuit, 1984.
Mythe et Tragédie-Deux (avec Jean-Pierre Vernant), La Découverte, 1986.
Les Assassins de la mémoire, La Découverte, 1987; Seuil, coll. « Points Essais », 1995.
Atlas historique (sous la direction de), Hachette, 1987.
L'Affaire Audin, 1957-1978, Minuit, 1989.
Face à la raison d'État, La Découverte, 1989.
La Démocratie grecque vue d'ailleurs, Flammarion, 1990.
Les Juifs, la mémoire et le présent, t. I et II, La Découverte, 1991; Seuil, coll. « Points Essais », 1995 (en un volume).
La Grèce ancienne (avec Jean-Pierre Vernant), *I : Du mythe à la raison, II : L'espace et le temps, III : Rites de passage et transgressions,* Seuil, coll. « Points Essais », 1990-1992.
Le Trait empoisonné. Réflexions sur l'affaire Jean Moulin, La Découverte, 1993.
« Jacques Maritain et la question juive. Réflexions sur un parcours », préface de *L'Impossible Antisémitisme* de Jacques Maritain, Desclée De Brouwer, 1994.

PIERRE VIDAL-NAQUET

MÉMOIRES

1

La brisure et l'attente
1930-1955

ÉDITIONS DU SEUIL
LA DÉCOUVERTE

ISBN 2-02-019882-7

A la mémoire de mes frères
Yves (février-juin 1940)
Claude (janvier 1944-juin 1964),
pour François et Aline.

Avant-propos

Ce livre est le premier volume d'un récit de ma vie, de mon histoire intellectuelle et morale, et des événements extérieurs et intérieurs qui m'ont conduit, non sans cassures et sans remaniements, à être ce que je suis aujourd'hui. J'ai longtemps résisté à ceux qui me pressaient d'écrire un tel livre, l'« ego-histoire » d'un historien. C'est Michel Chodkiewicz, alors à la tête des Éditions du Seuil, qui a fini par emporter ma décision, une décision que j'ai mis très longtemps à faire passer du possible au réel.

Une fois le travail commencé, l'entreprise m'est apparue rapidement d'une tout autre ampleur que je ne le prévoyais. Initialement, je pensais – et telle était aussi l'hypothèse de base de mes éditeurs – glisser rapidement sur les années d'enfance et de jeunesse pour aborder ma vie de chercheur dans le domaine de la Grèce ancienne et de militant contre la torture et contre la guerre d'Algérie, c'est-à-dire la partie publique de mon existence, qui commence en 1957, même si j'avais fait quelques tentatives en 1948-1949, en fondant une petite revue qui s'appelait *Imprudence*. Or il s'est au contraire révélé que, si je voulais me comprendre moi-même et rendre mon expérience d'homme significative pour le lecteur, je devais insister longuement sur mes vingt-cinq premières années, qui se terminent en octobre 1955 – à cette époque, l'année scolaire commençait au mois d'octobre – par mon entrée dans la vie professionnelle.

Mémoires ou *histoire* de ma vie ? Une bonne partie de mon travail, ces quinze dernières années, a consisté à réfléchir sur les rapports entre mémoire et histoire, sur ce qui les oppose, sur ce qui les rassemble ou devrait les rassembler. Les *Mémoires* d'un historien ne se heurtent pas, dans leur principe, à des obstacles différents de ceux que rencontre un ambassadeur, un syndicaliste ou un mathématicien. La seule différence est qu'un historien est censé être conscient de la nature de ces obstacles. Il n'existe pas d'un côté une mémoire qui serait pure subjectivité et, de l'autre, une histoire intégralement objective et scientifique. Celui qui a fondé le genre moderne de l'autobiographie, Jean-Jacques Rousseau, a écrit ses *Confessions* armé d'une « liasse » de correspondance reçue ou expédiée, et si les historiens modernes établissent qu'ici il s'est trompé de six mois et là de deux ans, il n'en demeure pas moins qu'il a voulu écrire un récit exact, c'est-à-dire une histoire. Inversement, il n'existe pas d'histoire, même cherchant à échapper à la logique du récit chronologique, qui ne repose à un certain degré sur la mémoire d'un ou de plusieurs individus. Robert Bonnaud, le plus « scientiste » des théoriciens contemporains de l'histoire, accepterait sans doute cela, qui découle, entre autres, des réflexions de Raymond Aron, Henri-Irénée Marrou et Paul Veyne.

Je sais donc que j'écris, en 1994, un récit qui commence avec les années trente et qui remonte parfois plus loin dans le temps. Je sais aussi, lecteur de Claude Bremond, de Louis Marin, de Paul Ricœur, et, pour le cinéma, de Pierre Sorlin, les pièges que tend à celui qui le pratique le genre du récit. Et sans qu'il soit besoin de faire appel à une référence savante, une nouvelle de J. L. Borges m'a appris, une fois pour toutes, qu'il en est du récit comme de la carte de géographie : il ne saurait s'identifier à ce qu'il veut décrire, c'est un choix avec tout ce qu'un choix comporte d'arbitraire pour celui qui n'est pas dieu, pas même de son propre univers.

J'ai intitulé, après beaucoup d'hésitations, ce livre *La Brisure et l'Attente*. C'est le titre de deux chapitres, l'un raconte ce que furent pour moi la guerre et l'exode, l'autre est centré sur cette année 1945 pendant laquelle j'attendis en vain le retour de mes parents déportés. Mais le rassemblement de ces deux titres va très au-delà de ces deux moments de mon histoire, car la brisure, c'est l'effondrement d'un monde dans lequel, enfant, je me croyais en sécurité, la disparition de ceux qui étaient pour moi le lien symbolique et affectif avec l'ordre du monde – mes parents. Quant à l'attente, au-delà de l'espérance du Retour, c'est aussi celle du monde nouveau qui devait sortir de la Libération et de la Victoire, et qui s'appela en réalité la guerre froide.

Ce récit suit, dans l'ensemble, l'ordre du temps, mais il n'hésite pas, ici ou là, à s'en affranchir, soit qu'il m'ait paru nécessaire de prolonger tel ou tel moment très au-delà de sa place dans mon récit, voire d'évoquer d'un mot ce que sont devenus tel ou tel de mes proches, soit que j'aie décidé, comme c'est le cas aux chapitres III et IV, d'aborder une même période chronologique sous deux angles tout à fait différents. Il existe, selon Pierre Bourdieu, une « illusion biographique ». Toute vie paraît s'inscrire dans un continu, même lorsqu'elle est traversée de ruptures. L'autobiographie renforce à la fois cette illusion, puisque personne n'a autant qu'un individu le sentiment d'avoir toujours été lui-même, et la rend impossible en ce sens que, fussent-ils rédigés prétendument d'outre-tombe, des Mémoires sont, par définition, écrits par un vivant qui ne connaît pas la fin de sa propre histoire.

Dans le cas particulier de ce livre, il se trouve que le récit n'est pas uniquement *mon* récit. Il s'appuie largement, par exemple, au cours des quatre premiers chapitres, sur la correspondance de mes parents échangée entre eux deux, et avec d'autres, sur le Journal que tint mon père entre septembre 1942 et février 1944, et sur nombre de documents directs comme cet autre Journal, celui que tint ma sœur à partir du

15 mai 1944, date de l'arrestation de nos parents. Mon livre est donc aussi l'histoire de Margot et de Lucien, celle qu'ils n'ont pu écrire, et si je parle d'eux en les appelant par leurs prénoms respectifs, c'est à la fois pour objectiver mon récit et pour souligner le fait que je suis, depuis longtemps, leur aîné, par le simple fait que je leur ai si largement survécu.

Mais cet ouvrage s'appuie aussi sur la connaissance que je peux avoir, que j'ai acquise depuis, de la période historique que j'ai traversée. C'est en ce sens qu'il est un livre d'histoire autant que de mémoire, un livre d'histoire dont je suis à la fois l'auteur et l'objet. Je l'ai pourtant voulu linéaire et dépourvu de notes de référence, ce qui n'est pas dans mes habitudes intellectuelles. Les rares notes à avoir subsisté sont celles dont je ne pouvais me passer pour éclairer tel ou tel point particulier.

Il me reste à remercier ceux qui m'ont aidé à mettre au point un manuscrit dont la rédaction s'est étendue, avec de nombreuses interruptions, de l'été 1992 à l'automne 1994. Ils sont nombreux, et il est inutile que je les nomme tous puisqu'on les identifiera au fil de ces pages. Je tiens pourtant à dire ma gratitude et mon affection à ma sœur Aline Squercioni et à mon frère François. Dans ma famille, je dois aussi nombre de documents que je cite à ma cousine Arlette Vidal-Naquet, tandis que mes cousins Gérard et Jacques Brunschwig ont lu un premier jet de mon manuscrit et m'ont évité bien des bévues. Anne Debré-Millerand, mon amie d'enfance, m'a communiqué un jeu de lettres adressées par mon père au sien, Jacques Millerand. Une autre de mes amies d'enfance, Nicole Sels (Cattan), m'a aidé à classer nombre de documents de famille sur lesquels je m'appuie. Anne-Marie et Yves Ozanam m'ont fourni de précieuses informations, l'une à partir des archives du lycée Henri-IV, l'autre à partir de celles du Conseil de l'ordre des avocats. Chantal Bonazzi et Serge Klarsfeld m'ont remis des documents d'archives venant du camp de Drancy. Christian Oppetit a fait des dépouillements pour moi aux archives des Bouches-du-Rhône. Yves Touchefeu m'a précisé des points de chronologie et de topographie nantaises. Isabelle Rozenbaumas a été, une fois encore, ma documentaliste : elle a mis en ordre des papiers assez informes et consulté pour moi un nombre énorme de livres et de vieux journaux. Henri Raczymow, aidé d'Annette Wieviorka, a saisi sur ordinateur, en 1992, une première version de ce volume à géométrie variante. Jean-Pie Lapierre au Seuil et François Gèze à La Découverte ont été, eux aussi, des lecteurs avertis et, comme il se doit, sévères. Je n'ai trouvé auprès du service de fabrication des Éditions du Seuil que gentillesse et compréhension. Les premières épreuves ont été lues et corrigées par Nicole Sels avec l'exceptionnelle compétence qui est la sienne.

A tous j'adresse mes remerciements très chaleureux. Il est cependant de stricte justice de dire que, sans l'aide d'une autre personne, ce livre, tout simplement, n'existerait pas. En effet, Maud Sissung, qui fait cela pour moi depuis 1961, a mis au point la version définitive de ces pages, avec l'astuce et le sens littéraire qui lui sont propres.

Enfin Geneviève, ma femme, a créé les conditions qui m'ont permis d'écrire ces *Mémoires* dans la paix et a été la première lectrice – critique – de mon manuscrit.

Fayence-Paris,
août 1992-novembre 1994.

CHAPITRE I

Une enfance bourgeoise

Je suis né à Paris, au domicile de mes parents, 63 *bis*, rue de Varenne, en plein faubourg Saint-Germain, le 23 juillet 1930. Il était entendu, à l'époque, qu'une femme de bonne bourgeoisie devait accoucher à domicile. C'était au médecin de se déplacer. De fait, sur les cinq enfants que ma mère mit au monde, seul le dernier, Claude, naquit en clinique à Marseille, le 23 janvier 1944. Ce n'est pas une date indifférente.

J'étais le premier enfant de mes parents et un garçon, ce qui, dans un milieu bourgeois, juif par-dessus le marché, n'était pas sans conséquences. On attendait plus d'un fils aîné et on exigeait donc plus de moi. Je fus très vite conscient de cette particularité. Cela dit, comme mon frère François et ma sœur Aline se succédèrent rapidement (respectivement le 22 janvier 1932 et le 6 février 1933), je n'eus jamais le sentiment d'être un enfant unique. Dans un de mes plus vieux souvenirs, je m'entends en train d'essayer d'apprendre à François l'usage du mot térébenthine. Pour quelle raison mystérieuse, je ne sais.

Mon père Lucien va jouer dans ces pages un tel rôle que je me contenterai, ici, de dire son parcours initial. Avocat, fils d'avocat – son père Edmond s'inscrivit au Barreau en 1892 –, il était né à Paris le 27 février 1899, en pleine affaire Dreyfus à laquelle les siens avaient très ardemment participé. C'était cependant avant la victoire (relative) que représentèrent la cassation et la grâce du capitaine (septembre 1899), et c'est son jeune frère, né en 1900, qui reçut un triple prénom dreyfusard : Georges comme Picquart, Émile comme Zola, Alfred comme le héros de l'Affaire. Incorrigiblement historien, je noterai que dans cet ordre le militaire précède le civil, et que les deux « chrétiens » qui se vouèrent à la cause de Dreyfus précèdent le prénom du Juif.

Lucien ne fit pas la guerre ; mobilisé en octobre 1918, il participa, sans état d'âme, à l'occupation de la rive gauche du Rhin. Le 21 juin 1919, une semaine avant la signature du traité de Versailles, il écrit à ses parents : « Nous attendons les événements dans le plus grand calme, étant persuadés que les Boches diront "oui" à nos conditions et pensant qu'il faut interpréter dans ce sens le remaniement intérieur de leur gouvernement. »

Après l'armée, licencié en droit, diplômé de l'École « libre » des sciences politiques, il prête son serment d'avocat le 15 novembre 1921, entre au cabinet de René Viviani, le président du Conseil de 1914, un « Algérien » comme on disait à l'époque, c'est-à-dire un « pied-noir » qui, pour se tenir la voix en forme, apprenait par cœur tous les ans une tragédie de Racine. Lucien l'accompagnait au Palais le jour où il fut pris de la crise de folie qui mit un terme à sa vie professionnelle et à sa vie politique. Il fut, un temps aussi, collaborateur de Me Raymond Rosenmark, qui avait un des plus gros cabinets de Paris. Reçu cinquième au concours de la conférence du stage en 1926, il eut, comme ses camarades de promotion, à poser à la promotion suivante de difficiles questions de droit, comme celle-ci : « Un testament par lequel un testateur exhérède tous ses successibles sans leur substituer personne doit-il être tenu pour nul ? », ou cette autre : « La convention passée entre deux médecins et par laquelle ils s'engagent l'un envers l'autre à ne pas exercer leur profession dans un rayon déterminé est-elle valable ? » Un quatrain qui circulait dans sa promotion – elle donna trois bâtonniers au Barreau de Paris : Maurice Alléhaut, Jean Dars et Paul Arrighi – le dépeignait :

Pince-nez acéré d'un trop subtil regard
Il ironise et sans pitié…

Son humour passait, en effet, pour impitoyable. Il ne résistait pas au plaisir d'un bon mot, et commença ainsi une plaidoirie : « M. X. hier boulanger, aujourd'hui percepteur, est toujours dans le pétrin. »

Il entra après le stage, en 1928, au cabinet d'Alexandre Millerand, et c'est là surtout qu'il se forma et qu'il noua ses plus vives amitiés. Sa conscience professionnelle, marquée par le soin très minutieux avec lequel il préparait ses dossiers, ne fait aucun doute. Son talent d'orateur était généralement apprécié. Il m'est impossible d'en juger puisque, pour des raisons évidentes, je ne l'ai jamais entendu plaider. Une seule de ses plaidoiries, à ma connaissance, a été publiée[1]. Le thème n'en manque pas d'intérêt. Une société productrice de films, la Tobis Sachsa, prétendait au statut d'auteur d'un film, *Mascarade*. Plaidant en février 1939 pour la Société des gens de lettres, Lucien lui déniait ce droit, non sans humour : « Messieurs, je suis tout prêt pour ma part à reconnaître à la Tobis Sachsa la faculté d'être ironique et spirituelle. Je veux bien goûter ce style si personnel de la Ufa, je veux bien goûter comme il convient le génie d'invention de la Metro-Goldwyn ou de la Paramount ; mais à une condition, cependant, c'est qu'il soit établi sans discussion possible que la Tobis, la Metro-Goldwyn, la Ufa ou la Paramount auront pris une part personnelle, à quelque titre que ce soit, à la création du film litigieux. » L'argument paraît péremptoire. Mais Lucien perdit son procès. Pendant l'Occupation, la Tobis, société viennoise, fut, en France, un des principaux relais de la propagande nazie.

Lucien épousa, le 17 juin 1929 à Marseille, Marguerite Valabrègue que personne n'appela jamais autrement que

1. *Revue des grands procès contemporains*, XLV (1939), p. 61-82.

Margot, issue d'une vieille famille comtadine – Gabriel, père du compositeur Darius Milhaud, était un cousin germain de son père. Elle était née le 20 mai 1907 à Marseille mais on ne fêtait pas son anniversaire le 20 mai, car le jour de ses dix ans, et de ceux de sa jumelle Marthe, leur frère Pierre, brillant aspirant, ancien camarade de lycée d'Albert Cohen et de Marcel Pagnol, était tombé au Chemin des Dames. Je dois mon prénom à cet oncle auquel un petit sanctuaire – grande photo barrée de tricolore, texte des citations qui lui avaient été décernées – était consacré dans la maison familiale de Marseille.

Mariage arrangé, mariage d'amour ou, comme on disait à l'époque, d'inclination ? Les choses ne sont pas si simples. On peut suivre le cours – rapide – des événements grâce au Journal que tenait à l'époque Marthe Valabrègue, sœur jumelle de Margot, son miroir en quelque sorte, et qui vécut cette union un peu comme un arrachement.

Margot et Lucien se sont vus pour la première fois le 8 décembre 1928 au mariage de Georgette Vidal-Naquet, cousine – issue de germains – de Lucien. Celui-ci est ainsi défini : « Un certain cousin Lucien V.-N. dont plusieurs personnes ont parlé à nos parents, avocat plein d'avenir, de qualités, etc., est destiné plutôt à Margot. » Parmi les personnes en question, une dame Régine Bollack née Valabrègue. Mais, à ce dîner, personne ne présente Lucien, pas plus aux jumelles qu'à quiconque. « Le pauvre garçon errait tout seul. » Marthe n'en écrit pas moins : « Margot en était emballée et il lui plaît beaucoup. Il paraît très intelligent, avocat d'avenir et pour le moment secrétaire de Millerand. »

Dès le mois de janvier 1929, les choses s'accélèrent. « Vidal-Naquet revient sur l'eau », comme le note Marthe le 9. Les négociations s'engagent avec Emmanuel Vidal, oncle de Lucien, personnage dont j'aurai à reparler, et toujours par l'intermédiaire de Régine Bollack, qui joue le rôle traditionnel de la « marieuse ». Au niveau des familles, l'accord est conclu le 23 : « Ils sont tous ravis. Seulement le principe c'est que Margot et Lucien V.-N. doivent se voir et se plaire. Margot est très excitée ; elle l'aime déjà. » Des rencontres plus sérieuses et plus tranquilles eurent lieu en février, généralement en présence d'Hermine, sœur aînée de Margot. Le 11, Margot téléphone et Marthe résume ainsi les propos de sa sœur et ses propres interrogations : « Elle le trouve très beau, très simple. Il lui est très sympathique. J'ai dit : “Tu l'aimes.” Elle a dit : “Non, quand il parle il est très gentil, très timide”, et la glace a été rompue quand Margot lui a dit : “Quel sale métier on vous fait faire !” [...] Elle va en avoir des choses à raconter, cette Margot volcanique. » Dès le 23 février : « Dans la ville cela [les fiançailles] se sait. [...] Je ne sais par quel miracle. »

Le 27 février, Marthe note encore : « Margot malheureuse sans son Lucien. L'oncle Emmanuel écrit une lettre pleine de compliments pour Margot et que Lucien n'avait plus sa raison depuis qu'il était fiancé. » Et l'on se met à parler bijoux, pendant que la génération précédente, bien sûr, parle appartement et dot. Le jugement de Marthe sur Lucien reste favorable : « Il est très bon, drôle, intelligent. » Le jour de leur anniversaire commun (20 mai), Marthe note : « Vingt-deux ans après, l'une, Margot, est sur le point de quitter Marthe pour la vie, car toute son âme, tout son corps n'appartiennent plus qu'à Lucien. » Et elle le répète le 10 juin, une semaine avant le mariage : « Margot pleure de quitter sa sœur. [...] Mais au fond de ses larmes vibrait la corde du bonheur acquis. »

A la mairie, l'adjoint au maire socialiste qui procéda au mariage civil, Me Grisoli, fit peu d'impression en raison de son manque d'élégance. « C'est le régime socialiste ! », note Marthe. Un rabbin procéda au mariage religieux le 18 juin, dans la maison des parents de Margot. Lucien racontait volontiers que, venu à Marseille pour faire changer de nom à sa fiancée, il était choqué d'être appelé un peu partout « M. Valabrègue ». Marthe exprimait des sentiments inverses :

« Plus de Margot Valabrègue. J'ai pris mon premier bain dans la baignoire avec Madame L. V.-N. » Que ce mariage, commencé sous les plus bourgeois des auspices, soit devenu un mariage d'amour, avec, du côté de Lucien, un accent quelque peu paternel qui s'explique aisément par la différence d'âge, ne fait aucun doute. J'ai trouvé un jour rue de Varenne, après la guerre, ce mot écrit par ma mère : « Je vous aime et je vous bénis. »

Ce mariage en entraîna un autre, celui de Georges Vidal-Naquet et de Marthe Valabrègue. Marthe refusa énergiquement d'épouser Pierre Ulmo, maître de forges et cousin germain de Lucien. Ses parents s'opposèrent à un mariage avec Raymond Aron qui ne leur paraissait pas disposer de ressources suffisantes ; elle épousa Georges par amour en 1931.

Le mariage de Lucien et Margot fut accompagné, comme il se doit, des plus classiques vœux de bonheur. Ainsi, le bâtonnier Albert Salle écrivit à mon grand-père Edmond : « Il [Lucien] est au plus beau moment de sa vie ; le Palais l'a accueilli avec une faveur marquée et il va fonder un foyer où doit régner le bonheur. L'avenir lui sourit et il est digne de cette faveur. » Plus personnelles sont les remarques de César Campinchi, futur ministre de la Marine, au moment des fiançailles, en mars 1929 : « Je te félicite de ton choix. Car je suis sûr qu'elle est digne de toi, mais dis-lui aussi qu'elle a eu le "goût bon", comme on dit dans Molière. Du talent, de la culture, la sympathie générale qui te fait cortège – et, ce qui est mieux que tout : une élévation morale qui n'est plus guère de notre temps : ce sont les beaux joyaux que tu mets dans la corbeille… »

Ma mère n'était pas très grande, ses cheveux châtains avaient une ravissante nuance de roux dont deux de mes frères ont hérité. Elle était moins « classiquement » belle que sa jumelle Marthe, mais avec une grâce et un charme que son mari et ses enfants n'ont pas été les seuls à remarquer. Au demeurant, sportive, joueuse de tennis classée – je me souviens de ma stupeur lorsque, en 1941, elle fit quelques jeux avec un brillant jeune homme au tennis Plauchut, à Marseille, qu'elle écrabouilla proprement. Elle avait poussé ses études moins loin que sa sœur aînée Hermine, née en 1901, et docteur en droit, ou que sa cousine Odette Valabrègue, agrégée de mathématiques, mais elle avait largement entamé des études de biologie à l'université d'Aix. En ce temps, chez les jeunes filles de la bourgeoisie, il fallait être orpheline ou vouée au célibat pour mener jusqu'au bout un cursus universitaire. Parmi les femmes de ma famille, seule Renée Wechsler, cousine germaine de mon père et orpheline, acheva ses études et devint médecin. Isabelle, sœur aînée de mon père, intelligence brillante, sensible et musicale, ne put même pas aller jusqu'au bachot.

Margot qui, bien à tort, doutait d'elle-même, m'a sans doute moins marqué que Lucien. Et pourtant, je ne puis penser à ma mère sans l'associer à la poésie, qui devait tant compter dans ma vie. Mon père m'a lu et fait lire d'innombrables vers, *Le Cid*, par exemple, à l'âge de huit ans, mais c'est ma mère que j'entends encore réciter la fin des « Phares » de Baudelaire :

> Car c'est vraiment, Seigneur, le meilleur témoignage
> Que nous puissions donner de notre dignité
> Que cet ardent sanglot qui roule d'âge en âge
> Et vient mourir au bord de votre éternité !

Le milieu bourgeois, qui était celui des miens, je voudrais le donner à voir et dans son espace ou plutôt ses espaces, et dans ses structures familiales, c'est-à-dire au long des trois générations auxquelles je me rattachais et auxquelles j'avais accès.

Un espace, pour un enfant de mon espèce sociale, c'est d'abord un appartement. Celui de la rue de Varenne que j'ai habité de 1930 à 1939, puis, partiellement, seul d'abord, ensuite avec ma femme, de 1948 à 1955, me paraît rétrospectivement immense : en angle avec la cité Vaneau, huit pièces au quatrième étage, dont une buanderie (!), avec, depuis l'entrée, vue sur les Invalides et la tour Eiffel – je vis de là le feu d'artifice de l'Exposition de 1937 –, sans compter les chambres de bonne occupées par une cuisinière et une femme de chambre. Une de ces cuisinières, Joséphine Marchais, qui circula entre les différentes branches de la famille, avait un savoureux accent de Châteauroux, assez proche de l'accent québécois ; elle partagea la vie de la famille jusqu'au milieu des années cinquante. Elle évoquait le temps de sa première patronne qui l'obligeait à garnir de papier de soie le siège des toilettes avant usage. Une des femmes de chambre, Marie, que j'ai revue après la guerre, avait une grande passion pour la lecture et me montrait nombre de « petits classiques ». C'est avec un peu de honte que je constate que, de la plupart de ces femmes, je n'ai retenu que les prénoms.

Le point central de l'appartement était le bureau paternel, face à l'entrée, lieu redoutable où étaient reçus ces personnages sacrés, les clients, et où nous étions convoqués en cas de méfaits pour recevoir un douloureux châtiment. Tout devait obéir à des règles très strictes : repas, toilettes, évacuations. Ces dernières fonctions étaient strictement euphémisées. Pas de « pipi-caca », mais la « coulette » et le « poussé ». Encore en 1942, je m'étonnai de lire dans les toilettes d'un hôtel le mot « urinoir ».

Nous savions, certes, que notre père était avocat, mais ce qu'était vraiment sa clientèle, nous l'ignorions. Un jour, je vis avec étonnement un carton d'invitation du président de la République, Albert Lebrun. Il s'adressait à l'avocat qui était, après son père, le conseil de la Société des gens de lettres. Les problèmes de propriété littéraire étaient effectivement de ceux dont s'occupait Lucien, fort compétent aussi en matière financière : il fut à partir de 1934 un des avocats de F. François-Marsal, ancien ministre de Poincaré et de Millerand, dans une grosse affaire dite « de la Société commerciale de l'Ouest africain ». Comme la plupart des civilistes, il plaidait rarement aux assises. Je me souviens pourtant de notre stupéfaction quand, en Suisse, pendant l'hiver de 1937-1938, nous vîmes en première page d'un illustré la photo d'une dame accusée, à tort paraît-il, d'avoir tué son mari, Mme Mamel, et de son avocat, notre père. Ma mère tenta de nous persuader que ce n'était pas lui.

Lucien avait sa propre clientèle ; il avait même, en 1938-1939, son collaborateur personnel, ou secrétaire, comme on dirait, Jacques Schumann, mais il était lui-même le « secrétaire » d'Alexandre Millerand, et nous observions une curieuse dichotomie : on parlait beaucoup à la maison d'un certain « Alex » qui est effectivement un personnage important de la correspondance entre mes parents. Par ailleurs, nous entendions souvent Lucien dire respectueusement au téléphone : « Monsieur le président ». Je mis quelque temps à réaliser qu'« Alex » et « Monsieur le président » étaient une seule et même personne.

Pendant les années trente, Margot, tout en s'occupant de nous, menait une vie assez mondaine. Je me souviens d'une robe de soirée « grecque » qui m'impressionna fort. Elle était un peu l'« Apparition » de Mallarmé :

> ... la fée au chapeau de clarté
> Qui jadis sur mes beaux sommeils d'enfant gâté
> Passait, laissant toujours de ses mains mal fermées
> Neiger de blancs bouquets d'étoiles parfumées.

Ce ne sont plus les vers de Mallarmé que je préfère, mais c'est ainsi que je me représentais la jeune maman de ma petite enfance, un peu plus tard, aux environs de 1942.

Il y avait les parents, il y avait les domestiques, il y avait aussi pour s'occuper des trois enfants des « gouvernantes » dont le statut était intermédiaire. Il y en eut de genres variés : une *Fraulein* qui m'apprit, quand j'avais quatre ou cinq ans, un peu d'allemand que je m'empressai d'oublier. D'une chanson où l'on entendait : *Lang soll sie leben !* « Puisse-t-elle vivre longtemps », j'avais fait « L'âne sale se lève ». Une autre, qui avait servi dans la famille de Bailleul, était fort entichée de noblesse et vantait la richesse de ses précédents maîtres, propriétaires d'un château. Je lui demandai s'ils possédaient ce qui était pour moi le sommet du luxe, un encrier de quartz rose... Il est vrai que ce n'était pas la noblesse qui faisait défaut dans le « noble faubourg ». Une de nos petites voisines se prénommait Diane ; elle était la fille d'un client de Lucien, le comte de Castellane. Il paraît qu'elle est devenue duchesse de Mouchy... de quoi faire pâlir Proust d'envie. Mais, en fin de compte, c'est l'anglais que nous devions apprendre avec des « Miss », Miss Loftus d'abord, et surtout celle que nous appelions Miss Mac, Eleonor Victoria McDowell, prénommée ainsi parce que son anniversaire coïncidait avec celui de la reine Victoria et qui demeura avec nous de 1938 à novembre 1939. Nos rapports, extraordinairement affectueux, reprirent après la guerre. Grâce à elle, je parlais et lisais couramment l'anglais dès 1939, et mon tout premier livre d'histoire s'appelait *Our Island's Story*. On parlait même parfois, pas très sérieusement, de m'envoyer à Eton.

L'appartement était donc le centre. Il comprenait une périphérie proche, le « petit jardin » du boulevard des Invalides, et le merveilleux jardin du musée Rodin, le plus beau peut-être de Paris, avec *Le Penseur* et la *Porte de l'Enfer* et ces incomparables allées que j'associe toujours avec les vers des « Petites Vieilles » de Baudelaire. Je connaissais peu, en dehors de mon quartier qui s'étendait pour moi jusqu'à la Concorde et à l'École militaire, le reste de Paris, hors le bout de XVIe où logeaient ma tante Hermine et mon oncle Germain Lang-Verte, près de la rue de la Source, et le petit coin du XVIIe (rue Jouffroy, rue Gustave-Flaubert, rue Théodore-de-Banville) où habitaient une bonne partie des miens. Quant aux parcs, le parc Monceau et le parc Montsouris jouaient pour moi un rôle antithétique, le second étant une sorte de miracle de variété et de relief. Je connaissais peu le reste de la ville : l'École militaire pourtant et son architecte Ange Gabriel dont le nom m'était seriné, la Concorde et le musée du Louvre visité une seule fois, mais de façon inoubliable sous la conduite de Lucien ; le palais de la Découverte aussi, avec son ciel en miniature, dont je ne sus que bien longtemps après qu'il était une création, destinée à durer, de Jean Perrin et du gouvernement de Front populaire, et une exposition égyptienne, aux Tuileries, où me conduisit ma grand-mère parisienne. Des chameaux y avoisinaient les œuvres du temps des pharaons. Quand, pendant la guerre, j'évoquais la banlieue, c'était Versailles, et les arbres qui séparaient la ville royale de la capitale.

Il y avait pourtant des périphéries plus lointaines, aimées ou redoutées. D'abord et avant tout la villa de mes grands-parents maternels à Marseille, 9 avenue Frédéric-Mistral, avec son jardin plein de fleurs et d'insectes ; Marseille, la mer, la route de Martigues, et ce lieu de pure verdure : Mazargues, qui était pour moi à Marseille ce que le parc Montsouris était à Paris. D'autres villas furent louées pour l'été, à Saint-Lunaire, en Bretagne. En 1936, nous passâmes une partie de l'été à Knokke-le-Zoute en Belgique d'où je revins, à ma stupéfaction contemporaine et même rétrospective, noir comme un négrillon.

Périphérie redoutée : la Suisse, et plus exactement une « usine à joues rouges », un home d'enfants, le Chaperon rouge. De la Suisse, je ne connus pas que le pire. J'y fis un premier séjour enchanteur avec ma mère, en décembre 1933, à La Colline du Territet, au-dessus de Montreux, un lieu que je n'ai pu identifier avec précision qu'en 1994, en lisant les lettres que, de ce même endroit, Anna de Noailles écrivait à Maurice Barrès. A Chésières, près de Villars-sur-Ollon où se trouvait le home en question, il m'arriva encore, en 1938 je crois, d'être dans une pension avec Margot. J'y tombai même amoureux d'une petite fille fort blonde qui préférait manifestement un autre garçon. J'en pleurai très fort et Margot eut un peu d'attendrissement pour ce qu'elle appela mon « premier chagrin d'amour ». Je revis cette ex-petite fille en 1949, à Genève, non sans déception. Et puis il y avait tout de même les Alpes, la Dent du Midi et la cascade de Pissevache, les chemins sous bois et le chocolat, le Frigor tout spécialement. Je fis au Chaperon rouge de nombreux séjours, dont le dernier s'acheva, début septembre 1938, par un voyage en avion, le premier, longtemps le seul, de Genève à Marseille. L'avion était tchécoslovaque... J'étais affreusement malheureux au Chaperon rouge, hiver comme été, parce que c'était un lieu de gavage. Je grandissais et je grossissais moins vite que mon frère et ma sœur, d'où ces séjours prolongés, scandés de communiqués triomphaux sur le poids hebdomadaire que je prenais. J'y appris tout de même, outre le ski, l'usage du Cénovis, un condiment que seuls connaissaient et connaissent les Helvètes et les helvétomanes, et une très grande admiration pour les archers suisses. N'aurait-il pas suffi de 100 000 émules de Guillaume Tell pour régler son compte à l'armée de Hitler ?

Nous étions censés aussi apprendre des chansons :

Le peuple des bergers
Est libre sur sa terre.
Le soleil l'a mûri
Pour la paix, pour la guerre.
Nul ne peut le soumettre
Par l'épée ou par l'or
Il n'a pas d'autre maître
Que son Dieu juste et fort...

... et même étudier. Je fis scandale en écrivant un jour que la classe d'une certaine Mlle Bugeard était « une classe de rire ». Dans la seule lettre datée du Chaperon rouge qui ait été conservée – mes parents sentaient qu'elle était trop bien écrite pour être de ma plume – j'annonce : « Je travaille plus proprement mais je ne suis plus sage » et je donne mes notes qui comprennent un zéro en histoire, et une note identique en grammaire et en géographie, mais, ô paradoxe, un dix en sciences.

C'est seulement pendant moins de trois ans que j'ai connu rassemblées les trois générations qui constituent une famille normale.

Du côté maternel, ma mère et sa jumelle étaient les derniers enfants d'un groupe de six. Natif de Carpentras et parlant le provençal, mon grand-père, Isaac dit Jacques Valabrègue (1863-1933), fils d'Amélie (Rachel) Naquet et d'Adolphe (Benjamin-Israël), dit le « gros Dodo », que ruina, vers 1885, le remplacement de la garance par les couleurs à base d'aniline, était à la tête d'une huilerie à Marseille. Ces Valabrègue de Carpentras étaient loin d'être dans la misère, mais ils n'étaient apparentés que de loin aux « Valabrègue riches », les Valabrègue de Villemarie, dont le chef de famille était, à la fin du XIXe siècle, le beau-frère du capitaine Dreyfus. Je n'ai de mon grand-père maternel, un homme vif à la barbe rêche, qu'un souvenir très vague, avivé par des photos. Il mourut vingt-quatre heures après avoir appris, le 6 février 1933, la naissance de ma sœur Aline. Sa femme, née Adrienne Lévy, sourde et autoritaire – nous lui parlions avec des signes spéciaux, fondés sur l'allemand – était une Alsacienne née à Paris le 2 février 1870, quelques mois avant le Siège. Elle perdit très tôt ses parents – son père était horloger –, et fut élevée à Bâle chez ses grands-parents maternels, les Dreyfus-Neumann. Dans sa chambre on pouvait voir, à côté du portrait à la sépia de ses parents, des peintures représentant, avec des couleurs vives, ces solides bourgeois bâlois qui fondèrent une dynastie de banquiers. (Jusqu'à la fin de sa vie, en 1956, elle restera abonnée à un hebdomadaire bâlois.) Jeune mère de famille, Adrienne Valabrègue supportait mal que sa belle-mère Amélie

Naquet vînt de Carpentras voir ses enfants et petits-enfants « en cheveux », c'est-à-dire sans chapeau. Lucien n'avait pas pour elle une tendresse excessive. L'un des enfants – est-ce ma sœur, est-ce moi ? – ayant découvert, chez Edmond About je crois, une formule qui disait à peu près : « Il est naturel que tout homme civilisé déteste sa belle-mère », il parla de la faire graver en lettres d'or sur la cheminée. Vieille femme passée par les tragédies de la guerre et de l'Occupation, elle restait une bourgeoise très digne, éprouvant respect et considération pour M. Antoine Pinay. Elle pardonnait difficilement au souvenir de son gendre, mon père, qu'elle tenait pour responsable de la mort de sa fille, ma mère. Elle me le disait souvent et cela ne facilita pas nos rapports.

Son fils aîné, Félix (1893-1984) marié tardivement avec la ravissante Raymonde Crémieux, sa cadette de dix-huit ans, était lui aussi à la tête d'une huilerie qui glissa progressivement, après la guerre, à la société de placement de capitaux. Dans la famille il représentait l'argent, domaine dans lequel il était du reste compétent. Les enfants de ce couple : Jean-Pierre, enfant terrible, et Philippe, enfant prodige (1938-1971), prématurément disparu. J'ai déjà mentionné le deuxième fils d'Adrienne et de Jacques, mon oncle éponyme tué en 1917 ; le troisième, très beau garçon, Georges (1897-1981), époux de Véra de Gunzburg, fabriquait, en bon Marseillais, du savon. Leurs filles, qui étaient mes contemporaines et celles de mon frère François, s'appelaient Claude et Nora, ce dernier prénom en hommage à Ibsen. A vrai dire, c'était Claude qui aurait dû s'appeler Nora, mais à la mairie de Marseille, l'employé de l'état civil avait refusé ce prénom peu usuel. Georges Valabrègue faillit appeler sa fille aînée Noémi-Radegonde, puis recula. Deux ans après, le prénom ibsénien fut admis, en vertu précisément de ce paradoxal précédent. A ces deux filles vint s'en ajouter une troisième, Hélène, née en 1938.

L'aînée des filles d'Adrienne et de Jacques, Hermine, née en 1901, mariée, plutôt contre son gré, à un industriel de

Rouen, Germain Lang-Verte, possédait une belle villa à Bois-Guillaume, près de Rouen, où nous allions parfois. Son mari se révélait grand amateur d'hypnotisme et de parapsychologie – virus dont il m'infecta au début des années quarante, à la grande colère de mon père. Elle était et elle est toujours une femme intelligente, brillante même, fort bavarde – la famille la surnommait « sœur Pie » – aimant, comme on dit aujourd'hui, faire communiquer les uns avec les autres. Ses deux filles, Lise et Marianne, avaient respectivement cinq et trois ans de plus que moi. Seuls de la famille proche, ils habitaient le XVIe. Marthe enfin, jumelle de Margot et ma double tante, puisqu'elle avait épousé mon oncle paternel Georges, avait en 1939 trois enfants (le quatrième, Guy, naîtra après la guerre et sera le seul Vidal-Naquet mathématicien) : Arlette, née en 1938, Alain, quasi jumeau de ma sœur Aline, et dont les trésors d'intelligence et de ruse étaient alors masqués par les caprices, voire la violence – il a fait une brillante carrière dans un organisme des Nations unies –, et Nadine, contemporaine de François, qui à la suite d'une maladie qu'on ne nous expliqua jamais vraiment disait des mots sans construire de phrases, ce qui causa une blessure inguérissable à sa dure et courageuse mère, blessure dont, enfant, j'étais parfaitement incapable de mesurer la profondeur.

Du côté paternel, Georges (1900-1978), cadet de mon père, spécialiste de chirurgie osseuse, véhément, impétueux et même colérique, capable des variations politiques les plus extrêmes, avec cependant une constante : la haine de l'Action française, qui évoquait pour lui la violence rencontrée au cours de ses études. C'était un oncle très affectueux qui aimait aussi à faire peur, menaçant ses neveux de leur « coudre le derrière avec du fil rouge ». Sœur aînée de Lucien et de Georges, Isabelle (1898-1954) avait épousé Robert Brunschwig, polytechnicien, ingénieur des mines, travaillant au Comptoir des houillères du Nord et du Pas-de-Calais (Douai), familier de

Raoul Dautry, grand commis de la République, personnage rayonnant d'intelligence et de bonté, musicien comme sa femme et ses enfants – il avait même joué en compagnie d'Einstein. Il était en quelque sorte, à mes yeux d'enfant, l'homme-phare de la famille. Il fut aussi celui qui me fit exploser de rouge, en me faisant goûter, en 1938, une larme de Bénédictine, alcool pourtant bien innocent. Quant à ma tante Isabelle, admirable pianiste, j'aurai tant à en parler plus loin que je dirai simplement qu'elle est, dans la génération qui me précède, après mes parents, et même avec mes parents, la personne qui a exercé sur moi l'influence la plus profonde et, je crois, la plus féconde.

Le troisième fils d'Isabelle et de Robert, Armand (1934-1969), dont la vie et la personne ont eu quelque chose d'inachevé, était pur charme et pure musique – il est mort bassoniste professionnel. Leur aîné, Gérard, pianiste, flûtiste et futur ingénieur, m'impressionnait par les six ans d'avance qu'il avait sur moi et dont, pourtant, il n'usa jamais dans un esprit de domination. Jacques, né en avril 1929, était pour moi plus proche, infiniment plus proche qu'un cousin. Il était un exemple de perfection totale, qu'il écrivît, nageât, fût au piano, ou jouât au tennis, sans trahir la moindre faiblesse dans quelque domaine que ce soit. J'espère que j'ai eu la force de ne pas le jalouser, sans en être tout à fait sûr. Notre tendresse réciproque est si ancienne que j'ai un peu de mal à la décrire. Je n'ai qu'une seule image de Gérard et Jacques me « rembarrant ». J'avais quatre ans et nous étions sur la plage à Morgat, en Bretagne. Ils faisaient des boules de sable, parfaitement comme tout ce qu'ils faisaient. Je demandai à en avoir une ; ils me mirent un gros caillou entre les mains. Souvenir isolé, quand tu nous tiens…

Mon grand-père paternel Edmond (1868-1936) mourut alors que j'avais un peu moins de six ans. Notre réaction fut cruelle, comme sont souvent celles des enfants ; nous nous précipitâmes vers nos parents : « C'est vrai que grand-papa est mort ? » C'est, dans ma mémoire, un vieil homme délicieux, dont la tendresse était peut-être le trait dominant et dont l'appartement obscur, au 9, rue Gustave-Flaubert dans le XVIIe arrondissement, formait un véritable musée : gravures du XVIIIe siècle, céramiques de Méthey, boîtes en buis, assiettes et plats de vieux Rouen ou de vieux Strasbourg, beaucoup de tableaux dont peu de grands maîtres contemporains, un Marquet cependant. Au centre, parmi divers bibelots, une tasse de porcelaine dans laquelle Napoléon aurait bu du café. Je ne découvris vraiment sa bibliothèque et son exceptionnelle discothèque qu'en 1944.

Je le connais un peu mieux aujourd'hui, ou du moins j'ai ce sentiment, depuis que j'ai lu les lettres qu'il écrivait, à partir de 1896, à sa fiancée puis à sa femme, en 1904, 1905, 1913, 1914, à l'occasion de leurs séparations provisoires. Je sais bien qu'un homme ne se confond pas avec sa correspondance, mais celle-ci me permet tout de même d'esquisser un portrait. Edmond Vidal-Naquet était un bourgeois parisien bien installé dans l'existence. Fiancé, il donne dans sa correspondance une place énorme au mobilier qui garnira son appartement et aux cadeaux qui déferlent à la fin de 1896 et au début de 1897. Mais il est capable aussi de tendresse.

C'est un homme très cultivé, lisant beaucoup, tenant la dissertation française pour un art majeur, mais sa vraie passion est la musique, bien qu'il ne sache pas la lire. Il aime Saint-Saëns, et même un autre musicien français, son ami Camille Erlanger, aujourd'hui oublié. Il déteste Gounod. Un jour de juillet 1904, il écrit à sa femme : « L'Opéra seul jouait et il jouait *Faust*. Ah non, par exemple, tout mais pas cela ! » C'est un wagnérien enthousiaste. J'ai retrouvé dans ses papiers une lettre à un ami inconnu commentant longuement, en 1893, une représentation de la *Walkyrie*. S'il donne à sa fiancée quelques conseils de lecture, c'est avant tout de Wagner qu'il lui parle, et de la fusion réussie entre musique et poésie. Mariés, ils feront à plusieurs reprises le pèlerinage de Bayreuth. En juin 1905, évoquant pour sa femme la révolte des marins d'un cuirassé dans la rade d'Odessa et la fuite de ce bâtiment à travers la mer Noire, il écrit : « Que dis-tu du *Potemkine* ? Quelle aventure extraordinaire ! C'est le Vaisseau fantôme ! »

Il est juif – il ne dit jamais « israélite » – et a épousé une Juive. Nombre de ses amis sont juifs, pas tous, il s'en faut. Parmi les plus proches, il y a des couples « mixtes », ce qui ne lui inspire aucune réserve. Il s'inquiète tout naturellement de l'antisémitisme. Dans une lettre (non datée) à sa fiancée, du début de 1897, il s'alarme des mésaventures de son ami Emmanuel Lévy, un juriste socialiste lié à Jaurès et nommé à la faculté de droit d'Alger : « En Algérie l'antisémitisme est, tu le sais, florissant. Les étudiants voulant protester contre la nomination d'un Juif lui font une vie infernale ; ils enfoncent les portes de l'amphithéâtre qu'ils envahissent ensuite ; ils parcourent la ville en le conspuant, ils lui jettent à la figure des ordures de toutes sortes… »

L'affaire Dreyfus, à cette date, ne s'était pas encore réveillée ; en 1898, Edmond sera un dreyfusard ardent, signataire de la troisième liste de *L'Aurore*, l'appel des intellectuels de janvier 1898. Sur l'antisémitisme du régime tsariste, il est renseigné de première main, et dans une lettre à sa femme (juillet 1904) il se réjouit de la mort – il ne dit pas de l'assassinat – de « ce misérable coquin de Plehve », ce ministre de l'Intérieur de Nicolas II avec lequel Herzl avait tenté de négocier le départ des Juifs russes pour la Palestine. De cette partie du monde et du mouvement sioniste il ne parle, autant que je sache, jamais.

Il est patriote, il n'est pas chauvin. Il s'inquiète, comme tant de ses contemporains, de la crise franco-allemande de 1905, mais se réjouit de la voir résolue. Il ne lance pas de cris guerriers.

Au Palais, Edmond plaida de nombreuses affaires de propriété littéraire. Sa plaidoirie au cours du procès des *Amoeni-*

tates Belgicae de Baudelaire[1], inédit autour duquel s'affrontèrent deux éditeurs, l'opposa à Maurice Garçon, et ce fut contre Paul Reynaud qu'il plaida pour la dernière fois. Un dessin dont l'original est en ma possession le montre exactement tel que je l'ai connu. J'ai reçu récemment de la bibliothèque du Conseil de l'ordre des avocats une photo qui le représente vers la quarantaine : barbe noire et moustache en éventail. Dieu me pardonne, mais sur cette photo, il me fait plutôt penser à Landru. Fin lettré, amateur de théâtre, il avait bien connu Léon Blum (qui s'en souvenait parfaitement), à l'époque où ce dernier était critique de théâtre, et où Jules Renard faisait de lui ce portrait : « Jeune homme imberbe à la voix de fille, pouvant réciter pendant des heures du La Bruyère, du Vauvenargues et du Saint-Évremond. » « Sur bien des points, écrivit Edmond le 27 décembre 1905 à ce critique déjà fort connu qui lui avait adressé un volume de *Au théâtre*, je ne partage pas votre opinion [...] mais vos réflexions sont d'une essence si rare et si précieuse que l'on se prend bien vite à douter de son propre goût et à se laisser séduire par le critique. » Détail plaisant, un de ses meilleurs amis était un autre Léon Blum, professeur de lettres classiques au lycée Janson-de-Sailly, fort marqué à droite, grand pourfendeur des humanités modernes considérées comme une invention germanique et tenant à tout moment à faire savoir qu'il était bien différent de l'homme politique. « Il était assommant », me dit le dirigeant socialiste lorsque je fis sa connaissance, à la fin de sa vie.

L'attitude d'Edmond Vidal-Naquet en 1914 mérite quelques mots de commentaire. Il est, comme tous les siens, comme l'immense majorité des Français juifs, un patriote décidé, en guerre avec les « barbares ». Mobilisé pendant quelques mois dans un grand hôpital de Lyon, il voit de près blessés et mutilés, et cela le bouleverse. Au moment de la

1. Publiée dans la *Revue des grands procès contemporains*, XXXIX (mai 1933).

crise décisive, sa femme et ses trois enfants se trouvent en Suisse en compagnie d'une *Fraulein* prénommée Maria. Edmond écrit, le 31 juillet à 7 heures du matin : « Rien ne vous donne idée de la tristesse qui se dégage de la ville. Que d'yeux en larmes – que de figures crispées », et s'il invite sa femme à se conduire « en Romaine », il ajoute ceci, qui ne manque pas d'élégance : « En aucun cas ne vous séparez de Maria ; si vous voyagez, que ce soit dans le même wagon ; ayez pour elle tous les égards ; elle souffre comme vous. » Au début comme à la fin de la guerre, il se préoccupe du sort des membres de la famille de sa femme restés à Odessa.

Le patriotisme ne lui a pas fait renier ses admirations musicales. Je me dois de citer une lettre à sa femme, du 29 septembre 1914 : « Voyez jusqu'où l'on va dans la haine des barbares. Voici Frédéric Masson[1] qui, de son côté, injurie Wagner et les wagnériens et qui nous dit gravement : "On ne jouera plus de Wagner en France !" Ah ! non, que ces imbéciles et ces simplistes nous f… la paix ! Après la défaite, après la publication de l'infâme libelle de Wagner sur le siège de Paris, nous avons réussi à imposer au répertoire, par vingt ans de luttes épiques, des œuvres qui comptent parmi les plus belles de l'humanité, et après la victoire, alors que Wagner tombe dans le domaine public, nous nous priverions d'une pareille source de jouissances ! Et pourquoi s'arrêter à Wagner ? Pourquoi pas Bach, Beethoven, Mozart, Schumann, Schubert ! Si la réaction chauvine nous débarrasse de tous les interprètes sans talent, de tous les pianistes et chanteurs dont on encombrait les programmes de la philharmonique, tant mieux, mais elle ira plus loin et nous devrons faire notre deuil des mélodies de Schumann et de Schubert chantées en allemand. »

Et, dans cette lettre, Edmond s'inquiète de la vague cléricale. Ne risque-t-elle pas demain de se tourner contre les

1. Historien de Napoléon, membre de l'Académie française.

Juifs, alors que ceux-ci « font leur devoir comme les autres et paient avec le même courage que les chrétiens l'impôt du sang » ? Cet « impôt du sang », une expression qui me fait aujourd'hui horreur, ma famille, paternelle et maternelle, le payait comme les autres, et Edmond ne manquait pas de saluer avec émotion les disparitions qui endeuillaient ses proches. Il emploie parfois, rarement, un ton héroïque ; ainsi, dans une lettre du 30 septembre 1914, à propos de l'un de ses cousins, le capitaine Louis Naquet. « A l'officier qui lui disait de se rendre il a jeté fièrement une insulte : "Insolent", et l'a abattu. Tu sais comment il a succombé ensuite. » Si je mentionne cet épisode, c'est qu'il s'est inscrit dans le légendaire familial. Il m'a été raconté par Lucien sous une forme légèrement différente.

Si wagnérien qu'il demeure, Edmond s'indigne (dans une lettre du 15 octobre 1914) de la signature donnée par Siegfried Wagner au « Manifeste des intellectuels allemands » : « Il s'est souvenu que son génial père avait écrit *Une capitulation*[1], mais il a oublié qu'il était le petit-fils de cet admirable Liszt. » Il demeure, même dans l'Union sacrée et comme Victor Basch, par exemple, son contemporain (1863-1944), un porteur de la culture européenne du XIXe siècle. Son attitude diffère de celle de son frère aîné Emmanuel Vidal-Naquet. Celui-ci, dans ses lettres de guerre, insiste sur le contraste avec 1870. Ce n'est plus la guerre de l'Empire, c'est celle de la République. Il est plus optimiste qu'Edmond sur une issue rapide. Edmond n'a aucune confiance en l'alliance avec le tsar et ne voit pas les Russes arriver à Berlin. Ayant épousé – sous les auspices d'Emmanuel – une Juive russe, il est bien informé.

Ma grand-mère Mina Weissmann (1873-1950) était, en effet, née à Odessa, fille d'un riche industriel du verre qui s'installa avec sa femme et ses cinq filles à Bruxelles à la fin des années 1880, manifestement pour fuir les pogroms russes.

1. Pamphlet à propos du siège de Paris.

Devenu veuf, il épousa en secondes noces une nièce de Disraeli. Sur ses cinq filles, trois épousèrent des Français, ce qui permet à Edmond de parler dans sa correspondance, au moment des fiançailles, d'une « alliance franco-russe ». Parmi elles, je n'ai vraiment connu, en dehors de Mina, que ma grand-tante Thérèse Ulmo, épouse d'un maître de forges. Quant aux deux autres, l'une était devenue belge, et l'autre était restée russe, en épousant mon grand-oncle Michel Julius, qui gérait les entreprises familiales, et dont l'un des fils, Anatole dit Tolia, m'a raconté comment, pendant la Révolution, il avait été tantôt soldat rouge et tantôt soldat blanc.

Mina avait été – comme le montre une photo prise à Bruxelles où elle se maria, en mars 1897, après avoir habité, rue de la Loi, dans une vaste maison qui possédait même une salle de bal – une ravissante jeune fille. Elle était, pendant les longues années où je l'ai connue, une vieille dame suprêmement distinguée comme on dit, généreuse de ses livres et de ses bibelots, économe de ses deniers, capable d'affronter avec courage des temps difficiles pour lesquels elle n'avait manifestement pas été programmée. Elle fut adorée de son mari et de ses enfants. Elle avait conservé un très léger accent russe qui se manifestait dans la prononciation du *o* tirant vers le *a*. Elle racontait que, dans sa jeunesse, à Odessa, on parlait à table alternativement en français, en italien, en anglais et en allemand, et en russe avec les domestiques. Quant au yiddish, ce n'était qu'un jargon. Elle savait pourtant qu'il n'était pas bon, pour un Juif, de se montrer dans la rue pendant les fêtes de la Pâque chrétienne et qu'il convenait de cracher par terre au passage d'un pope. Le vrai Richelieu, pour elle, était le duc qui fut ministre de Louis XVIII, parce qu'il avait été gouverneur d'Odessa pour le compte du tsar Alexandre Ier. Elle n'enseigna pas le russe à ses enfants. Lucien commença à l'apprendre sérieusement pendant la guerre et prit conseil auprès d'elle.

Ma cousine Renée Wechsler, née en 1906, est la dernière

de ma famille proche à avoir connu Adolphe Weissmann, père de Mina, avant sa mort, peu après 1919. « C'était, m'écrit-elle, un homme qui s'était fait lui-même, grand, portant favoris et moustaches ; il avait les yeux bleus. Ses petits-enfants étaient très intimidés par lui, d'autant plus qu'avant son arrivée on nous faisait un tas de recommandations sur notre tenue et sur la manière de s'adresser à lui : ma mère et mes tantes lui témoignaient un très grand respect et le vouvoyaient. » Il n'est présent chez moi que par une photo... et un tapis.

Edmond avait une jeune sœur, Louise, dont je dirai quelques mots en racontant l'Exode de juin 1940. (Elle avait épousé un médecin, Camille Isidor, dont j'ai un souvenir très fugitif.) Il avait aussi deux frères aînés. Charles (1860-1911) dont j'ai connu la fille, Clara, à la voix enchanteresse, née d'une liaison avec la première main de chez Paquin, une célèbre maison de couture. (Une des filles de Clara, Claudine Guggenheim née Godchau, m'accueillera en 1955 chez elle, lorsque, jeune professeur, je serai nommé au lycée d'Orléans.) C'est à Emmanuel (1859-1930), mort quelques semaines avant ma naissance, que je dois mon second prénom. Il était le grand homme de la famille, économiste, historien de la Bourse de Paris, banquier, dreyfusard passionné, « inouï », selon le mot de l'éditeur P. V. Stock, journaliste, directeur d'un quotidien financier, *La Cote de la Bourse et de la banque*, dite *Cote Vidal*, membre du premier comité central de la Ligue des droits de l'homme, et ayant gardé sa carte de ligueur jusqu'en 1930, militant acharné pour la représentation proportionnelle, franc-maçon enfin comme l'avait été son père. Il fut aussi membre du comité qui prit en charge l'érection d'un monument à Bernard Lazare dans sa ville natale de Nîmes, en 1908.

Emmanuel était redoutable et redouté. Adoptant volontiers un ton professoral, il prit la peine d'expliquer à ses neveux, dans une lettre du 28 août 1914, l'enchaînement des événements qui avaient mené à la guerre, ajoutant : « Cela fera, mes chers enfants, une jolie *colle* pour le bachot. » Le folklore familial regorge d'anecdotes à son propos. Mon oncle Georges racontait volontiers comment, jeune homme, il avait reçu de l'argent pour aller entendre *Faust*, et avait dû avouer, sous un questionnaire impitoyable, qu'il avait utilisé ces quelques francs pour aller voir… *L'École des cocottes*. Il écrivit à Lucien, le 21 mai 1929, pour lui adresser, à l'occasion de son prochain mariage, un chèque fort généreux de 50 000 francs Poincaré, et ajouta ceci qui donne assez bien le ton qui était le sien : « Inutile de te déranger pour venir me remercier. Tu feras cela à l'occasion, d'autant plus que j'ai horreur des remerciements. » Lucien comprit-il cela comme une invitation à venir le remercier aussitôt ? Cela ne me paraît pas invraisemblable.

En tout cas, sous cette ombre, pour nous illustre, j'ai vécu une bonne partie de mon enfance et de ma jeunesse. Outre mon second prénom, je lui dois les valeurs dreyfusardes, par exemple, qui m'imprègnent et qui font parfois sourire mes contemporains et même certains de mes amis. Mais je lui dois aussi autre chose, notamment des « préjugés », et ce que Pierre Bourdieu appellerait un souci de distinction. Je donnerai un exemple en m'aidant d'une anecdote. Emmanuel était un jour dans une ville italienne et prit une voiture, un « cab » plus probablement qu'un taxi. Le conducteur lui montra d'abord la statue de Verdi, puis s'écria : « Et voici la statue de Rossini ! » « Ah bon, répliqua mon grand-oncle. Et où est donc la statue de Saloperi ? » C'était ainsi, il était entendu que l'opéra italien ne valait pas la peine d'être vu et entendu. Mozart, Wagner, mais non Verdi. Je mis très longtemps à me défaire de cet absurde préjugé. J'avais bien plus de quarante ans lorsque je vis, pour la première fois, à Londres, à Covent Garden, un opéra de Verdi. C'était *Simon Boccanegra*. Il avait fallu pour cela l'invitation amicale d'un historien anglais, né à New York, Moses Finley.

La génération précédente, celle de mes arrière-grands-parents, je ne l'ai pas connue. Seul émerge, de façon un peu fantomatique, un arrière-grand-oncle Benny (Benjamin ?) qui était le jeune oncle de ma grand-mère Valabrègue. Je parlerai dans un autre chapitre de cette génération et de celles qui l'ont précédée, dans la mesure où je les ai connues, pour une faible part selon les propos des miens, par les archives familiales ou publiques pour l'essentiel.

Mes très nombreux cousins et cousines germains formaient l'essentiel de nos relations sociales enfantines. S'y ajoutaient quelques rares issus de germains, notamment Paulette et Micheline Wechsler, filles de Renée et Boris, tous deux médecins. Mon père et ma mère avaient de très nombreux amis avocats : Maurice Alléhaut, Paul Arrighi, André Boissarie, Raymond Lindon, intellectuels comme Raymond Aron, plus jeune que Lucien, mais chez les parents de qui il avait habité quelque temps quand, pour des raisons que j'ignore, il fréquenta le lycée Hoche à Versailles. C'est probablement par l'intermédiaire de ce dernier qu'il déjeuna un jour avec Jean-Paul Sartre comme il me le raconta pendant la guerre, quand l'auteur des *Mouches* fut devenu célèbre. En 1939, ils n'étaient encore pour moi que des noms. Raymond Lindon, sa femme et ses enfants, dont Jérôme, le futur éditeur, vinrent nous rendre visite à Marseille à la fin de 1943, pendant la guerre, de même que Maurice Alléhaut, en avril 1944. Son père, un général, lui reprochait d'avoir donné à son petit-fils le prénom du fossoyeur de l'armée française, Philippe Pétain. Lorsque Lucien fut rayé du Barreau, il confia ses dossiers à l'avocat Paul Arrighi, que j'ai connu à son retour de Mauthausen où, dirigeant de Ceux de la Résistance, il avait vu mourir son fils. Quant à André Boissarie, j'ai fait sa connaissance lorsqu'il était le procureur général de la Libération. Je n'ai rencontré Raymond Aron que beaucoup plus tard, au début des années soixante.

Quelques-uns de mes camarades de jeu étaient aussi des

voisins : Gérard Levantal, fils de Me Aliette Carré, consœur et amie de Lucien, Didier Lamy, un rouquin, fils d'un pédiatre de la rue de Varenne et dont la chambre avait été décorée par Jean de Brunhoff, le père de Babar. Notre propre immeuble comportait peu d'enfants, ou nous ne les connaissions pas. Je ne me souviens guère que de Mme Baumgartner, épouse d'un chirurgien célèbre, mère du ministre des Finances qui succéda, sous de Gaulle, à Antoine Pinay, silhouette fine et gracieuse que je revis après la guerre, et dont la sœur Nina Rist dirigea l'école où furent élevés nos deux fils aînés. Les Baumgartner étaient des protestants alsaciens et, pendant l'Occupation, les nazis interrogèrent la concierge pour savoir s'il ne s'agissait pas de Juifs. Elle les rassura. Le nom de Vidal-Naquet ne suscita aucune question.

A la fois voisins et amis très chers étaient Jacques et Miquette Millerand, fils aîné et belle-fille, née Lazard, du « patron » de Lucien. Ils habitaient eux aussi rue de Varenne et étaient pour nos parents comme pour nous les amis les plus proches. Ils disposaient à La Queue-les-Yvelines d'une gentilhommière, la Couharde, propriété des parents de Miquette, qui était, au même titre que la villa de Chantilly louée par les Brunschwig, un de ces lieux de la région parisienne que nous avions annexés à notre espace. Leur fille aînée, Anne, filleule de Lucien, plus âgée que moi d'un an, et Lise, contemporaine de François – Claire naîtra en 1938 et Denis, mort dans sa prime enfance, en juillet 1940 – étaient pour nous des presque sœurs. Avec Anne, j'avais fondé un groupe, le « groupe A. P. » (Anne-Pierre) qui ne comprenait naturellement que deux membres et dont les statuts, la « loi », avaient été soigneusement dactylographiés. Miquette et Jacques, Margot et Lucien se comprenaient à demi-mot. Miquette et Lucien aimaient la musique, Margot et Jacques le cinéma, et il leur arrivait de sortir en amis, deux par deux. Jacques était un conservateur subtil, d'une paresse exquise, à qui Lucien écrivait, tout à fait en vain, pour lui expliquer comment rédiger un livre d'histoire qu'il avait entamé, une biographie de Waldeck-Rousseau peut-être. Cette entente parfaite entraînait parfois des confusions. Lucien adorait, à l'exemple déjà de son oncle Emmanuel, faire des blagues au téléphone. Un jour, Miquette reçut un appel téléphonique : « Je voudrais parler à Son Éminence. » Encore un tour de Lucien, pensa-t-elle, et la réponse fusa : « Son Éminence est grise. » Or l'appel était pour le cardinal Verdier, archevêque de Paris, qui habitait tout à côté, rue Barbet-de-Jouy.

Tel était, à la veille de la guerre, et fatalement incomplet, mon tableau familial et amical. Répondons maintenant à la question que la suite des événements allait poser : cette famille était-elle une famille juive ? Oui, résolument, sur le plan de l'endogamie. Toutes les générations que j'ai mentionnées étaient juives en ce sens que ces hommes et ces femmes se mariaient entre Juifs. Il y eut certes, dès le XIXe siècle, des exceptions. Chez mes proches, seul Arthur Valabrègue, un frère de mon grand-père, avait fait scandale, moins en épousant une chrétienne qu'en se mariant avec une chanteuse de l'Opéra comique. Je ne les ai d'ailleurs pas connus. Si l'on pense que dans ma propre génération seuls les deux aînés, fille et garçon, de mes cousins germains et le plus jeune, né en 1946, ont fait des mariages juifs, on mesure la distance qui s'est soudain créée après la guerre.

Cela étant dit, l'immense majorité d'entre nous ne pratiquait pas. Déjà, mon grand-père Edmond avait menacé de sortir de son cercueil si un rabbin était présent à ses obsèques. Dans une note rédigée en mai 1935, il souligne fortement le fait que ses obsèques doivent être purement civiles mais ajoute qu'une somme de 2000 francs doit être versée, à cette occasion, à l'Alliance israélite. Son frère aîné, Emmanuel, affirmait son propre judaïsme de façon plus vigoureuse. Collaborant à la presse juive, citant volontiers la Bible, se rappelant à l'occasion que son arrière-grand-mère avait porté, à Carpentras, le bonnet jaune, et tout en se déclarant non croyant, non pratiquant et membre du seul peuple français, il ajoutait dans une note intime rédigée en janvier 1924 qu'il éprouvait « le besoin de rester fidèle à la cause des israélites persécutés en certains pays, parfois même attaqués en France. Me séparer d'eux me paraîtrait vil et coupable. D'ailleurs, la connaissance du rôle des Juifs à travers les âges ne m'a jamais inspiré le désir de me séparer de leurs descendants, au contraire. Je n'éprouve pas le moindre regret d'être juif… ».

Vers la fin de sa vie, il se rendit à Carpentras, pays de ses ancêtres, et évoque cette visite dans une lettre – malheureusement non datée – écrite d'Avignon à son frère Edmond avec lequel il avait des rapports paternels. A ses yeux, tel commerçant, « vieux Juif négligé, avait quelque chose d'un Rabbi Akiba pleurant seul dans les ruines du Temple de Jérusalem ». Et d'ajouter : « Il paraît que lorsqu'il fut question de détruire celui de Carpentras, il se démena tant que, en raison même de ses démarches, on le nomma préposé à sa conservation et le monument fut déclaré historique. Comme il n'y a plus rien, plus personne – sinon parfois un visiteur étranger turc ou américain –, […] alors il est encore question de détruire le Temple. Cela arriva l'an dernier au moment des fêtes. "Alors, me dit-il, le jour ou plutôt la veille de Kippour, j'ai ouvert le Temple, j'ai mis un flambeau devant le tabernacle, il éclairait à peine. Et tout seul, le taleth sur mes épaules, j'ai chanté le *Kol Nidré* en comtadin, Monsieur…" Cela me parut fantastique. » Et Emmanuel de reprendre à son tour ce chant qu'il avait entendu jadis à la synagogue de Montpellier… A Carpentras encore, visitant la vieille pharmacie de l'hôpital, il avisa un portrait : « Voilà une tête qui a tous les traits d'un Valabrègue. » C'en était un, en effet.

Quand Lucien à son tour, jeune marié, visita Carpentras, assurément avec Margot, Emmanuel, dans une lettre du 18 septembre 1929, écrite depuis Stresa à sa belle-sœur Mina, évoque cette visite en ces termes, étonnant commentaire de ce que Valéry appelait « le changement des rives en rumeur », et les historiens, plus prosaïquement, le passage d'une génération à une autre : « Je ne suis pas étonné que Lucien ait trouvé Carpentras intéressante. Il y a là, en effet, beaucoup de choses assez curieuses. Quant à moi, qui avais dans mon enfance entendu mon père, mon grand-père, mes tantes, les Alphandéry, Valabrègue, Abran, parler de Carpentras [...] il me sembla que les pierres me parlaient et me disaient un tas de vieilles choses dont elles avaient l'empreinte. Lucien qui est un sensible a pu en recevoir un lointain écho, mais à peu près tout a dû lui échapper. Et puis il y a des choses que, décidément, il a secouées, cela dit sans reproche, car il y en a beaucoup que nous avons secouées nous-mêmes, et que nos ancêtres avaient secouées aussi. Probablement, sur le tard, il en reprendra quelques-unes. » Ce que Lucien avait « secoué », c'était, évidemment, la tradition juive, et, de fait, mon père avait mal supporté la présence, un peu longue à son gré, d'un rabbin lors de son propre mariage dont la cérémonie religieuse s'était déroulée chez ses beaux-parents. Il était ce que Raymond Aron appelait un « Juif déjudaïsé », et un exemple même de citoyen abstrait.

Nous ne fêtions pas Hanouka mais Noël et, à vrai dire, je n'ai découvert ce qu'était Hanouka, la fête des lumières rallumées dans le Temple après les premières victoires de Judas Maccabée, qu'après la guerre, chez des cousins bâlois. Chez ma grand-mère Valabrègue on fêtait la Pâque, c'est-à-dire qu'on mangeait du foie gras et du pain azyme, mais ce repas de fête n'était en rien un *seder*[1]. Adrienne jeûnait lors du Yom Kippour que nous appelions le « Grand Pardon ». Quand Margot cessa cette pratique, en 1929, cela créa quelques remous. On fêtait aussi, par un bon repas, le « Nouvel An » juif. Je n'ai connu mon premier *seder* qu'en Israël, en 1975, chez

1. Cérémonie familiale au cours de laquelle est lue la Haggadah, le récit de l'Exode d'Égypte et les prières qui l'accompagnent.

Moshe Amit, mon collègue et presque mon cousin, et sa femme Dahlia.

Une institutrice venait à la maison me donner des leçons d'histoire sainte, tirées de l'Ancien Testament. Nous savions, tout de même, que nous étions des « israélites » et que le judaïsme était, comme nous le disait Margot, « la mère de toutes les religions ». Ma grand-mère Valabrègue ajoutait à cela, comme tant d'autres, que Dieu est le même pour tous et que, d'ailleurs, Jésus-Christ était juif. Mes camarades me demandaient parfois qui était ma marraine. Je n'en avais pas. Alors j'inventai que c'était Mme Bollack, une amie de mes parents, celle-là même qui avait joué un rôle d'intermédiaire en vue de leur mariage. Du judaïsme, Lucien n'appréciait guère que l'humour… et le théâtre yiddish dont il gardait, en 1943, un souvenir extraordinaire.

En fait, une décision de rupture a bien été prise au niveau familial, pas par tous d'ailleurs. Elle a été prise par Lucien, suivi par Margot, lorsqu'ils décidèrent que je ne serais pas circoncis ; décision grave, qui provoqua, m'a raconté Lucien, beaucoup plus tard évidemment, quelques réactions venimeuses.

Je comprends mieux aujourd'hui ces réactions, et je suis capable de ressentir ce que comporte de dramatique le fait de briser une tradition, d'autant plus que, depuis plusieurs décennies, je me dis et me sens juif à ma façon, à vrai dire assez particulière, et que je me suis même fait historien du judaïsme et de l'antisémitisme. Mais il y a une autre image qui m'obsède, celle de mon père déculotté par les nazis, le 15 mai 1944, qui tenaient à s'assurer qu'il était, lui, circoncis, et je ne peux pas ne pas me demander parfois ce qui se serait passé si ses parents avaient pris la décision que Margot et lui prirent ensuite pour moi-même et pour mes frères… Je n'appris du reste que très tard, en août 1942, en quoi consistait la circoncision. C'était en lisant un reportage d'Henri Lhote sur les mœurs et coutumes des Touareg. Lucien me donna alors les explications nécessaires.

En fait de religion, mes parents et ma famille dans sa grande majorité n'en avaient d'autre que la patrie et la culture, deux cultes étroitement associés. Tant a été écrit sur le patriotisme des Juifs français[1] que j'aurais scrupule à y ajouter beaucoup. Ni Lucien ni Margot ne dérogeaient à cette règle : nous étions des Français fils de l'Émancipation révolutionnaire, citoyens de la République qui avait le droit de tout nous demander. Cette évidence s'imposait à Lucien en dépit de sa mère « russe », de sa grand-mère paternelle, bordelaise mais née à Rio de Janeiro, dont les parents avaient des esclaves qu'ils obligeaient à siffler entre la cuisine et la salle à manger de peur qu'ils ne dérobent la nourriture en chemin. Il écrira dans son Journal, le 15 septembre 1942 : « J'ai ardemment désiré mourir pour la France ; dans ma tendresse pour mon Pays – dont je n'étais pas seulement fier, dont j'étais aussi vaniteux –, je concevais la mort pour son salut comme un enivrement de gloire que rien, qu'aucune vie ne pourrait jamais surpasser [...], tant la mort pour la France me semblait désirable et flattait, disons le mot, le sentiment que j'avais, en tombant pour mon pays, de participer à la création d'un chef-d'œuvre[2]... » C'est dans cet esprit, fortifié par l'exemple de mon oncle Pierre Valabrègue et la lecture de ses citations, que j'ai été élevé, que nous avons été élevés. Il va sans dire que le sionisme nous était aussi étranger que le royalisme. Seule ma tante Raymonde Valabrègue avait une légère tendresse pour l'une et l'autre de ces doctrines, et c'est chez elle, pendant la guerre, que je découvris avec une stupéfaction mêlée d'un peu d'indignation que les Juifs avaient un calendrier différent de celui des chrétiens. Pour ma part, je n'appris l'existence du sionisme qu'après la Seconde Guerre mondiale. Il ne nous concernait en rien.

1. Un de mes élèves, Philippe E. Landau, a consacré à ce sujet une thèse soutenue à la fin de 1992.

2. L'ensemble de ce Journal a été publié par mes soins dans les *Annales ESC* de mai-juin 1993.

Le patriotisme impliquait l'idée que la Première Guerre mondiale avait été une guerre juste – ce que je ne pense assurément plus – et la victoire une juste victoire. Lucien se méfiait de l'Allemagne bien avant Hitler. On lui prête ce mot : « La situation sera grave tant que Poincaré sera mort. » En 1920, il a probablement été partisan du Bloc national, mais il n'était pas clemenciste. Quand Clemenceau échoua, le 17 janvier 1920, à l'élection à la présidence de la République, il écrivit trois jours après à ses parents : « Je suis ravi de nous voir débarrassés du Tigre [...] mais peiné d'autre part qu'on ait pu faire du chagrin à un homme de son âge, après les services rendus. » Pour ma part, l'histoire de France m'apparaissait, de Clovis au 11 novembre 1918, comme la véritable histoire sainte. Je l'ai lue petit garçon chez Anquetil, un monarchiste du XIXe siècle, qui se lamentait fort sur la mort de Louis XVI, et dans *L'Histoire de France* et *L'Histoire de deux peuples continuée jusqu'à Hitler* de Jacques Bainville, auteur monarchiste, disciple de Maurras, intelligent du reste. Étrange contradiction puisque je savais que nous devions tout, que la France devait tout à la Révolution française.

La culture, chez mes parents, était inséparable du patriotisme. Non que ce fût une culture chauvine : Lucien lisait et parlait l'allemand. Il citait régulièrement et m'enseigna, pendant la guerre, la maxime qui terminait *La Critique de la raison pratique* de Kant : « La voûte étoilée au-dessus de nos têtes et la loi morale au fond de nos cœurs. » Avocat, il estimait que tout avocat devait savoir par cœur le discours de Marc Antoine aux obsèques de César, dans la pièce de Shakespeare. Ses grands musiciens – en dépit d'une évidente tendresse pour *La Damnation de Faust* et le *Concerto en sol* de Ravel – étaient allemands ; il était certes moins wagnérien que son père, pour des raisons probablement politiques, mais me disait que certains écoutaient debout l'*allegretto* de la septième symphonie de Beethoven, et n'était pas loin de leur donner raison. Il me surprit beaucoup en me révélant que Mozart – un nom si français, celui d'une avenue de Paris – était lui aussi germanique. Pendant la guerre, on annonça que Radio-Paris allait diffuser *La Passion selon saint Matthieu.* Je lui fis remarquer que c'était un orchestre de Berlin. Il m'envoya très proprement sur les roses : « Je m'en fiche complètement. » Conformément à la tradition dont j'ai déjà parlé, il n'aimait pas Rossini ni Verdi et méprisait un peu Gounod et profondément Massenet et Léo Delibes.

Homme de la parole, il était nourri d'éloquence : Démosthène, bien entendu – il était latiniste et helléniste –, les orateurs de la Révolution, Chateaubriand, et, chez les contemporains, Jaurès qu'il était, enfant, allé entendre et dont il récitait une longue période sur la patrie, et Briand dont le timbre l'enchantait. Il assista avec passion, à la Chambre, le 25 février 1929, à la discussion sur le pacte Briand-Kellogg mettant la guerre hors la loi. Il aimait Hugo, celui des *Châtiments* surtout, et, chez les modernes, Mallarmé et Valéry, mais le théâtre lui donnait ses plus grandes joies : théâtre antique – il avait, comme Péguy, entendu Mounet-Sully dans *Œdipe roi* ; théâtre classique : Julia Bartet, « la Divine », la grande actrice racinienne du Français, avait été pour lui ce que la Berma (Sarah Bernhardt) avait été pour Proust. Il lui rendit souvent visite dans sa retraite, l'entendit vingt fois lui réciter *Bérénice* – elle lui proposa même de réciter à deux le dialogue avec Titus –, et je l'entendis, moi, vingt fois imiter sa diction : « Que le jour recommence et que le jour finisse / Sans que jamais Titus puisse voir Bérénice… » Julia Bartet félicita mes parents lors de ma naissance et Lucien fut avisé, après sa mort, au printemps de 1942, qu'il était couché sur son testament. Un jour de mars 1944, il mit au concours, parmi ses enfants, la question suivante : quelle est la tragédie classique française qui se termine par le mot « hélas » ? Ce fut ma sœur Aline qui gagna la fève, à la stupéfaction de son père. Il s'agissait de *Bérénice.*

Je compris un peu mieux ce qu'était Lucien et ce qu'il

voulait faire de moi lorsque je lus, à la fin de 1990, les lettres de l'historien Marc Bloch à son fils Étienne[1]. Marc Bloch était né en 1886, treize ans avant Lucien, et, contrairement à ce dernier, il avait fait la guerre. Intellectuel fils d'intellectuel – son père enseigna avant lui à la Sorbonne –, il venait d'un milieu moins inséré dans la bourgeoisie que Lucien, mais leurs valeurs fondamentales étaient les mêmes, et surtout, je retrouvais avec surprise et émotion les règles éducatives que j'avais eu moi-même à subir. Comment admettre que le fils aîné soit autre chose que premier, au moins dans toutes les disciplines littéraires ? Comment éduquer sinon en dirigeant de façon autoritaire chaque mouvement de mon corps et de mon esprit ? Il aurait assurément, s'il s'agit du corps, préféré que je sois plus « costaud » que je ne l'étais. J'avais des jambes solides et peu de biceps, ce qu'il regrettait. Mais son attention se portait surtout sur mes lèvres qui l'obsédaient littéralement. « Ne te mords pas les lèvres, elles vont devenir comme des pneus. » Je n'ai compris que beaucoup plus tard ce qui se profilait « derrière » cette obsession. Il ne voulait pas que je ressemble à un Juif pour caricature antisémite. Comme beaucoup d'hommes de sa génération, il était également aux prises avec le fantasme de la masturbation. « T'es-tu touché ?... » C'est là une question que j'ai entendue dès avant la guerre.

Cela dit, bien évidemment, son principal souci, et en cela il se montrait très fidèle au modèle de la bourgeoisie intellectuelle juive, était d'ordre culturel, car de sa culture propre, il me voulait moi, son fils aîné, l'héritier. De quoi était fait mon bagage avant la guerre ? Côté musique, le chœur de *Carmen* : « Nous marchons la tête haute, comme de petits soldats... », l'air de Figaro dans les *Noces* : *« Non più andrai farfallone amoroso »* que j'entendais en français : « Bel enfant amoureux et volage... » et que Geneviève et moi voulûmes, en vain, faire

1. Marc Bloch à Étienne Bloch, « Lettres de la drôle de guerre », établies et présentées par François Bédarida et Denis Peschanski, *Cahiers de l'IHTP*, 19 (décembre 1990).

jouer à notre mariage, en juillet 1952, et, à un niveau combien plus banal : « Tout va très bien, Madame la marquise... » Côté classique : *Le Cid* d'abord, lu en 1938 sous la direction de Lucien. *Le Malade imaginaire* et *Les Plaideurs* vus au Français, en matinée, avec Margot. Lucien avait pris la peine d'écrire un résumé des deux pièces, et Margot de déchiffrer pour moi ce résumé. La Fontaine, bien sûr : à chaque fable sue par cœur, j'avais droit à une petite récompense, exactement comme lorsque l'un d'entre nous perdait une dent ; *Cyrano de Bergerac* fut lu sur un exemplaire de l'édition originale et dans l'enthousiasme le plus pur. En bon avocat, Lucien nous fit entendre un disque où Georges Berr, un acteur du Français, récitait « La cigale et la fourmi » en partisan successif de ces deux bestioles. Côté distraction : un peu de Jules Verne certainement, un peu, ensuite beaucoup de Paul d'Ivoi, *Jude Allan, roi des lads*, imitateur fin de siècle de Jules Verne, pour lequel avait plaidé Edmond Vidal-Naquet, et surtout, avant tout, ce qui était, aux environs de 1938, mon livre favori, *Les Aventures du capitaine Corcoran*. A. Assolant, auteur de ce récit qui transformait un marin malouin en maharadjah des Mahrattes, tenant la dragée haute au pouvoir britannique et flanqué d'une alerte tigresse prénommée Louison, avait été un normalien de la même promotion que Taine, Edmond About et Prévost-Paradol. J'ai relu récemment – avec quelle délectation – ce livre adoré de mon enfance. S'y ajoutaient les livres de deux collections : « L'Encyclopédie par l'image », chez Hachette, collection de très honorable vulgarisation ; toutefois un volume, consacré au *Monde invisible*, me surprit : il y était question des microbes, non des anges. L'autre collection était celle, chez Nathan, des « Contes et légendes » que nos fils, l'aîné surtout, devaient découvrir après moi. C'est là que je fis connaissance avec la guerre de Troie, mais aussi, par exemple, avec Madagascar et avec le Japon. Voyant mon enthousiasme, ma grand-mère Vidal-Naquet me fit cadeau d'une traduction de l'*Iliade*. Mais, à ma profonde indignation, ce récit se terminait par les funérailles d'Hector, sans dire un seul mot du Cheval de Troie. Je demandai, en vain, la suite.

Cette culture n'était pas, ou était peu, véhiculée par l'école. En dehors des leçons d'histoire sainte ou de solfège qui nous étaient données à la maison, pour le solfège par une demoiselle Baston aux yeux vairons, source d'inépuisables questions, en dehors des leçons de gymnastique qui nous étaient dispensées par une jeune femme qui promettait de revenir la nuit, avec des ailes, et de nous apprendre à voler, j'allais il est vrai à l'école, mais à une école bien particulière. Ce n'est pas là que j'avais appris à lire. C'est ma mère qui m'enseigna, très rapidement et très efficacement, la lecture alors que j'avais quatre ans. Je le notai gravement dans des sortes de Mémoires, que j'écrivis en 1943 : « dès lors ma vie changea du tout au tout ». C'était vrai. Je me plongeai si bien dans la lecture que je devins un « Jean de la lune ». « Les enfants poussent dans les choux, et moi dans les nuages. » C'est là un « mot » que, selon Margot, j'aurais proféré en octobre 1935 ! Mon premier livre de lecture courante – imposé par qui, je ne sais – fut *Le Tour de la France par deux enfants*, que je pris, comme il était normal, entièrement au premier degré, sans en percevoir l'idéologie analysée par de nombreux historiens, de Daniel Halévy à Jacques et Mona Ozouf. Le Creusot était « la plus grande usine de l'Europe », n'était-ce pas naturel puisque la France des années trente était le plus grand producteur mondial de fer ? Cette lecture « sérieuse » ne m'empêcha évidemment pas de lire, « comme tout le monde », la comtesse de Ségur.

Un enfant de mon milieu social allait normalement, surtout s'il n'était pas catholique pratiquant – les filles Millerand, par exemple, fréquentaient le collège d'Hulst, rue de Varenne –, dans les classes primaires du lycée. C'est ce que fit François, qui, en 1938, entra en dixième au lycée Victor-Duruy. Mais j'étais l'aîné, l'héritier par excellence. On m'envoya au Cours Hattemer-Prignet, 54, rue de Londres, dans le quartier de l'Europe. C'était une bien étrange école. Les enfants n'y allaient, si je me souviens bien, qu'une fois par semaine, et les mères, au fond de la classe, assistaient à ces leçons. Elles y assistaient d'autant plus nécessairement qu'à elles revenait, tout au long de la semaine, d'assurer le suivi, de faire apprendre le programme imposé, de vérifier que tout avait bien été enregistré. C'est ce que faisait Margot avec ténacité. L'accent était mis sur l'analyse logique et sur l'analyse grammaticale, et les enfants issus du Cours Hattemer avaient beaucoup d'avance dans ce domaine sur leurs camarades, le jour où ils entraient au lycée.

J'étais un bon élève, partageant les places de premier avec un garçon qui s'appelait As (ou Asse ?), sauf toutefois en calcul. J'entends encore avec terreur Lucien me saluer, un jour d'échec, du titre d'empereur du calcul. A vrai dire, sa propre culture n'était pas orientée du côté scientifique – mais cela, je le réalisai beaucoup plus tard, et je le comprends d'autant plus aisément que j'ai lu les lettres de son père en 1914, tout entières centrées sur l'art de la dissertation. Comment, par exemple, répondre à cette question : « Voltaire est-il un poète ? » Le contraste était grand avec mes cousins Brunschwig, fils d'un polytechnicien.

A côté de ces études et de ces lectures, je faisais collection de pierres et de timbres. Les pierres venaient de chez Deyrolle, rue du Bac, lieu d'une maladie mentale connue sous le nom de Deyrollite qui atteignait les enfants collectionneurs de pierres et de fossiles. Il fut en tout cas entendu que cette expérience éducative cesserait à la rentrée de 1939. En juin, je passai, sans grande difficulté, l'examen d'entrée en septième au lycée Montaigne dont je revins persuadé d'avoir vu un monsieur qui, portant au veston les initiales L. M., s'appelait Louis Montaigne. Mais les événements en décidèrent autrement.

De ces événements, qu'avais-je perçu ? Honnêtement pas grand-chose. Nous habitions tout près de l'Hôtel Matignon, mais je ne sus le nom de l'hôte de ces lieux qu'en 1938, au temps de Daladier. On racontait dans la famille qu'un de mes grands-oncles, Gustave Valabrègue, cousin germain et beau-frère de mon grand-père maternel, à Carpentras, avait obtenu une bourse pour le fils du boulanger, prénommé Édouard, dont l'intelligence l'avait frappé. C'est ainsi que ce jeune homme avait pu pousser ses études jusqu'à l'agrégation d'histoire, puis devenir député du Vaucluse. Du Front populaire et de ses cortèges qui atteignaient, il est vrai, rarement la rue de Varenne, je n'ai, au contraire de ma femme, pas le moindre souvenir.

Mon souvenir politique le plus ancien concerne la guerre d'Espagne, un titre de journal aperçu à Marseille : « La cavalerie de Franco en marche vers Gibraltar. » Il y avait de quoi inquiéter l'anglophile passionné que j'étais avant la guerre : nourri d'histoire anglaise grâce à Miss Mac, j'avais accroché au-dessus de mon lit les portraits des souverains britanniques dont la visite à Paris, en juillet 1937, fut un grand événement. Les vraies inquiétudes venaient naturellement de l'autre côté du Rhin. Je me souviens un peu de l'Anschluss et beaucoup de Munich. Comme je l'ai dit, Lucien vint me chercher en Suisse et me donna, début septembre, mon baptême de l'air. Quand la menace se précisa, avec ce qu'elle impliquait aux yeux de tous – la destruction des villes par les avions, comme l'exemple en avait été donné en Espagne –, Marseille n'apparut pas comme un refuge sûr. Sous l'impulsion de mon oncle Félix Valabrègue, une bonne partie de la famille – Lucien était rentré à Paris – migra au Tholonet, près d'Aix-en-Provence, et très exactement au Pey Blanc, immense propriété qui appartenait au ministre Charles Pomaret. Le Pey Blanc fut le premier paradis perdu de mon enfance, un peu le Paradou de Zola dans *La Faute de l'abbé Mouret*, avec des amandiers croulant sous les fruits. C'est là que nous attendions ce qui nous paraissait inéluctable.

Et puis, soudain, la guerre n'avait pas lieu. On nous annonça fin septembre que les Quatre (Chamberlain, Daladier, Hitler et le Duce) s'étaient réunis à Munich sous l'impulsion du raisonnable Mussolini et qu'un compromis avait été trouvé. Je dus accepter au moins en partie cette vision des choses, puisque Margot nota sur un carnet ce dialogue entre Lucien et moi : « Si tu continues, je vais faire subir à ton postérieur le sort de la Tchécoslovaquie. Réponse : Vivement Munich ! » Lui-même raisonnait de façon tout autre. Il n'admettait pas qu'il y eût de « bons dictateurs », ni Mussolini, ni Salazar, et il n'admettait pas non plus que l'on cédât devant Hitler. Le 3 septembre 1938, peu après notre voyage en avion, il écrivait à Jacques Millerand : « Ce qui me paraît [...] certain et qu'il ne faudrait pas perdre de vue, c'est que seule une déclaration collective et *publique* de la France, de l'Angleterre et de l'URSS, proclamant que toute intervention allemande en Tchécoslovaquie sera considérée comme un *casus belli*, est peut-être de nature à éviter le conflit qui nous guette », et, écrivant au même, le 14 septembre, avec des accents churchilliens : « Je reste persuadé que notre seule chance se trouvera dans la fermeté de notre attitude, et qu'Hitler spécule sur l'énervement à naître d'une attente prolongée dans l'indécision. Le déshonneur ne nous sauverait pas, au contraire, c'est notre volonté proclamée de ne pas laisser se perpétrer un coup de force qui peut donner à réfléchir à ce gangster. Cela dit, je ne vois pas bien comment se dérouleront les opérations militaires à venir puisque tout le système de notre état-major est fondé sur la notion de défensive, et que nous ne serons pas attaqués. Mais je ne suis que maréchal des logis et non maréchal de France, en sorte que je me prépare à obéir ; sans chercher à comprendre bien entendu. » C'était là, je crois, annoncer avec assez de lucidité ce que serait la « drôle de guerre ». Et le 14 avril 1939, dans une autre lettre, de Marseille, à Jacques Millerand, il parle de ces « événements qui se déroulent implacablement. Tout est teinté par eux des couleurs les plus sombres, et j'ajoute que se sentir loin des nouvelles et même des fausses nouvelles ajoute encore s'il est possible au désarroi où nous sommes plongés. Je dois dire que le seul fait que nous soyons encore en paix ne me paraît pas d'un mauvais présage, mais les événements vont vite, et qui eût dit que nous aurions encore, si tôt après l'absorption de la Tchécoslovaquie, tant d'occasions précipitées de tendre le dos à l'orage ».

La suite des événements est connue. Nous ne les vécûmes pas autrement que la majorité des Français. Dernière question enfin : ai-je eu conscience avant la guerre du péril antisémite ? A vrai dire, fort peu. Un jour, dans le petit jardin du boulevard des Invalides, un adolescent me traita de « fils d'Abraham ». Je n'y vis pas une injure très grave. A la fin de 1938, je pense, Miss Mac commenta avec indignation une inscription ajoutée à une affiche. Il s'agissait, je crois, d'une affiche de la LICA[1] protestant contre l'amende d'un milliard de marks imposée aux Juifs allemands après la « Nuit de Cristal ». Quelqu'un avait écrit : « Ce n'est pas assez ! » Je savais donc que Hitler haïssait les Juifs, sans me demander vraiment pourquoi. C'était là une raison supplémentaire d'aimer mon pays.

1. Ligue internationale contre l'antisémitisme, dirigée par Bernard Lecache.

CHAPITRE II

La brisure

Les framboises étaient mûres lorsque la famille – la nôtre, les Brunschwig, suivis de Marthe Vidal-Naquet, ma double tante, et de ses enfants – arriva à Beg-Meil en Bretagne dans la seconde moitié de juillet 1939. Mon frère, ma sœur et mes parents y avaient déjà passé une partie de l'été 1938, à l'hôtel, mais sans moi qui séjournais au Chaperon rouge. Nous sommes donc maintenant en juillet 1939 et Lucien et Margot ont loué une vaste villa, Ker Menez. A deux ou trois cents mètres de là, Isabelle et Robert Brunschwig font bâtir une villa. En attendant qu'elle soit terminée, ils s'installent dans une petite maison du village, le Canard Blanc. Le 18 juin 1940, pris de panique, nous quittions Beg-Meil, alors que les framboises commençaient tout juste à rougir.

Beg-Meil fut un paradis – le mot est de ma mère, dans une lettre de juillet 1940 – mais un paradis mêlé de tragédies, tragédie familiale sur fond de tragédie nationale.

Naturellement, nous ne vîmes d'abord, en ce dernier été de la paix, que le paradis. Ker Menez disposait d'un jardin de deux hectares, que Jacques et moi eûmes vite fait de baliser – comme cela avait été fait par Gérard et par lui à Chantilly, en donnant une appellation à toutes les allées : « grande descente », « descente terrible », « boulevard des virages ». Il va sans dire que tous ces qualificatifs – j'ai pu le vérifier depuis – étaient fort excessifs, mais le lieu était merveilleux pour le vélo, fût-ce au prix de chutes douloureuses. Il comportait nombre de recoins. Dans l'un d'entre eux, j'installai avec une série de cousins ce que j'appelai le « camp des aigles d'or ». Ce parc en miniature était entretenu par un jardinier que nous appelions « Monsieur Alain » et qui nous aidait à faire des arcs en bois de coudrier, ou mieux, en bois de châtaignier. Il y avait des haies de camélias, dont certains, ô merveille, étaient bicolores. Il y avait même, entouré de mimosas, un tennis inutilisé et inutilisable il est vrai. Il y avait des oiseaux qui nichaient au haut des arbres et même beaucoup plus bas. Je montai un jour dénicher une pie et m'emparer de ses œufs, ce contre quoi elle protesta. Je répétais ainsi un trait de l'initiation des jeunes garçons en Europe, mais, bien entendu, je n'en étais pas conscient. Un mur mitoyen séparait Ker Menez de la propriété des Bolloré, célèbres fabricants de papier – pour les cigarettes et pour les livres de La Pléiade. Il s'y trouvait une chapelle funéraire sur laquelle veillait une dame en deuil. Je franchis une fois ce mur, vis la dame et remontai en toute hâte, pris d'une sorte de terreur.

La mer était là, tout près, avec ses plages et ses rochers que nous balisions eux aussi – l'un d'entre eux est resté connu dans le folklore familial sous le nom de « lion ». Aucun de nous trois ne savait encore nager. La population se partageait entre paysans et pêcheurs et ni les uns ni les autres ne savaient non plus nager. Mais avec les pêcheurs nous faisions, sous la direction de Lucien ou de Robert Brunschwig, des parties de pêche miraculeuse – jusqu'à cent maquereaux en une seule après-midi –, dans lesquelles François se distinguait particulièrement.

En face de Beg-Meil, de l'autre côté d'une baie que franchissait la *Jeanne-Yvonne* – patron Caradec –, se trouvait Concarneau et sa « ville close », lieu d'excursions pour tous. Plus loin, Bénodet, Penmarch, Saint-Guénolé, d'où arrivaient parfois, portées par tel ou tel membre de la famille, d'énormes soles. Nous étions venus là pour l'été, or c'est la guerre qui s'annonça après le pacte germano-soviétique du 23 août dont, bien sûr, je ne saisis pas immédiatement la signification, pas plus que je n'avais perçu ce qu'impliquait la revendication sur Dantzig. On comprenait seulement que l'Allemagne voulait tout avaler, et qu'elle bénéficiait de la complicité de Staline, ce qui n'était pas faux. Je trouvai tout de même bizarre que la France déclare la guerre six heures après la Grande-Bretagne, le 3 septembre 1939 à cinq heures du soir.

En 1943, écrivant une sorte d'autobiographie à laquelle j'ai déjà fait allusion, je notai que j'avais accueilli la guerre avec joie. La guerre ne pouvait déboucher que sur l'héroïsme et la victoire. Notre génération connaîtrait donc les heures exaltantes dont on nous avait tant parlé à propos de 1914-1918. Lucien lut alors ces pages et fut soulevé d'une juste colère. Il prit la peine de me dire par écrit pourquoi je me trompais : une guerre, même victorieuse, est toujours un immense désastre. Il avait évidemment raison, mais je ne puis rétrospectivement modifier ce qu'étaient mes sentiments, au début de septembre 1939.

Lucien parle dans son Journal, tenu à Marseille de septembre 1939 à la fin de février 1944, de la « grave et ferme résolution qui nous animait en septembre ». C'est le sentiment qui se dégage de ses lettres de guerre. La première, écrite à Vannes, son centre de mobilisation, quelques heures avant de franchir la grille d'une caserne où règne « une agitation indescriptible », date du 5 septembre 1939. Lucien – il avait quarante ans – fut mobilisé comme maréchal des logis au 146e RALH (régiment d'artillerie lourde hippomobile) stationné près de Charleville-Mézières dans les Ardennes. Entre autres activités, il y creusait des tranchées dans une argile riche en fossiles. Envieux d'un camarade qui avait découvert une belle ammonite, il en trouva une plus belle qui est encore aujourd'hui chez moi. Il passait lui-même pour un bon camarade et parmi ses amis figuraient aussi bien un jésuite célèbre, le R. P. Yves de Montcheuil, qui devait être fusillé durant la nuit du 10 au 11 août 1944 dans le Vercors, qu'un ouvrier menuisier de Nantes, Désiré Oono (qui a pris la peine de m'écrire en novembre 1991), et que d'autres jeunes Bretons. Il existe dans le Morbihan un Lucien Tanguy qui lui doit son prénom.

Ses principales difficultés, il les trouvait dans la trigonométrie, matière pour laquelle il se sentait peu doué et qui l'avait déjà fait souffrir en 1914, et le thème figure souvent dans ses lettres : « Que penserait Pierrot de son vieil écolier de papa ? » Un autre thème revient de façon obsessionnelle, exprimé par exemple dans une lettre du 29 septembre : « Ne m'envoie pas trop de colis. D'une part j'ai tout ce qu'il me faut et, d'autre part, je ne veux pas me faire remarquer par trop d'abondance de biens. » Parisien et bourgeois, il craignait de choquer ses camarades dont la majorité étaient des paysans bretons. Jamais il n'exprime l'idée que, juif, il risque de s'attirer la jalousie des antisémites. Il avait du reste de bons moments, par exemple ce déjeuner, le 8 octobre, à Charleville, avec son frère et Raymond Aron, à l'occasion duquel fut prise une photo sur laquelle c'est le philosophe qui porte le plus mal l'uniforme[1]. Il est vrai que, tous, nous envoyions beaucoup de colis, et pas uniquement à Lucien. J'étais alors abonné à un petit journal d'enfants, *Benjamin*, dont la devise était « le cœur sur la main » et où sévissaient Jean Nohain dit Jaboune, Alain Saint-Ogan et Henri Kubnick. Cet hebdomadaire publia une liste de soldats en quête de parrains ou de marraines de guerre. Je choisis un spahi qui s'appelait Abderhamane Saïd et je l'inondai de colis. Pour lui aussi je tricotai d'interminables cache-nez aux formes très irrégulières. Quelqu'un de ma famille dut prendre en pitié mon cœur de « parrain » et m'adressa une lettre de remerciements qui manifestement n'émanait pas d'un spahi.

1. Cette photo a été publiée dans la biographie de R. Aron due à N. Baverez, Paris, Flammarion, 1993 ; voir ici même le cahier-photos.

Cependant, dès la déclaration de guerre, il n'était plus question d'un retour à Paris, ni du lycée Montaigne. On se prépara donc, sous la direction de Margot, à hiverner à Beg-Meil, ce qui impliquait des transformations dans la maison, notamment en ce qui concernait le chauffage. Notre mère fit venir à Beg-Meil ce à quoi Lucien tenait le plus : ses livres de bibliophile – un superbe ensemble d'éditions originales allant de Machiavel à Giraudoux –, que je n'ai vraiment découverts que bien après la guerre. Nous nous sentions en pleine sécurité en Bretagne, en dépit du fait que Hitler avait, à notre grande surprise, mis la « libération » de la Bretagne au nombre de ses buts de guerre. Isabelle et ses trois fils, ainsi que ma grand-mère paternelle, s'installèrent à Quimper, cité de la Retraite. Jacques était en sixième au lycée La Tour-d'Auvergne sous la houlette de Mlle Strowska, fille de l'illustre professeur Fortunat Strowski, et Gérard en première.

Quant à nous, les enfants de Lucien et Margot, chaussés de sabots qui nous rendaient tout fiers, nous suivîmes – et pour Aline qui avait appris à lire à la maison, presque toute seule, ce fut la première école – l'enseignement de Mlle de Bronnac. Ma mère jugeait cette personne stupide, mais tel n'était pas du tout notre sentiment et, naturellement, elle gardait cela pour elle. J'étais en même temps inscrit, par correspondance, aux leçons du Cours Hattemer. De notre institutrice, je n'ai guère qu'un souvenir : en histoire, elle me fit étudier le programme de sixième, l'Orient et la Grèce. Je me familiarisai de nouveau avec les dieux d'Homère et fis connaissance avec ceux de l'Égypte ancienne, qui me passionnèrent comme ils le font de tous les enfants. J'affichais déjà dans le domaine scolaire comme dans le domaine « intellectuel », si je puis dire pour un enfant de neuf ans, une assurance à laquelle ne correspondait pas toujours la science qui eût été nécessaire. Un incident me revient. J'avais reçu pour mon anniversaire un superbe livre sur les oiseaux. J'en tirai l'« information » que voici : un œuf d'autruche représente à peu près 1 800 œufs de poule ! A ce compte-là, me dit quelqu'un, ce n'est pas un œuf c'est une lessiveuse ; 180 peut-être. On vérifia : le chiffre réel était 18.

Nous suivions à notre façon enfantine le cours et le non-cours de la guerre, les victoires plus ou moins fictives, comme le sabordage du *Graf von Spee*, un « cuirassé de poche » de la flotte hitlérienne dans les eaux du Rio de la Plata (17 décembre 1939), nous étonnant tout de même qu'après tant d'avions abattus par la chasse polonaise, tant de charges héroïques des lanciers polonais, les Allemands, aidés, il est vrai, des Russes, se soient si rapidement emparés de la Pologne, sans que notre armée intervînt. Lucien en souffrait comme en témoignent ses lettres et celles qu'il recevait de ses amis, André Boissarie notamment, lui aussi artilleur, mais officier, et qui croyait à la responsabilité des politiques plus que des militaires. Pour ma part, je commentais dans des lettres à mon père, et sur un ton grave qui me paraît rétrospectivement cocasse, les nouvelles que je lisais dans la presse, par exemple la destruction par les nazis de la bibliothèque des Jagellon. Le plus étrange est que j'ai vu, en 1974, cette bibliothèque, apparemment intacte, comme l'ensemble de la ville de Cracovie, au contraire de Varsovie.

De ces commentaires politico-militaires, rien n'a subsisté que ce qu'en écrit Lucien en les recevant. Seule demeure une « narration » que Margot recopia le 10 décembre 1939, sous ma dictée (j'avais mal à la main) et dont le sujet était « le facteur de campagne ». Je la recopie à mon tour :

> Chaque jour, vers une heure de l'après-midi, tout le monde attend le facteur avec impatience ; personne ne sachant s'il apporte de bonnes ou de mauvaises nouvelles, le cœur de tous bat avec anxiété. Enfin, il arrive ; aussitôt c'est la ruée vers lui : chacun veut savoir comment va un ami, un frère ou un mari qui est « quelque part en France ». Aussi vous devinez comme on est heureux quand on apprend que celui qu'on aime va peut-être bientôt venir en permission ou qu'il va bien. Le facteur a sur son

dos un grand sac rempli de plaisir ou de tristesse dans lequel il fouille et fait bien attention de ne rien laisser. Quelquefois, il apporte un paquet contenant généralement des médicaments. Il est vieux, très vieux, il est habillé comme un vieux Breton avec des vêtements qui semblent être aussi vieux que lui, et il porte des sabots. Il fait son service depuis de longues années, mais jamais il n'a été attendu avec autant d'anxiété que maintenant. Aussi Dieu sait s'il est content quand il a la chance d'avoir un gros paquet de lettres.

Quelquefois, quand la ruée est trop forte, il nous menace de nous fourrer dans son sac, mais nous n'en avons cure, sachant bien qu'il est un brave homme.

A la fin, quand la distribution est terminée, tous se mettent à dévorer les lettres.

Lucien remarqua sarcastiquement, quand il vint en permission, que dans l'énumération de ceux dont on attendait des nouvelles, j'avais tout simplement oublié… un père.

Quelques semaines auparavant, c'est sur la famille Brunschwig que s'était abattu le drame. Le 22 octobre, Margot écrivait à Lucien ce qui s'était passé la veille : « On a trouvé Robert tombé du sixième étage devant sa maison. Que s'est-il passé ? Nul ne le saura sans doute jamais. Ce n'était pas un homme à commettre un acte de désespoir, et pourquoi, grands dieux ? Il était évidemment très déprimé à son dernier voyage mais Marthe et Maman l'ont vu jeudi à Paris. On dit qu'à diverses reprises il a eu des éblouissements. A-t-il eu un malaise en ouvrant la fenêtre, a-t-il été pris d'une syncope, nul ne le saura encore. »

Ce drame, on ne nous en a rien dit, pas même un nom de maladie crédible. La mort de leur père fut annoncée seulement petit à petit à ses enfants, du moins aux deux plus jeunes. Margot jugea cela très dangereux. On ne leur dit rien des circonstances ; je ne crois même pas qu'Isabelle les ait jamais connues. Avant de découvrir la correspondance entre mes parents, je n'en ai été informé qu'en 1945, à Paris, par un commerçant du quartier. Aujourd'hui encore, en dépit des efforts de ses fils et de Rachel Hayon[1], sœur de Robert, cet épisode affreux reste très mystérieux et on a évoqué aussi bien le surmenage que les suites d'un obscur conflit avec son frère, disparu depuis dans des circonstances tragiques analogues. Assurément, Robert avait au ministère des Travaux publics et des Transports que dirigeait Anatole de Monzie de lourdes responsabilités. Aux yeux de Margot comme aux yeux de Lucien, Robert fut, dans la famille, la première victime de la guerre.

Cependant, peu à peu l'hiver s'installait en Bretagne. Il comportait des aspects poétiques : ce rouge-gorge, par exemple, qui venait de son bec frapper à la fenêtre. En dehors de mon travail scolaire et pour la dernière fois de ma vie, je me livrais aux joies de la peinture, faisant à l'aquarelle ou à la gouache un tableau, toujours le même, représentant une montagne enneigée, des sapins et des chalets suisses, à croire que je n'avais pas été si malheureux que cela dans mon home vaudois. L'hiver 1939-1940 fut rude. Pour la première et seule fois je vis au bord de la mer et même dans la mer des plaques de glace. Miss Mac nous avait, je l'ai dit, quittés, et nous étions sous la surveillance d'une Alsacienne d'Altkirch prénommée Frida. Était présente aussi une Lorraine de Sarrebourg, Renée Burck, qui s'occupait des enfants de Georges et Marthe et qui accompagna la famille dans ses heurs et malheurs pendant encore plus de dix ans.

Notre mère était enceinte, et ce fut Frida qui se chargea de nous apprendre quelques-unes des réalités de la vie. Quelques-unes seulement. Margot grossissait visiblement et Frida m'expliqua ce qu'était un accouchement. Mais du rôle du père il ne fut pas question : pas de papillon, pas de « petite graine ». Le plus étrange est qu'aucune question ne fut posée ni par moi ni par mon frère et ma sœur.

1. Qui a donné son récit du drame dans la revue *Esprit* de mai 1982.

Quoi qu'il en soit, il était entendu que, si c'était un garçon, il s'appellerait Yves, et si c'était une fille, Annick. Dans l'attente, nous l'appelions Corentin. Une garde vint s'installer à Ker Menez le 20 février, et Margot écrivit la veille : « Elle jouit à l'avance de toute mon antipathie. » Une fois là, elle lui parut compétente, mais peu sympathique, du moins les premiers jours, car par la suite les choses s'arrangèrent : « tout à fait gentille et discrète ». Yves naquit le 24 février et Margot télégraphia et écrivit aussitôt : « Yves est très bien arrivé hier soir à 9 heures. Il t'attend, c'est un jeune rat ressemblant à François. » Il fut déclaré à la mairie de Fouesnant comme Yves, Bertrand, Edmond. J'avais demandé qu'il portât aussi le prénom de Robert, mais me heurtai à un refus pour des raisons que je n'ai comprises que bien des années après.

En réalité, Yves fut, dès sa naissance, en péril de mort. Lucien vint aussitôt en permission, et ce qu'il écrivit à Jacques Millerand, le 4 mars 1940, donne une idée de la situation réelle : « Je ne me doutais pas, en recevant la joyeuse dépêche de Margot que, si je la trouverais en voie de prompt rétablissement, mon pauvre petit nouveau-né serait, dans le même temps, en proie à la maladie qui met son existence en question à chaque moment. Il a beaucoup souffert à sa naissance, au point que tous pensaient qu'il ne viendrait pas au monde vivant. Il a été si bien et si vigoureusement soigné, qu'il a pu surmonter le danger ; il reparaît aujourd'hui plus menaçant et grave que jamais. Un commencement de congestion pulmonaire s'est déclaré, et le médecin ne me dissimule pas que son état est plus qu'alarmant. » Nous percevions dans l'angoisse ce danger que soulignait la livraison quasi quotidienne de ballons d'oxygène. Yves, nous dit-on d'abord, avait des « glaires », puis il fut question de broncho-pneumonie. Un soir, Margot me demanda de prier pour mon petit frère. Je le crus mort, il ne l'était pas.

Margot fit face avec une énergie et un courage admirables. A partir du 9 mars, date du retour de Lucien de sa permission, chacune de ses lettres est un bulletin de santé, un bulletin le plus souvent victorieux. Ainsi, le 10 : « Son nez va beaucoup mieux et, hier soir, il a même poussé un demi-cri qui ne ressemblait plus au grognement de ces jours-ci. » Après deux mois, la bataille parut gagnée. La lettre du 20 avril est un cri de triomphe, et le 29, en marge d'un commentaire sur la bataille de Norvège : « Yves pèse 4 kg 600. J'ai hâte que l'image dans ton esprit de ce petit être souffreteux soit remplacée par le beau petit garçon. Aline me dit : il a pris la place de papa, tu es toujours avec lui. » Et le 5 mai, une autre lettre décrit Yanken (Yves) « délicieux, avec de longs cils noirs » tel qu'on peut le voir grâce à une mauvaise photographie[1], sur les genoux de sa sœur.

Lucien, toujours aux armées, était maintenant, à quarante et un ans, père de quatre enfants. Selon la législation de l'époque, il aurait dû rentrer dans ses foyers. Mais cette naissance aggrava, dans une large mesure, entre mes parents, un conflit qui avait commencé dès octobre 1939, à vrai dire le seul conflit sérieux qu'ils aient jamais eu, à ma connaissance du moins. Personne parmi les enfants n'en était conscient. Lucien résume ce conflit, dans son Journal, le 15 septembre 1942, en écrivant : « J'en étais arrivé, durant la guerre, à méconnaître mes devoirs de père et de mari, tant la mort pour la France me semblait désirable. » C'est ce que confirme pleinement sa correspondance. L'idée de bénéficier de quelque privilège que ce soit le mettait hors de lui, et les lettres qu'il recevait de sa femme, de sa belle-mère, d'autres membres de sa famille, lui demandant avec insistance de faire valoir ses droits, le jetaient dans de violentes colères. Je puis donner en exemple ce qu'il écrit le 6 octobre : « Je reçois une lettre d'Alex[andre Millerand] me disant qu'il a écrit à mon colonel. J'en suis tout simplement malade de fureur. Si c'est une idée que tu as eue, et j'ai tout lieu de le

1. Reproduite dans le cahier-photos.

croire, je ne t'en félicite pas. Tu feras tant et si bien que je ferai n'importe quelle bêtise. Te voilà prévenue et dûment, j'imagine. J'ajoute que s'il y a quoi que ce soit du général Bloch[1] ou de quiconque, tu ne sauras plus rien de moi. »

A la fin des fins, il lui fallut céder. Le 9 mai, il fut renvoyé à son dépôt de Vannes – il s'installa en fait à l'hôtel –, ce qui lui permit de rares rencontres avec Margot et des contacts téléphoniques fréquents. Il était dans l'attente d'une nomination comme officier assimilé. Ce même jour, Marthe, qui se préparait à rendre visite à son mari sur la Meuse, se cassa la jambe dans l'escalier, en retenant sa fille Arlette dont les mouvements avaient précipité sa chute. Elle revint de Quimper avec un gigantesque plâtre qui lui prenait toute la jambe.

Le lendemain commença ce que Margot, dans une lettre du 10, appelle « le grand jeu », c'est-à-dire l'attaque allemande en Hollande, en Belgique, au Luxembourg et bientôt en France. Il est frappant de constater qu'elle raisonne, le 12, exactement comme le général Gamelin, avec cette différence qu'elle n'avait pas la responsabilité de nos armées : « Que te dire de mes journées ; je suis pendue à la TSF et on est horrifié des moyens employés par les nazis et des ravages déjà commis en Hollande et ailleurs, mais je crois que cette fois-ci, nous sommes prêts à opposer une résistance efficace, puisqu'on attend cette attaque depuis huit mois en ce point. Ayons confiance et courage. » Et elle ajoute : « Je bénis et remercie mon petit Yanken d'être là, et je te supplie de ne pas m'en vouloir de cette pensée. »

Lucien pour sa part écrivait le 9 mai à André Boissarie : « J'ai toujours la même confiance, mais je n'oublie jamais qu'il faut, aurait dit le cardinal de Retz, accepter les conditions de ce que l'on veut, si dures et si pénibles soient-elles. Nous ne gagnerons la guerre qu'à la condition d'accepter de

1. Paul Bloch (1882-1969), devenu après la guerre le général Dassault, ami de ma tante Hermine Lang-Verte.

la faire, et non en persuadant le pays qu'il n'a qu'à s'endormir pour se réveiller victorieux. »

Lucien va se morfondre à Vannes pendant un mois. Le 31 mai, il reçoit une lettre d'Alexandre Millerand, accompagnée d'un extrait du *Journal officiel* du 28. La lettre lui dit qu'il est nommé « officier défenseur ». Le *JO* l'attache à la Justice militaire comme juge d'instruction, commissaire du gouvernement ou substitut. C'est seulement le 9 juin qu'il put partir, avec le grade de capitaine de justice militaire, en direction de Vesoul. Le 10 mai, il avait écrit à Margot, résumant un état d'esprit qui fut le sien pendant tout ce mois : « Que fais-je ici, alors que mes camarades et Georges sont à leurs postes et ont dû gagner leurs positions de combat ? C'est un déchirement pour moi que de me trouver aussi loin de tous, aussi inutile ; et je retrouve, à vingt-deux ans de distance, la sensation accablante qui m'avait envahi le 11 novembre 1918 en apprenant l'armistice durant une garde d'écurie. J'aurai payé là un lourd tribut à mes devoirs de famille tels que je ne les entendais pas. Pourvu que ma nomination ne tarde pas trop. Autrement, je repars ! Quelle époque... et quels monstres ! Ils auront profité de tout, jusques et y compris du flottement ministériel anglais [1]. Mais ils seront battus et le monde retrouvera sa respiration normale. »

Il va sans dire que nous étions tous, nous aussi, suspendus à la radio, écoutant de préférence la BBC qui paraissait à Margot plus objective. Les discours lugubres de Paul Reynaud, suivis d'un non moins lugubre début de *Marseillaise*, ne portaient pas spécialement à l'optimisme, bien que Margot écrive le 15 mai ce qui nous obsédait tous : « Nous aurons, il le faut, la Marne de 1940. » Le 21 mai, elle note : « Les cortèges des voitures du Nord et de Belgique se succèdent, mais quand arriveront ces pauvres malheureux, la misère et l'horreur de l'invasion germanique nous apparaîtront. » La famille

1. C'est le 10 mai que Churchill remplace Chamberlain.

s'agrandit sur place avec la venue, en juin, d'Hermine et de Germain Lang-Verte, et de leurs deux filles, Lise et Marianne. Le 25 mai, Isette Vinck, cousine germaine de Lucien, fille de sa tante maternelle Rose Sommerhausen, était arrivée de Belgique avec ses deux garçons, Léo et Pol. Avec Léo, ce fut rapidement la bagarre. Il voulut bien admettre que son roi avait trahi en capitulant le 28 mai, mais, avant, c'était un excellent roi. Me faisant l'écho de ce que l'on disait à la maison, je ne l'entendais évidemment pas de cette oreille. Malgré tout, nous espérions, nous raccrochant à telle ou telle nouvelle optimiste : la « réussite » de l'évacuation de Dunkerque, la reprise plus ou moins fictive d'Amiens ou d'Arras. On saluait un bel ordre du jour du général Huntziger, sans savoir que c'était l'armée de ce vaillant qui avait craqué sur la Meuse, et non celle du général Corap, comme l'affirmait Paul Reynaud.

Le 6 juin, Margot écrit : « Tu devines mon émotion en apprenant que Paul Reynaud parle à la TSF, mais ce matin, je crois comprendre qu'il s'agit de remaniement ministériel. Enfin on a pu se débarrasser de Daladier. Il n'était que temps, sa présence au pouvoir était un vrai scandale. » Mais elle ne commente pas la nomination d'un sous-secrétaire d'État à la guerre, appelé à quelque réputation.

Ce temps était aussi celui des bobards et des mythes, de ces « mythes de guerre » qu'a étudiés Marie Bonaparte. Peur des parachutistes déguisés en religieuses. Il en vint deux pour quêter, l'une d'entre elles avait de grands pieds : c'était donc un parachutiste. Un automobiliste recueille sur la route un blessé qui lui dit : « Quand vous arriverez à telle ville, je serai mort, et un an exactement après Hitler mourra. » Naturellement, la première partie de cette prévision s'était déjà réalisée.

On espérait toujours. Je ne croyais pas à la défaite, même après l'entrée en guerre de l'Italie, même après la chute de Paris, le 14 juin. Notre cuisinière Joséphine me dit : « Mon Pierrot, nous sommes foutus. » C'était le 15 et je ne la croyais encore pas. Le 17 au matin, la nomination du maréchal Pétain comme président du Conseil ne pouvait signifier que le ressaisissement, et, à long terme, la victoire.

J'étais dans le jardin à midi et demi lorsqu'il annonça qu'il fallait « cesser le combat ». Je n'entendis que la rediffusion, tout au long de la journée, de cette illustre déclaration d'abandon. Mon réflexe fut : le lâche ! Une semaine auparavant, Lucien était dans le train et il raconte dans son Journal, le 10 octobre 1942 : « Souviens-toi ; au petit matin, après une nuit sans sommeil, où je veillais, comme un soldat de garde, au milieu de ces jeunes gens qui, eux aussi, rejoignaient cette file d'autos, aux toits chargés de matelas, qui sillonnaient les routes pour s'évader de la menace : la cathédrale de Chartres apparaissant dans les feux de l'aurore, dardant ses flèches vers le ciel, comme une ardente prière, puis comme un sanglot que le ciel n'a pas entendu ; cette émotion qui me broyait alors, à penser qu'il valait bien de mourir pour que ce paysage puisse continuer de vivre, ce sentiment profond et doux de cette France chrétienne pour laquelle Péguy avait donné ses jours, et qu'un athée comme moi ressentait au plus intime de lui : la France, Christ des Nations ! Oui, j'ai poussé ce cri, j'ai ressenti ce grand élan ! J'ai dit, j'ai cru non seulement que le sacrifice était nécessaire, et qu'il me fallait le consentir de toute mon âme, mais encore qu'il serait profitable, et que mon pays ne périrait pas, tant que ses fils l'accepteraient avec l'ivresse qui me soulevait. »

Le 18 juin, je n'entendis pas une autre déclaration célèbre, non d'abandon, mais de résistance. Ce jour-là, d'heure en heure, la panique se répandit. Les Allemands allaient arriver d'un moment à l'autre sur la côte bretonne, et il fallait les fuir. En vain M. Le Berre, le propriétaire de Ker Menez, vint nous supplier de rester. Nous partîmes dans l'après-midi. « Nous », c'est-à-dire Germain et Hermine Lang-Verte et leurs deux filles, Margot et ses quatre enfants, Isabelle, sa mère et ses trois fils, Marthe, la jambe plâtrée, avec Nadine, Alain et

Arlette, Isette et ses deux fils. A Isette était confiée la voiture de Marthe, ce qui se révéla un choix malheureux. Presque tout ce que nous avions restait sur place, à Ker Menez et dans la maison d'Isabelle, tout juste achevée. Des domestiques et gouvernantes, seule venait avec nous Juliette Staffelbach, au service des Brunschwig, et qui le demeurerait encore longtemps. Elle pesait un bon quintal, ce qui nous posa quelques problèmes. Du moins ne fut-elle pas abandonnée ; Frida refusa expressément de nous accompagner. Qu'on ait pu laisser les autres, notamment Renée Burck, ne m'inspire pas beaucoup de fierté rétrospective. Elles furent rapidement chassées de Ker Menez par les propriétaires et s'installèrent dans la maison d'Isabelle. Renée nous rejoindra plus tard à Marseille après bien des aventures témoignant de son courage. Je ne sais comment Joséphine put, elle aussi, gagner Marseille.

Partir, mais où ? A Concarneau d'abord, où nous passâmes une nuit à peu près blanche sur les chaises d'un café. Germain, seul homme du convoi, avait naturellement pris la tête de l'expédition, conformément aux critères de l'époque. Lucien avait écrit de Vesoul pour supplier les siens de ne pas céder à la panique, mais ces lettres n'atteignirent Margot qu'à Marseille, tard en juillet. Il ne pardonnera jamais tout à fait à Germain cette équipée. Margot plaida les circonstances atténuantes. Elles existaient. Toute la France a vécu l'exode de juin 1940. Nos quatre voitures n'étaient pas seules sur les routes. Nous apprîmes dans la soirée du 18 ce qui avait été décidé : un thonier, le *Bonnet blanc*, avait été frété et nous conduirait le lendemain matin au besoin jusqu'au Portugal. J'entends encore la remarque de Jacques Brunschwig : « Il y avait longtemps que j'avais envie de faire un voyage en bateau, et dire qu'on va le faire dans ces circonstances ! » Mais le 19 au matin, le *Bonnet blanc* ne partit pas ; la marée n'avait pas été assez haute. Il fallut se résigner, ce mercredi, à regagner les voitures que l'on se préparait à abandonner, en paiement ou en nantissement du voyage.

On repartit, en direction de Nantes, certainement pas par la route la plus directe. La population se montrait solidaire et des femmes apportaient du lait pour Yves : « Ô le petit Jésus ! » Nous nous étions arrêtés, Margot conduisant, avant un pont (sur la Vilaine ?), pour nourrir le bébé. Germain cria que le pont allait sauter et qu'il fallait le passer aussitôt. A peine étions-nous à Nantes, en fin de matinée, que les motocyclistes allemands arrivèrent. Moment d'émotion et de terreur. Dans la ville, double drame : Isette perdit le contrôle de la voiture de Marthe et détruisit le radiateur de celle d'Hermine. Il fallut se regrouper dans trois voitures, Marthe reprenant le volant de la sienne, malgré son plâtre ; elle devait le tenir, courageusement, jusqu'à Marseille. Plus grave encore, une des voitures, que conduisait Germain, se sépara de nous. Elle avait comme passagers, outre deux Lang-Verte au moins – Marianne en tous les cas était restée avec nous –, Aline, Gérard, Jacques, Armand, Juliette et ma grand-mère paternelle. Je peux me tromper d'une personne, mais certainement pas de plus. Nous étions donc au moins douze dans les deux autres voitures, la Peugeot de Marthe et la Citroën de Margot.

A la sortie de Nantes, d'un fossé jaillirent deux soldats français, armés jusqu'aux dents. Ils nous demandèrent : « Vous avez vu l'ennemi ? » Le contraste entre les deux armées était là, éclatant : ordre et désordre, les machines et les chevaux... La question nous surprit. L'ennemi nous rejoignit plus loin, sur la route de La Roche-sur-Yon. Dans un embouteillage, un soldat allemand s'approcha et remit à ma mère une plaque de chocolat. Elle voulut refuser. Quelqu'un s'approcha et nous supplia de ne pas faire de scandale. Pour un royaume, nous n'aurions pas touché à ce chocolat. Il fut jeté par la fenêtre, quelques kilomètres plus loin.

Ici et là nous observions nos ennemis, cette horde si bien mécanisée. Jacques et moi nous livrions à de puérils exercices d'anthropologie physique qui allaient se développer au long des années, distinguant deux sortes de Boches : le grand imbécile pâle et longiligne que nous décrétions bavarois, et le petit, râblé et sanguin, que nous appelions prussien. Plus tard, quand, par hasard, l'un d'entre eux avait une bonne tête, c'était un Autrichien. Tout cela absurde, ô combien !

A La Roche-sur-Yon, nous prîmes un peu de repos chez Louise Isidor, sœur de mon grand-père paternel, charmante vieille dame voûtée et à grosses lunettes. Je ne suis pas sûr de l'avoir jamais vue avant ; je ne l'ai pas revue depuis, puisqu'elle mourut à la fin de février 1944. Isette et ses enfants restèrent à La Roche-sur-Yon d'où ils regagnèrent, je ne sais quand ni comment, la Belgique. Cela soulagea un peu la pression et la tension.

C'est à Châtelaillon, un peu au sud de La Rochelle, que nous avons trouvé asile dans un hôtel de cette station balnéaire. Le 20 au matin, ma cousine Marianne me dit, au réveil, que le petit Yves avait 42° de fièvre, et que, pourtant, il ne paraissait pas chaud. Quand maman revint, il était mort, et je ressens encore à dire cette mort la difficulté que j'éprouvai cet été-là lorsque nous, enfants, avions essayé en groupe (on le verra) de raconter ce voyage, éloigné que je suis et de la froideur du pur récit et des larmes de l'écriture.

Margot écrivit à Lucien, de Marseille, le 9 juillet : « Sache que notre cher petit Breton n'a pas pu supporter les terribles épreuves ; il est parti très paisiblement, emporté par une nouvelle broncho-pneumonie, sans souffrances. Je suis très courageuse et ne doute pas qu'il en soit de même pour toi ; l'avenir qui lui était réservé atténue les regrets et le chagrin. » Et une semaine après, le mardi 16 juillet : « La panique nous a pris à Beg-Meil, et y ayant cédé nous avons dû en subir les conséquences jusqu'au bout [...] Cher petit Yanken a payé notre folie collective. Il n'en a pas eu conscience heureusement et si je n'avais pas la quasi-certitude qu'il était à la merci d'un rien et que peut-être l'intelligence n'habitait pas sa jolie tête ronde, je me considérerais comme une criminelle.

Dans le désastre du pays notre chagrin se perd. » Qu'Yves était à la merci d'un rien, ses débuts dans la vie ne l'avaient que trop montré. Était-il voué à l'innocence ? Notre mère ne nous l'a jamais dit et elle ne dit rien de tel dans ses lettres antérieures. Lucien non plus, qui avait écrit à Miquette Millerand, de Vannes, le 20 mai, qu'il avait trouvé à Beg-Meil « tout le monde en parfaite santé, Yves compris qui nous avait donné tant de tourments et qui s'épanouit maintenant comme une plante au grand soleil ». Seule Isabelle m'a donné, il y a longtemps, la version que donne notre mère, dans sa lettre du 16 juillet et que ma sœur se souvient, elle aussi, d'avoir entendue. Questions déchirantes, questions insolubles…

Ce fut quelques heures après la mort d'Yves que la famille se regroupa. Marthe et Isabelle se rendirent à Royan, au nord de la Gironde, pour des raisons que je n'ai jamais connues. C'est là que Gérard, qui s'y trouvait avec Germain Lang-Verte et qui accompagnait à la poste notre grand-mère Vidal-Naquet pour télégraphier à Marseille à la famille Valabrègue, aperçut tout à coup une voiture familière, celle de Margot, que conduisait Marthe et où il vit sa mère. Il poussa un cri et réussit à rattraper la voiture, cependant que ma sœur Aline, qui observait la scène de la fenêtre de la chambre où elle se tenait, dit avec un calme absolu – selon le récit que m'a fait Jacques Brunschwig : « Tiens, c'est tante Isabelle. » Une religieuse qui tentait de nous consoler à Châtelaillon vit dans cette nouvelle la main de Dieu. C'est à Royan que le décès d'Yves fut déclaré, le vendredi 21 juin, après que Margot eut transporté le corps, avec nous, sur la lunette arrière de la voiture. C'est à Royan qu'il fut inhumé.

Toute la famille se trouva donc regroupée à Royan dans deux hôtels, l'Hôtel des Bruyères et l'Hôtel des Flots bleus, pas pour longtemps puisque Germain, Hermine et leurs filles gagnèrent de là Bordeaux. Nous devions les retrouver à Marseille. Pendant quelque temps, la guerre continua à Royan : canons de la marine et batailles aériennes. Les Allemands nous y rejoignirent rapidement. C'est à Royan que nous apprîmes l'armistice et ses clauses. Il y avait une grande plage. Jacques et moi passions des heures à construire de mélancoliques châteaux forts, faits de sable et de galets, que la marée devait détruire. De Royan, Margot envoya à Lucien à Paris, le 26 juin, cette lettre : « Ce mot te parviendra-t-il ? Je ne sais. Si tu ne nous trouves pas à Paris, sache que nous avons fui Beg-Meil (hélas !) et que nous sommes ici pensant nous diriger soit à Paris soit à Marseille, suivant l'essence que nous trouverons. » Elle dit devant moi, peu après avoir posté cette lettre : « Et je ne l'ai même pas prévenu que le petit était mort ! »

Est-ce à Châtelaillon, est-ce à Royan, au début de notre séjour, que j'ai entendu une conversation entre Marthe et Margot qui résume pour moi ces terribles journées (et je n'oublie pas aujourd'hui que d'autres ont connu bien pire, qui allaient à pied) : « Si cela continue, les enfants vont tous y passer les uns après les autres » ? Je racontai cette conversation à Marianne qui me répondit que Nadine, la fille « retardée » de Georges et Marthe, avait, dans cette sinistre arithmétique, la priorité.

Combien de temps sommes-nous restés à Royan ? Je ne sais. Une semaine, je pense. Comment Margot et Marthe se procurèrent-elles de l'essence ? Je crois que les Allemands en distribuèrent un peu pour décongestionner les lieux. Nous voilà donc repartis dans les derniers jours de juin vers le Sud, évitant la route de Bordeaux. C'est à Chalais, au sud-est de Barbezieux, que nous vîmes nos derniers Allemands. Jusque-là, nous ne devions rencontrer que solidarité. Sitôt la future « ligne de démarcation » franchie – elle était encore poreuse –, tout changea. Sur la route, on commença à nous faire payer l'eau potable. Le comportement des personnes qui nous croisèrent à Bergerac nous inspira de la haine. L'étape suivante fut Cahors où c'est la Croix-Rouge belge qui nous donna asile sous un toit mais par terre pour deux nuits, je crois. Le maire de la ville était Anatole de Monzie, ancien ministre de Daladier, mais aussi avocat. Margot alla le voir et obtint de lui suffisamment d'essence pour achever notre voyage.

Entre Cahors et Millau, la beauté du paysage des Causses reprit ses droits, comme si nous revivions. Je ne suis pas le seul à me souvenir d'un mémorable casse-croûte à Millau. A Montpellier, un cousin de Lucien, Marcel Lisbonne, professeur à la faculté de médecine, fut de peu de secours. Il vint tout de même voir notre caravane réduite à deux voitures. Le 1er juillet – de cette date-là je suis sûr, en ayant la preuve écrite – nous étions à Marseille.

La villa du 9 avenue Frédéric-Mistral était vide. La même panique avait emporté mes oncles Félix et Georges, leurs femmes, leurs enfants et leur mère en direction du Maroc. Petit à petit les nouvelles parvinrent. A Casablanca, Adrienne Valabrègue avait tenté de se suicider en avalant des somnifères. Félix, Raymonde et leurs enfants rentrèrent avec leur mère et belle-mère à la fin du mois, quitte à repartir pour le Maroc en 1942. Georges Valabrègue, Véra et leurs trois filles s'embarquèrent vers les Amériques en passant par le cap de Bonne-Espérance. Cette migration ne fut pas très populaire dans le reste de la famille. Mais qui osera porter un jugement ? Lucien pour sa part écrivit dans son Journal, le 10 octobre 1942 : « Je ne prononce pas d'excommunication à l'égard de ceux qui sont partis pour l'Amérique ou d'autres cieux ; je me déclare simplement aussi incapable de suivre leur exemple que de parler une langue étrangère dont je ne saurais rien. » Il jugea sévèrement l'équipée avortée du *Bonnet blanc*.

A Marseille, Margot n'eut pas immédiatement de ses nouvelles. Georges Vidal-Naquet, démobilisé, y arriva le 8 juillet. Il avait vu son frère à Paris. Lucien n'avait évidemment pu entrer en fonction au tribunal militaire de Vesoul. Ses lettres de juin et de juillet ainsi que le rapport qu'il fit adresser aux autorités militaires en vue de sa démobilisation, par l'intermédiaire de Margot, ayant disparu, je connais mal la suite des événements, sachant simplement par une note de son Journal

(9 janvier 1943) et par ce que racontait Margot qu'entre le 16 et le 19 juin son train avait été arrêté par l'ennemi et qu'il s'était battu, que son pessimisme l'avait fait soupçonner par d'autres officiers d'appartenir à la cinquième colonne, que, devant l'effondrement général, il avait revêtu un costume civil et qu'il avait regagné Paris à bicyclette. Ses camarades furent tous faits prisonniers, ce qu'il commente ainsi : « Je me félicite donc d'avoir eu l'énergie de reprendre ma route solitaire, à moins que l'avenir [ne] démontre que j'eusse gagné à être prisonnier de guerre plutôt que… »

Le 11 juillet, il ne savait toujours rien de nous. Ses lettres parvenaient à Marseille, mais l'inverse n'était pas vrai. C'est le 12 que le contact est enfin rétabli. Il avait trouvé accueil et amitié auprès de Marguerite Bénédic, cousine germaine de sa belle-mère et revu son patron Alexandre Millerand.

Dès notre arrivée à Marseille, nous nous mîmes à une tâche : raconter notre aventure. Nous, je veux dire essentiellement la génération des douze-treize ans, c'est-à-dire Marianne Lang-Verte, Jacques Brunschwig et moi, mais Aline (sept ans et demi) collabora aussi à ce « livre », à sa façon. Toute la famille était encore rassemblée. A la fin du mois Isabelle, sa mère et ses fils s'installèrent dans un petit appartement, rue Paradis. Ce *Voyage de réfugiés*, recopié pourtant à de nombreux exemplaires, a malheureusement disparu, et Marianne elle-même, qui en avait été une des principales rédactrices, en a perdu jusqu'au souvenir. Ce fut, en somme, le premier travail historique auquel j'ai collaboré. Aline me dit qu'il commençait ainsi : « Fuyons pour notre peau. » La pauvre Isette y était qualifiée d'« oiseau de mauvais augure ». La mort d'Yves y était évoquée dans le style de faire-part qui est celui des enfants trop émus pour exprimer vraiment leur émotion.

J'ai conservé le souvenir le plus sombre de ces journées marseillaises de juillet ; sur le phono passaient inlassablement les mêmes chansons de Joséphine Baker, dont « J'ai deux amours, mon pays et Paris », ces deux amours que l'on retrouvera dans *Le Crève-Cœur* d'Aragon, avec ces vers qui datent précisément de juillet 1940 :

> Je n'oublierai jamais les lilas ni les roses
> Et ni les deux amours que nous avons perdues.

Encore cette chanson-là était-elle de circonstance, mais que dire de « Ça s'est passé un dimanche, un dimanche au bord de l'eau » (quoi ? Nous ne comprenions pas), de « Ça vaut mieux que d'attraper la scarlatine » de Ray Ventura, et surtout de l'insupportable chanson de Maurice Chevalier : « Et tout ça, ça fait d'excellents Français ». Nous goûtions à les écouter une sorte d'ivresse douloureuse. Le 14, Margot écrivit à Lucien pour lui dire qu'elle ne comprenait que trop bien ce qu'on devait ressentir ce jour-là dans la capitale.

Entre-temps, les classes avaient repris et je fus inscrit en septième, pour terminer ma septième plus exactement, au lycée Périer. « Qui aurait jamais pensé, écrivit Margot le 18, que le premier lycée de notre fils serait celui de Marseille ? » Mon instituteur, M. Laville, au demeurant excellent homme, me fit comprendre un jour que les temps avaient changé. Comme on parlait du mot « trahison », je donnai l'exemple du roi Léopold III. Il m'interrompit immédiatement en me disant qu'on ne pouvait plus dire cela. Dans les lettres de ma mère, je constate effectivement que quelque chose a changé dès lors qu'il s'agit des Juifs. Pour la première fois de notre vie, on nous emmena à la synagogue, au service célébré pour les morts pour la patrie. Il n'y avait donc ni honte ni reniement. Cependant, à la maison, on ne disait plus les Juifs mais, en retournant le mot, les Fiuj, ou encore les Bretons. Quand Margot veut parler de Robert Lévi, un cousin, elle écrit Robert L., et du général Bloch : « L'ami d'Hermine. » Comme les autres noms sont donnés en entier, il y a là quelque chose de significatif.

En dépit d'une menace d'appendicite, je fêtai mes dix ans, mes premiers deux chiffres, avec, écrit Margot, « une grande dignité », réclamant, bien entendu, la présence paternelle. Je reçus un stylo. L'été se prolongea ; nous commencions à explorer Marseille et les calanques. J'apprenais à nager. « La vie à Marseille, écrit Margot le 18, est difficile pour la viande, et le beurre qui n'existe plus, mais l'aspect est habituel et il semble que la guerre et ses terribles conséquences n'ont pas atteint encore le moral de la population qui n'a pas souffert. » Quand nous étions arrivés on nous l'avait dit aussitôt : la Bonne Mère avait empêché qu'un bombardement italien – le 24 juin – ne tournât au désastre total. Il est vrai que la ville avait son aspect habituel, mais quelque chose en nous s'était brisé.

Lucien avait dit cela mieux que je ne le pourrais faire, dans une lettre du 4 septembre 1940, à Suzanne Saglier[1], qui venait de perdre son frère. Il y évoque « le souvenir de tant d'êtres chers, disparus eux aussi, au premier rang desquels j'aperçois le visage de mon père, au milieu de ces jeunes gens qui, il y a si longtemps, s'étaient trouvés rassemblés par le même amour de ce qui est juste, et de ce qui est beau. [...] Leur amitié a survécu à leur jeunesse, car c'était cette jeunesse qui l'avait forgée. Si grand soit le vide que leur disparition aura creusé parmi nous – et en nous – je me sens, dans les temps que nous traversons, incapable de les plaindre de ne plus être. En vérité, on ne conçoit même pas qu'ils eussent pu vivre, quand toute raison de vivre semble avoir disparu ».

1. Vieille amie de la famille Vidal-Naquet, belle-sœur d'Albert Dreyfus, cousin germain d'Edmond, Charles et Emmanuel Vidal-Naquet, principal collaborateur de ce dernier.

CHAPITRE III

Raisons de vivre

Du 1er juillet 1940 au 17 mai 1944 – surlendemain de l'arrestation de mes parents – je suis resté à Marseille. Ce ne fut pas, à beaucoup près, un séjour continu. Il fut interrompu par des départs en vacances : camp louveteau en juillet 1941, séjours à Dieulefit en août 1943 et pendant les congés de Pâques 1944 ; interrompu aussi par de détestables semaines passées en home d'enfants : un mois aux Marmousets, à Megève, en août 1941, cinq mois au Doux Nid, toujours à Megève, entre novembre 1942 et avril 1943, en compagnie de mon frère, de ma sœur, et de Jacques et Armand Brunschwig. Sur ces quatre années, ou presque, un seul mois d'inoubliables vacances familiales, avec les Brunschwig, en août 1942, à Saint-Pierre-de-Chartreuse : marches en montagne, cueillette de framboises que Margot transformait miraculeusement en confitures. Ce fut un mois heureux : nous étions toute une bande d'enfants et d'adolescents dont l'aîné était Gérard, et qu'aurait bien voulu commander un jeune homme fort autoritaire, qui est devenu un célèbre professeur de médecine et qui s'appelait Maxime Seligmann.

Si je donne, en tête de ce chapitre, ces précisions étalées dans le temps, ce n'est pas seulement pour fixer un cadre, des repères chronologiques, quitte à les bousculer dans mon récit, mais c'est aussi pour éviter de tomber dans le piège d'une histoire prédéterminée et tragique. Certes, je suis bien placé pour savoir à quoi elle a abouti, et il serait facile – et non totalement illégitime – de procéder autrement, en montrant comment, à chaque étape, les mailles du filet se resserrent. C'est ce qu'a fait, par exemple, Giorgio Bassani dans *Le Jardin des Finzi Contini.* « En toute chose, il faut considérer la fin », assurément ; et pourtant je crois que ce type de récit est mystificateur et que l'histoire aurait pu être autre.

Ces vacances heureuses à Saint-Pierre-de-Chartreuse, par exemple. Elles surviennent peu de semaines après que Lucien a rejoint les siens. Entre août 1940 et mai 1942, il ne fait à Marseille que de brefs séjours, exerçant son métier tant que cela lui fut possible. Avant de venir à Marseille – il le fit parfois légalement, mais le plus souvent en passant clandestinement la ligne de démarcation[1]. Dès juillet 1940, il s'était rendu en Bretagne, à la grande inquiétude de Margot, pour régler les problèmes laissés en plan par notre fuite, retrouver ses livres, et même essayer, en vain, de récupérer un chat siamois qu'il aimait et que nous avions abandonné.

De Paris, il envoyait à Margot des « cartes interzones », avec des noms d'expéditeurs fantaisistes, comme « M. Lucien Gelé » ou « M. Loup, rue du Renard ». L'une d'entre elles, non conservée, se terminait ainsi : « Mort aux Juifs et vive l'Europe » ! Le 12 mai 1942, il dut cesser l'exercice de sa profession. Il écrivit ce jour-là au bâtonnier : « Plus heureux que mes enfants, j'aurai vu mon père conserver jusqu'à son décès un titre dont il était fier, et dont il avait su m'inspirer le respect. Fidèle à mon serment, dans le temps même où la loi m'en délie, je m'interdis d'apprécier la mesure excluant du Barreau un avocat qui n'a jamais éludé aucun de ses devoirs professionnels, familiaux, me bornant à rappeler la parole du bâtonnier Liouville exaltant la Liberté : "Aime-la, c'est la vie des peuples, c'est leur sang, disait-il. Quand il ne bat plus dans leurs artères, ils meurent." C'est à cet idéal que je veux,

1. Cette ligne coupa la France en deux jusqu'au 11 novembre 1942, date à laquelle les Allemands la franchirent et l'abolirent à leur profit.

en toute sérénité d'âme, adresser, comme un dernier hommage, l'expression de mon attachement et de ma foi. »

Lucien ne retourna à Paris, après l'été 1942, et avant l'ultime voyage qui devait le conduire, Margot et lui, à Drancy, que le 7 avril 1943, pour saluer Alexandre Millerand sur son lit de mort, sans pouvoir assister à ses obsèques.

Le 15 septembre 1942, il avait commencé à rédiger un Journal dont je ne découvris l'existence qu'après la fin de la guerre. Il y note le 3 novembre 1942, avec la plus parfaite sérénité, que Vichy avait rejeté la demande présentée par le Conseil de l'ordre et homologuée par la Cour d'appel, visant à le maintenir inscrit au tableau, lui et treize autres avocats, hors *numerus clausus*. Ce qu'il ne sut pas, c'est que Xavier Vallat, le 4 avril, avait accompagné son refus d'une lettre au garde des Sceaux qui se terminait ainsi : « A toutes fins utiles, je vous préviens que je vais faire faire au sujet de ces derniers [les avocats proposés pour être maintenus au tableau] une enquête par le Service des sociétés secrètes. » Cette exclusion nous rendit donc notre père et c'est pendant cette période – 1942-1944 – que je l'ai connu de plus près et qu'il dirigea, avec Margot, mes études, ma vie, et les débuts de ma pensée.

Il n'était pourtant pas encore arrivé à Marseille que déjà nous étions, le plus clairement du monde, une famille anglophile et gaulliste. Les exceptions étaient rarissimes. Ni Dunkerque ni Mers el-Kébir (3 juillet 1940) n'y avaient rien fait : pas de salut en dehors de la victoire anglaise et de Gaulle avait compris que la France devait y être associée. Ce fut, très vite, la tonalité générale de la famille. Une exception : celle de ce cousin qui portait l'insigne de la Légion et croyait devoir se découvrir en passant devant la statue de la Vierge, à l'église Saint-Joseph, rue Paradis.

J'entrai en sixième en octobre 1940. Tous les élèves du lycée Périer, dans les petites et les grandes classes, envoyèrent une lettre rituelle d'affection et de respect au vénérable vieillard de Vichy. Je fus l'une des exceptions et cela se savait. De vieilles dames me montraient du doigt à la sortie du lycée : « Voilà celui qui n'aime pas le Maréchal. » Au 9 avenue Frédéric-Mistral, tout le monde n'avait pas agi comme moi, et les jeunes épistoliers reçurent des réponses sous forme de lettres en fac-similé. Quand mon oncle Georges vit qu'elles avaient été encadrées par Marthe, il les fit jeter aux cabinets. Je ne chantai jamais *Maréchal nous voilà*, ou alors en remplaçant « Maréchal » par « Général », ce qui était peu intelligent mais significatif. Quand Pétain vint à Marseille, en décembre 1940, je le vis, flanqué de Darlan, sur le Prado. On nous donna à commenter, en classe de français, cette visite. Nous fûmes deux, François Voss et moi, à demander un autre sujet, alléguant que nous n'avions rien vu.

Nous étions, en sixième et cinquième, un petit groupe d'élèves juifs : Pierre Bellaïs, aujourd'hui avocat à Marseille ; Philippe Cahen, depuis architecte (Jules Moch, qui était le frère de son oncle par alliance, se cacha quelque temps dans la belle villa de ses parents à Château-Gombert, au nord-est de Marseille) ; Didier Philippe, futur agent de change, fils de Manon Kahn, une amie d'enfance de Margot ; François Voss déjà nommé. Parmi nos meilleurs compagnons de jeux, il y avait, réfugiés eux aussi, les trois enfants de Roger et Suzanne Cattan, Nicole, Daniel et Mireille, leur père étant un ami intime et un confrère de Georges Vidal-Naquet. Ils auront en 1942 la possibilité de regagner leur Tunisie d'origine.

Vint un jour à la maison, conduit par sa mère et invité par la mienne, un garçon filiforme nommé Alexandre Koutchéroff, qui avait reçu au lycée le surnom de « clou de girofle ». Né en Russie, élevé à Berlin, parlant toutes les langues des pays qu'il avait traversés, il réussit à gagner avec les siens l'Amérique. Je dus lui donner une triste idée de moi, en faisant la chasse, dans le jardin, aux noyaux d'abricot pour en extraire les amandes !

J'appris à me faire traiter de « sale Juif ». J'étais en cinquième, à la fin de 1941 ou au début de 1942, lorsque deux de mes camarades me suivirent rue Paradis, crochant leurs doigts et criant : « Juif, Juif ». Je ne les nommerai ni l'un ni l'autre. L'un d'entre eux est devenu un psychiatre célèbre, et j'espère qu'il a oublié ce moment. Passa d'abord quelqu'un qui dit : « C'est beau la France nouvelle ! » Puis vint un monsieur, bien habillé, qui demanda : « Mais qu'est-ce qu'il vous a fait ? » « Monsieur, il n'ose pas le dire, il est juif ! » Ce monsieur était Georges Vidal-Naquet. La situation était redevenue égalitaire, et même un peu mieux que cela. Les coups commencèrent à pleuvoir dru et je mis en sang un de mes interlocuteurs. Lucien était à la maison et me donna dix francs pour ce « premier sang », tout en émettant une réserve : « Faut-il vraiment que tu tues, pendant que ton oncle assomme ? »

Un autre épisode mérite peut-être d'être mentionné. Je l'avais entièrement oublié lorsque, pendant une émission de radio, un de ceux qui l'avaient vécu le raconta. Je suis bloqué dans un coin du lycée, faisant face à une bande de garnements qui ne me veulent pas du bien. Mais un de mes camarades s'approche, mon sizenier[1] aux louveteaux, Alain Finiel, puis un autre, aujourd'hui ingénieur à Grenoble et avec qui j'ai, tout récemment, refait connaissance, Jacques Hennebert, et la défense devient possible.

Si je m'en étais tenu à ces épisodes et aux récits qui les précèdent, je donnerais une idée entièrement fausse de ce que fut ma vie pendant ces années et de ce que furent ces années, car tout ne se résume pas à l'antisémitisme et l'antisémitisme lui-même a pris des formes très différentes et évolutives qui n'ont pas toujours conduit au génocide.

Dans quelle mesure Vichy marquait-il le lycée ? Le Statut des Juifs avait été appliqué à Marseille comme partout, et comme partout les professeurs juifs avaient été éliminés, avec la discrétion d'usage, en décembre 1940. Je n'en avais pas

1. Responsable d'un groupe de six louveteaux ou « sizaine ».

parmi mes maîtres, mais un de mes cousins était l'élève d'un M. Zouckermann, qui fut chassé. Odette Valabrègue, professeur de mathématiques à Montgrand (lycée de jeunes filles), fut également éliminée. Elle vint me donner des leçons. J'en avais bien besoin, elle aussi peut-être. De même, en septembre 1942, je commençai le grec, avant la rentrée, avec Étienne Weill-Raynal, historien, auteur d'une thèse « monumentale », comme on dit, sur les réparations allemandes après le traité de Versailles, très connu aussi chez les socialistes comme l'inventeur d'un système électoral raffiné, désigné par ses initiales. Son enseignement de type bourratif ne fut pas un succès.

Le Statut nous touchait donc, directement ou indirectement. Est-il besoin de dire que nous n'en avons pas compris immédiatement toute la portée ? On se consolait en se répétant que le général Huntziger, ministre de la Défense nationale – encore lui – ne l'avait pas signé, ce qui était faux. Quand la radio annonça que le général Bloch (Dassault), frère du constructeur d'avions, était exempté de l'exclusion de l'armée, nous applaudîmes en famille. De l'obligatoire déclaration des Juifs en tant que tels auprès des services de la Préfecture, je n'ai évidemment pas gardé de souvenir. Gérard accompagna pour cette « formalité » sa mère qui en fut littéralement malade. En un sens, elle se sentait plus marquée par la culture chrétienne que par la tradition juive, mais l'idée d'un quelconque reniement lui faisait horreur. Elle réagissait à sa façon comme Henri Bergson, qu'elle admirait profondément.

Le lycée Périer prit le nom de « Maréchal-Pétain », ce que tout le monde aujourd'hui semble avoir oublié même dans ma propre famille. Un professeur, M. Roussel, essaya d'implanter un peu de morale vichyste, mal imitée du scoutisme : « Garçons toujours… prêts », et salut aux couleurs. Un professeur de chant, M. Lacour, nous faisait chanter, de *La Marseillaise*, ce qu'il appelait « le couplet du Maréchal » : « Amour sacré de la patrie. » Étrange tout de même : « Liberté, liberté chérie… » Dans le personnel d'encadrement, un seul, M. Germot, une vraie caricature de Sennep : béret basque, manche vide et décorations, était un adepte violent de la Révolution nationale : « Il n'y a que des Juifs et des communistes pour oser chahuter[1]. » Professeur d'histoire, M. Assadat, personnage étrange qui chantait, après Pearl Harbor, la gloire des Japonais, avait, pour nous montrer ce qu'était le Moyen Age, inventé un seigneur qu'il appelait Borgne le Noir, et une ville fortifiée dans laquelle il avait souligné à plaisir la présence d'un ghetto. D'autres se contentaient de petites lâchetés. Tel manuel, dont les auteurs s'appelaient Bloch et Georgin, fut appelé le Bloch au début de l'année puis le Georgin, et le Malet-Isaac devint le Malet tout court...

Dans cette galerie de professeurs, un poivrot, M. Ricquer, qui ne venait pas en classe sans son litron, et qui nous donna comme sujet de composition d'histoire, au premier trimestre de la sixième : « la chronologie », tout simplement. Un professeur de mathématiques, personnage d'un comique solennel, que son nez avait fait surnommer Nasica, et dont je fus pour mon malheur l'élève, en cinquième et en troisième, s'appelait Albert Sade. Il nous donna comme sujet, en cinquième : « Soit un nombre MCDU. Que se passe-t-il si l'on intervertit C et D ? » Ce fut un désastre général. Mon professeur de français en sixième, M. Crouzet, regrettait publiquement que le héros d'une histoire qu'il nous lisait fût anglais. Cela ne l'empêcha pas de me donner régulièrement la première place. Il y eut pourtant une exception. Le sujet était on ne peut plus classique : « Que préférez-vous, la ville ou la campagne ? » Comme tout le monde, je répondis : la campagne, en pensant à Beg-Meil, et ne fus que troisième. Seul mon camarade André Amalbert, marseillais autant qu'il est possible d'être marseillais – il deviendra peseur-juré puis notaire –, choisit la ville et gagna la première place.

Un épisode analogue, mais à mon bénéfice, se produisit au

1. Arrêté à la Libération, René Germot s'est retrouvé en 1945... au camp de Drancy.

début de la troisième. La question était : « Que préférez-vous, du conte, de l'histoire vraie, ou du roman, intermédiaire entre l'un et l'autre ? » L'immense majorité de mes camarades choisirent vertueusement l'histoire vraie, deux seulement le roman, et moi tout seul, qui venais de lire un recueil d'Oscar Wilde, le conte. Étrange tout de même pour un futur historien. Pour d'autres raisons, mes choix étonnaient parfois mes professeurs. Quel est votre héros littéraire favori ? A cette question, posée en troisième, je répondis : Mgr Myriel, l'évêque de Digne, des *Misérables* de Victor Hugo. Accablement du professeur : Mais non, dit-il, il fallait choisir Cyrano de Bergerac, le héros qui va dans la lune et même jusqu'aux étoiles !

Je fis de bonnes, voire de très bonnes études, avec quelques exceptions plus que regrettables : les mathématiques, la gymnastique, le dessin. En gymnastique je ne ménageais pourtant pas les efforts, encouragé par mes parents qui avaient installé une corde et des anneaux dans le jardin. Au lycée mes maîtres dans cette discipline n'étaient ni des imbéciles ni des brutes. L'un d'entre eux nous faisait chanter la comptine : « Lundi matin, l'empereur, sa femme et le petit prince sont venus chez moi pour me serrer la pince. » Peu après il fut nommé à Dakar, et un de mes camarades apprit un jour à la radio que M. Coquegnot – c'était son nom – apprenait la même comptine aux petits Sénégalais.

Hélas, si je nageais assez bien et faisais un cycliste passable, j'arrivais bon dernier à toutes les épreuves de course à pied et surtout il y avait la corde, la maudite corde. Quand enfin je me hissais lentement au sommet de la corde à nœuds, mes camarades en étaient déjà à la corde lisse, et quand je fus capable d'atteindre le haut de cet instrument de supplice, ils grimpaient eux en ne se servant que de leurs seuls bras. Ce n'était là qu'un signe parmi d'autres d'une difficulté qui a été celle de toute ma vie : un rapport pénible avec mon corps. Quand j'avais quinze ans, un jour que je m'étais blessé, un de mes amis me dit : « Au fond, tu voudrais n'avoir pas de corps. » Je répondis « oui » avec enthousiasme.

Pour la plupart des autres matières, j'adhérais peut-être à la vocation des minorités pour l'excellence scolaire. En tous les cas à la maison on m'en faisait un devoir absolu. On voulait bien pardonner à François – qui devint d'ailleurs le troisième avocat de la famille en succession directe – de définir le mot « bourrasque » par « arbre dépouillé de ses feuilles », mais pour un tel crime on m'aurait écorché vif ! Je n'eus pas le sentiment d'être victime d'injustices, sauf peut-être en cinquième. M. Lavaux, qui, à le revoir en pensée, a comme une vague allure d'Erich von Stroheim, ou, plus simplement, de bouledogue grisonnant, ne m'aimait pas, parce que je ne mettais pas de points sur les *i*. Il ne put faire autrement que de me donner tous les prix de français et de latin, auxquels s'ajoutèrent quelques autres, mais il fit attribuer – ô rage, ô désespoir – le prix d'excellence à Georges Bonin, qui était encore, il y a peu, gouverneur du Crédit foncier. Je me consolai en répétant partout qu'il avait été plus longtemps que moi au Cours Hattemer !

J'étais aussi naturellement un abominable enfant bourgeois, très sensible aux marques sociales. Je signalais à qui voulait l'entendre qu'un de nos camarades, qui devint un célèbre professeur de médecine, était le petit-neveu de la cuisinière de ma grand-mère. Et pourtant, lorsqu'une séance d'instruction civique – on appelait ça de la « morale » – conduisit ma classe à visiter une huilerie qui avait été celle de mon grand-père Valabrègue, c'est à peine si je m'aperçus de cette origine. J'observais, sans le comprendre, le phénomène de l'élimination des élèves issus des classes populaires. Ils étaient, comme on disait, « orientés ». Tout de même, certains résistaient.

Quelques-uns de nos enseignants passaient pour communistes et l'étaient, comme M. Goux, professeur de sciences naturelles, qu'un de ses neveux me décrivait récemment octogénaire avancé, mais toujours vif, et entouré de batraciens. D'autres qui passaient pour l'être ne l'étaient pas.

L'homme le plus extraordinaire, parmi ces derniers, et

peut-être le plus marquant parmi tous mes professeurs de Marseille, était Léon Augé qui nous enseigna le latin en sixième, le français, le latin et le grec en quatrième. Assez petit mais trapu, chevelu et moustachu, le tout très fourni et très noir, ce qui lui donnait un peu l'air de Charlot, il était toulousain et aimait à nous terroriser : « Qu'est-ce que c'est que ces oiseaux-là ? » Les cahiers qu'il nous faisait rédiger, en plusieurs couleurs, pour le latin puis le grec, étaient des grammaires modèles qui rendaient les manuels à peu près inutiles. Sachant que notre professeur de français en sixième était médiocre, ce pédagogue admirable commença le latin par un enseignement de grammaire française. Ses sentiments s'exprimaient avec éclat : « Vous, mon ami, vous vous êtes levé du pied boche ! » Le comble était atteint, lorsque, en quatrième, on lui parlait de César. « César, mon ami, il massacrait les femmes et les petits enfants. César, c'est un Boche ! » Il trouvait moins de joie dans son enseignement à Périer qu'il n'en avait auprès des grands élèves de l'École supérieure de commerce. Son humour était ravageur, mais il n'appréciait pas toujours celui de Lucien, quand je m'en faisais le porte-plume. Décrivant en 1942 une visite que nous avions faite sous sa direction au musée de la Bourse de commerce, j'écrivis : « Souriant, bien que pendus au mur, l'empereur Napoléon III et l'impératrice Eugénie nous accueillent. » Cela provoqua une petite tempête…

Il n'était nullement communiste, mais quelques années après la Libération, il aimait à se moquer des terreurs qui avaient envahi en 1944 les bourgeois marseillais : « Mais alors, ils auraient léché le cul à Staline… »

Pierre-Jean Miniconi m'enseigna les mêmes disciplines mais en troisième. Petit, jeune – un gamin, disait Lucien, qui le fit entrer dans la Résistance –, excellent philologue et plus particulièrement latiniste, il fit une thèse sur l'histoire du mot *causa* dont dérive notre « chose ». Il raillait gentiment mes efforts littéraires, mais contribua de façon décisive à m'orienter vers les études classiques. J'aurai à reparler de lui à propos de problèmes plus graves.

Je n'apprenais pas qu'au lycée. Je dévorais les livres, tous les livres possibles et imaginables, sous l'impulsion de mes parents, sous celle de Jacques Brunschwig et de sa mère ; les livres circulaient d'une maison à l'autre. Je lisais Jules Verne et Paul d'Ivoi toujours, je découvris Alexandre Dumas, Alphonse Daudet, *Notre-Dame de Paris*, puis *Les Misérables*, tous les classiques, au sens large du terme, de Villon à Valéry. Je lus en 1943 *Guerre et Paix*, rêvant sur la mort du prince André. Lucien tenta à la fin de l'année de me faire aborder Montaigne avec lequel il affirmait que nous cousinions, mais cela me causa quelques difficultés. Je lisais les Grecs et les Latins dans la collection Budé et dans les petits classiques. Je découvris un jour, en 1943 je pense, une pièce de 5 francs suisses abandonnée par Félix Valabrègue. J'en tirai quelque argent au lycée, et avec cet argent j'acquis *Antigone*, et un volume de Térence contenant *L'Andrienne* et *L'Eunuque*. Une indiscrétion de mon frère me dénonça. Le châtiment devait être violent, mais l'usage que j'avais fait de ce larcin me fit à moitié pardonner. Nous pûmes parler d'Antigone et des « lois non écrites », comme nous parlions, à la maison et au lycée, de Démosthène et de la résistance d'Athènes contre Philippe de Macédoine.

Cette effervescence culturelle ne se développait pas qu'à la maison. Marseille, devenue capitale de fait de la zone libre, ne vivait pas que d'eau de Vichy, et l'on dirait aujourd'hui que la « société civile » à sa façon résistait. Quelques souvenirs inoubliables : *L'École des femmes* avec Louis Jouvet et Madeleine Ozeray, annonçant avec une tendresse translucide que le petit chat était mort, dans le célèbre décor de Christian Bérard – jardin rose ouvert ou fermé, en mars 1941. La troupe était à la veille de son départ pour le Brésil. A Montredon, près de la Madrague, la comtesse Pastré mettait sa fortune au service des artistes pauvres ou menacés. La fondation s'appelait « Pour que l'Esprit vive ». Elle donnait par exemple asile à Lanza del Vasto, poète sicilien et gandhiste, dont nous lisions *Le Chiffre des choses.* C'était une énorme personne avec des bajoues un peu dégoulinantes. Il était assez étrange de l'entendre appeler « Ma petite Lily ».

C'est chez elle que j'ai entendu le premier concert qui ait marqué ma culture et ma vie : Pablo (ou plutôt « Pau » car c'était un Catalan ardent) Casals et Clara Haskil, en mai 1941, lui, un évêque laïc, elle frêle et paraissant tituber, à la veille d'une opération au cerveau.

La musique, j'appris alors à l'aimer, non hélas ! à la pratiquer, comme le faisaient tous les Brunschwig. Ce ne sont pas les efforts qui ont manqué. Sous la direction générale d'Yvonne Lefébure, qui évoquait irrésistiblement la *Primavera* de Botticelli, grande amie d'Isabelle Brunschwig, je reçus les leçons de Samson François, puis de Maroussia Le Marc'Hadour (qui se faisait appeler Marine), épouse d'un bon baryton, et fort liée à mes parents. Cela traîna, sans grands résultats, jusqu'en 1943 – puis je renonçai. J'étais, je suis toujours, comme me le dit un peu cruellement Jacques après la guerre, dans la situation de quelqu'un qui aimerait la poésie, mais qui ne saurait pas lire. Un souvenir pourtant : parmi les morceaux que je jouais au piano, l'un s'appelait « Rêve ». Je tentai de me l'expliquer en disant à Maroussia que, comme dans un rêve, les thèmes musicaux de ce morceau faisaient des variations brusques. Il me fut répondu brutalement que la littérature était une chose et la musique, une autre. Il y avait du vrai dans cette remarque, mais j'ai toujours conservé la passion de faire communiquer ce qui normalement ne communique pas.

Cette vie intellectuelle intense était évidemment le signe que, en dépit des persécutions, j'étais, je restais, un privilégié, ce dont je me rendais assez mal compte. Félix Valabrègue était arrivé un jour en août ou septembre 1940, avec le premier beurre clandestin – une denrée introuvable. Cela me choqua beaucoup. Nous ne fîmes du marché noir qu'un usage très modéré. Je perdis un jour la carte de lait, ce qui était dramatique, mais je découvris une source laitière sur le chemin de Sainte-Anne, ce qui me fit pardonner. Grâce à l'usine de Félix, et même quand il en eut perdu la propriété nominale – mais il avait de fidèles amis parfaitement « aryens » comme Charles Vial –, il n'y eut jamais pour nous de problèmes d'huile. Au contraire, cette denrée précieuse pouvait nous servir de monnaie d'échange, même pour acheter des billets de chemin de fer. Nous avions un poulailler avec poules et coq, un clapier avec des lapins. Le jardin fut mis en culture ainsi qu'un terrain voisin qui appartenait lui aussi à ma grand-mère : haricots verts, petits pois, tomates, et même tabac. Manger un poulet, un plat de frites n'était donc pas un rêve inaccessible. Ces bonnes choses s'accompagnaient de vœux : « Que Hitler crève et toute sa clique ! »

Mes camarades étaient de sentiments et d'opinions variés mais évolutifs. Tel qui était maréchaliste au début de 1941 ne l'était plus à la fin et proclamait que le « gouvernement, c'est tous des loufoques ». Il avait l'honnêteté de dire que je l'avais devancé sur ce point, ce à quoi je n'avais pas grand mérite. Peu étaient portés aux extrêmes. Après l'invasion de l'URSS, un thème très répandu était que Russes et Allemands allaient fort heureusement s'entre-dévorer, ce qui permettrait à la France d'émerger comme arbitre. On trouve des thèmes de ce genre dans les écrits de jeunesse de François Mitterrand, ce qui tend à prouver qu'ils étaient fort répandus. Il va sans dire qu'à la maison on ne pensait rien de tel et qu'une grande carte permettait de suivre les opérations.

Cependant, même après l'entrée en guerre des Russes et celle des Américains, la puissance qui, à nos yeux, s'opposait prioritairement à l'Allemagne hitlérienne et à l'Italie fasciste, c'était l'Angleterre. Elle le devait à juin 1940, au fait qu'elle n'avait pas subi l'invasion – bien des légendes couraient sur les tentatives de débarquement stoppées par des nappes de pétrole en feu –, à la vaillance de ses pilotes : même la presse de Vichy soulignait parfois la fermeté de sa résistance. Elle le devait aussi à la raclée que ses soldats infligèrent aux troupes de Mussolini à partir du 20 décembre 1940 à Sidi Barani aux confins de l'Égypte et de la Libye, puis à Bardia et à Tobrouk. Un petit vendeur de journaux criait sur la Canebière : « Les Anglais, 20 000 prisonniers et les cuisines roulantes… ! » ou encore : « Les macaronis noyés dans la Grèce ! » Ce sont ces victoires, même précaires, ce fut la résistance des Grecs, le putsch pro-anglais du 27 mars 1941 à Belgrade qui vit Pierre II remplacer le régent Paul – tout Marseille, du moins le Marseille que je connaissais – se couvrit d'inscriptions à la craie π [« pi »] R^2 – qui nous rendirent espoir, en dépit des défaites qui suivirent. Jean Oberlé chantait à la radio de Londres : « C'est le père Musso qui a perdu Bardia… »

Les Italiens faisaient les frais de ce début de la Revanche. Ils étaient nombreux à Marseille et pas toujours adroits, encore moins aimés. Je ne sais si quelqu'un a jamais recueilli cette *Marseillaise des Italiens* qui se chantait à Marseille à la fin de 1940 :

Allez enfants de l'Italie
Le jour de fuite est arrivé !
Il nous faut quitter l'Albanie
Si nous ne voulons pas tous crever *(bis)*
Entendez-vous dans les montagnes,
Les Grecs, ces féroces soldats,
Qui viennent jusqu'à Tirana…

Un de mes camarades grecs, précisément, prénommé Byron, ce qui montre que dans sa famille on savait rendre hommage aux philhellènes, haïssait les Italiens qu'il appelait comme beaucoup les Babi, mais aimait les Allemands. Sa sœur, milicienne, fera de la prison à la Libération. Parmi ces camarades, quelques-uns devinrent des amis. Ces amitiés, je les fis en quatrième, à douze ans, et quelques-unes d'entre elles durent toujours. J'aurai à reparler de Robert Bonnaud, de Gérald Hervé et d'Alain Michel, mais je ne puis me dispenser de les présenter ici en quelques mots. Tous faisaient du latin et du grec – c'était alors la voie royale des élites, et il est frappant de constater que la tête de classe, dans notre quatrième et dans notre troisième, a donné des professeurs ; ceux qui venaient après se sont tournés vers des professions plus lucratives comme la médecine ou le notariat. L'un d'entre eux, Francis Gutmann, est même devenu secrétaire général du Quai d'Orsay, puis PDG de Gaz de France. Je ne l'ai pas revu depuis un demi-siècle.

Robert Bonnaud, de famille populaire – père contremaître aux Aciéries du Nord, mère marchande de légumes et superbement marseillaise d'allure et de ton –, était l'exception qui confirme la règle de l'élimination des élèves issus des classes populaires. Il y en avait tout de même d'autres ; le palmarès, en juillet, retentissait du nom de Pierre Greco, né en 1927, fils d'immigrés italiens, et que je devais, en 1966, retrouver à l'École des hautes études, où il enseigna, jusqu'à sa mort, en novembre 1988, la psychologie, après avoir recueilli l'héritage de Jean Piaget. Cela dit, l'élève célèbre du lycée Périer était, en 1943, peut-être moins Pierre Greco que le footballeur Roger Scotti.

Robert Bonnaud était alors un petit gros, littéralement affamé de progression par les connaissances et l'intelligence, excellent dans toutes les matières. Il sera le seul, après la Libération, à sauter la première en passant son bachot en seconde. Interrogé sur ce qu'il pensait de la guerre, il répondit qu'il était pour les Anglais, provisoirement. C'était une façon codée de dire qu'il appartenait à une famille communiste, mais je ne le compris que beaucoup plus tard. Son père avait manifesté un esprit « résistant » bien avant la date fatidique du 22 juin 1941. Bonnaud était athée comme je l'étais moi-même, sous l'influence paternelle, depuis la fin de 1941.

Parlant de Gérald Hervé, Bonnaud disait : « Il est heureux. » Gérald, qui habitait près d'Endoume, sur la Corniche, contemplant matin et soir la mer de façon extasiée, avait beaucoup, vraiment beaucoup de livres. Son grand-père avait été le précepteur de Valery Larbaud sur la jeunesse duquel il racontait d'impayables anecdotes. Mince avec de grands yeux clairs, le visage allongé, il était un tempérament poétique. Lucien avait beaucoup de considération pour sa culture littéraire, domaine dans lequel il était difficile. Gérald lisait Barrès aussi bien qu'Aristophane – mon père toléra qu'il me prêtât *Lysistrata*, à condition de ne pas le savoir – et admirait passionnément Valéry, ce qui bloqua son propre développement poétique. Il me prêta aussi la *Vie de Jésus* de Renan, livre auquel Alain Michel était hostile sans l'avoir lu. Je n'y vis rien de subversif, mais fus plutôt agacé par son ton de prêcheur sirupeux. Je n'y trouvai pas ce que je cherchais : la preuve que Jésus était, comme le disait Lucien, un « philosophe communiste ».

Fils du directeur de la succursale d'une banque anglaise, Gérald Hervé était passionnément anglophile, sans qu'il y eût fatalement de lien entre l'un et l'autre fait.

Alain Michel était l'incontestable leader de notre classe et ne fut guère concurrencé, pendant un trimestre en quatrième, que par un jeune athlète au nom ukrainien, Chayenko, qui disparut comme il était venu. Il fut aussi, de 1942 à 1944, le plus proche de mes amis.

Alain était – est toujours – catholique ; il fut tout à fait indigné quand il apprit que je ne croyais plus en Dieu. Il se précipita vers moi en criant : « Mais Voltaire lui-même croyait en Dieu ! » Fils d'un ingénieur de chez Merlin-Gérin, il était maréchaliste et, en général, d'opinion conformiste. Vers la fin de l'Occupation, alors que je souhaitais passionnément assister au débarquement et à la bataille de Marseille, il souhaitait, lui, non moins passionnément, qu'il n'y eût pas de bataille de Marseille. L'étrange est que cette bataille, il la vit, pas moi.

Cela étant dit, je n'entendis jamais, ni de la part d'Alain ni de la part de ses parents, chez qui j'étais reçu régulièrement, l'ombre d'un propos antisémite. Je parvenais facilement à l'offusquer, en lui parlant des contradictions de la Bible, que, comme beaucoup de catholiques, il ne lisait pas, en lui parlant de Darwin et du transformisme – contre lequel l'aumônier du lycée, bon naturaliste, le prémunissait avec sérieux –, en lui racontant, d'après Alexandre Dumas ou quelques autres, des histoires de bâtardise, ou, tout simplement, en employant de gros mots. Untel est un con, lui disais-je. C'est tout à fait ce que tu dis, me répondait-il.

Alain et moi fîmes beaucoup de choses ensemble. Nous allions, pendant l'été, en 1943, nous baigner aux Catalans. Rituellement, nous nous offrions un paquet de chips. Son père avait mesuré, avec un peu d'exagération, un certain nombre de distances. Chacun de son côté nous parcourions cinq fois, huit fois, dix fois tel ou tel trajet, battant régulièrement le record de l'autre, jusqu'au jour où il fut entendu que nous avions parcouru l'un et l'autre 2 350 mètres, pas un de plus, pas un de moins, et que cela suffisait comme ça. Un jour toutefois, je me rendis seul à la digue des Catalans : un kilomètre réel aller-retour. Quand je rentrai à la maison, je ne fus pas – en ces temps troublés – accueilli avec des fleurs. Nous avons même pratiqué le ski, chose assez rare à Marseille. L'hiver 1940-1941 fut rude et je vis skier sur la Canebière. Je skiai moi-même, avec Alain, pendant le dernier hiver de l'Occupation sur une forte pente qui dévalait vers la rue Paradis.

Ce fut lui aussi qui m'emmena pour la première fois, à l'automne 1943, voir un match de football au Stade-Vélodrome. Et que dire de sa passion pour la *corrida de toros* qui se pratiquait à l'époque sans mise à mort ? Paradas, Pulido, Lagartito, ces noms me sont encore aujourd'hui familiers. Alain, grand lecteur de Montherlant, commença même à rédiger une défense et apologie de la tauromachie.

Que pouvaient faire des adolescents en mal de littérature ? Ils faisaient des vers, naturellement. Même Robert Bonnaud, le plus sec d'entre nous sur ce plan, y alla de son sonnet où « le Sphinx accroupi » gardait les Pyramides. Gérald Hervé écrivait des vers mythologiques qui prirent de l'ampleur surtout après la Libération. Alain Michel était de loin le plus abondant. Quand j'écrivais un sonnet, il rédigeait une épopée. Il aimait Homère, Mistral et Marie Gasquet. Il aimait même Sully Prudhomme, ce qui provoquait les sarcasmes de Lucien : « Comparer Sully Prudhomme à Victor Hugo, disait-il, c'est mettre sur le même plan la butte Montmartre et l'Himalaya ! » C'est une comparaison qu'il m'est arrivé de réutiliser, Bernard-Henri Lévy jouant le rôle de la butte Montmartre. Il mettait en toutes choses un extraordinaire mélange de sérieux scolaire et de foi catholique. A quoi s'ajoutait l'ardeur rhétorique qu'il pensait tenir de la très longue lignée d'avocats arlésiens, les Fassin, dont il descendait par sa mère. Lorsque je lus, dans les années qui suivirent la Libération, *Augustin ou Le maître est là* de Joseph Malègue, roman décrivant la jeunesse et l'accès à la culture savante d'un intellectuel catholique, normalien de surcroît, c'est le visage d'Alain Michel que je donnais à ce personnage. Il meurt de la tuberculose ; Alain, lui, a heureusement échappé à ce destin !

J'ai rédigé mes premiers vers – de mirliton comme la quasi-totalité de ceux qui suivirent – dans la nuit du 21 au 22 avril 1941[1]. A ma décharge, je fus transporté le surlendemain à la clinique pour y être opéré d'une appendicite à chaud, après une nouvelle nuit qui fut fantasmatique. Je m'imaginais bloqué sous la forme d'un joueur de baby-foot, ce qu'on appelait à l'époque un « football à manettes ». Toujours est-il que je rédigeai en quatrains rien moins qu'un « Résumé de l'histoire de France ». On y lisait par exemple ceci :

1. Si je puis être aussi précis, c'est que cette indication figure en marge d'un exemplaire conservé par mon ami Alain Finiel.

Pourtant bientôt la République
Surnommée chose publique
Après que Louis-Philippe abdique
Vient chantée par la voix publique.

Je m'aperçus, deux jours après, que j'avais simplement oublié le second Empire et rajoutai un quatrain de repentir. Je ne parlai pas de l'État français. Je continuai l'année suivante, d'abord en collaboration avec Jacques Brunschwig, puis, de nouveau, tout seul. J'abordai les thèmes les plus variés, de l'aurore au chant de la forge, de la bataille de France au 14 juillet 1789. Les thèmes juifs sont rigoureusement absents de cet album, mais non les thèmes chrétiens, ni surtout les thèmes patriotiques. En octobre 1942, je rédigeai un « Juin 1940 » dont, un an plus tard, je notai que je le tenais pour mon chef-d'œuvre. Qu'on en juge !

France qu'as-tu donc fait pour qu'en ce jour terrible,
En ce jour de détresse, en ce jour de malheur,
Ta terre soit souillée par ce lâche agresseur,
Pourquoi es-tu vaincue toi qui fus invincible ?

France tu t'es perdue, France tu t'es trahie,
Tu t'es percé le sein du glaive destiné
A répandre le sang de ceux qui t'attaquaient
Tu t'es livrée toi-même aux coups de l'ennemi.

La bouche d'un Laval, Ô France t'a vendue.
Tu t'es donnée à lui croyant voir un sauveur
Dans celui qui venait de perdre son honneur,
Tu t'es aveuglément à ce traître rendue.

Tu prends pour alliée ta mortelle ennemie,
Te condamnant ainsi à toute la souffrance
Réservée par Hitler à son « amie » la France.
Relève-toi de cette erreur ô ma Patrie !

Lucien apprécia ce poème qui ne faisait que mettre en une forme enfantine ce que Margot et lui pensaient. Il tenta de le faire publier dans le *Combat* clandestin mais ne put, que je sache, y parvenir. Heureusement ! Un autre poème, un peu postérieur, se terminait par cette apostrophe : « France, France entends-tu le cri de ma colère ? » De la poésie j'entendais faire un métier, évoquant tranquillement l'exemple de Victor Hugo. On devine ce que fut la réaction de Lucien.

Cependant, au mois d'août 1943, je traversai une révolution poétique, à l'occasion d'un court séjour à Dieulefit. De la poésie contemporaine, je ne connaissais qu'un nom : Pierre Emmanuel et son recueil *Jour de colère*, qui sonnait un peu comme un d'Aubigné moderne, bien qu'il fût catholique et non protestant. Or Pierre Emmanuel enseignait à Dieulefit les mathématiques et la philosophie sous son vrai nom, Noël Mathieu. Conduit par Jacques Brunschwig qui était élève à la Roseraie, l'école libre de Dieulefit, je lui rendis visite, disposant d'une entrée en matière d'autant plus facile que, moi, mon prénom complet était Pierre Emmanuel ! C'était la nature chez moi, la culture chez lui, ce qu'il commenta comme on l'imagine ! J'apportai mes poèmes, soigneusement calligraphiés par Jacques. La femme du poète les jugea d'un mot, comme il convenait : « Ce ne sont pas des poèmes, ce sont des tracts. » Cependant, à Dieulefit, je découvris non seulement la personne de Pierre Emmanuel et d'autres poèmes de lui, mais les œuvres récentes d'Aragon et d'Eluard, *Le Crève-Cœur* et *Poésie et Vérité 1942*, avec le célèbre « J'écris ton nom ».

Chez les Brunschwig, je découvris aussi une petite anthologie de la poésie française, publiée chez l'éditeur catholique Jean de Gigord. La préface disait, ou à peu près, que si M. Eluard, par exemple, est un grand poète, il faut refuser ce titre à La Fontaine ou à Racine. Lire Eluard – dont je ne connus en réalité les œuvres majeures que beaucoup plus tard

– pouvait donc avoir quelque chose de subversif. Trop beau ! Je me pris pour Aragon d'une passion durable, renforcée au début de 1944 par la lecture de son poème clandestin, *Le Musée Grévin*, signé François La Colère, mais dont Lucien identifia aussitôt l'auteur. Car, à la maison, tous ces poètes étaient présents, comme je l'appris à mon retour. Les miens m'abonnèrent à *Poésie 1943*, la revue que publiait Pierre Seghers à Villeneuve-lès-Avignon et qui donnait un efficace contrepoint à peine dissimulé à la littérature de Vichy. J'y lisais poèmes et chroniques. Le titre de l'une d'elles, « Les mots, les mythes et les thèmes », me fascina et il m'arriva de l'emprunter. Dans une de ces livraisons, André Rousseaux exécuta férocement le philosophe officiel de Vichy, Gustave Thibon, qui avait tout de même accueilli Simone Weil.

De la maison, ces poètes passèrent au lycée. P.-J. Miniconi lut en classe quelques vers d'Aragon, y compris ceux du *Musée Grévin*, mais c'est surtout Christian Pons, professeur d'anglais, qui prit l'habitude de réunir dans la pinède du lycée quelques élèves parmi lesquels Bonnaud et Hervé, pour leur lire et leur commenter des poètes contemporains. *Alcools* de Guillaume Apollinaire commença à circuler parmi nous, principalement à cause de « La chanson du Mal-Aimé ».

Pour ma part, en rentrant de Dieulefit, je me sentis des ailes, et le droit au vers libre. Je me livrai à des images que l'on jugea audacieuses, rêvant « à l'âge d'or des premiers temps humains, / quand la pomme encore verte mûrissait son péché ». Précisément, en ce même été 1943, je reçus à Marseille une longue épître en vers d'Alain Michel, qui se trouvait alors à Briançon « sans des avions anglais l'étrange symphonie ». Elle commençait ainsi :

Mon cher Vidal-Naquet, les lauriers de la prose
Ayant pour notre humeur un feuillage trop vert,
J'ai voulu parfumer cette lettre de roses
Et je me suis risqué à te l'écrire en vers.

Reçois-les tels qu'ils sont, si j'étais un Musset
Ils monteraient au ciel par un courrier rapide,
Mais hélas je suis moi et mes tristes versets
Envient l'eau du ruisseau qui est au moins limpide.

J'étais un autre moi, ou du moins je le croyais. Je lui répondis donc en vers libres qu'il a malencontreusement (!) perdus et je n'ai guère gardé en mémoire que deux alexandrins, hélas l'un plat comme une crêpe, où je me vantais d'avoir découvert les œuvres

d'Aragon, d'Eluard et de Pierre Emmanuel !

et l'autre, qui ne valait guère mieux, sur le village de la Drôme d'où j'arrivais :

Certes si Dieu le fit, Dieu le fit bien.

Jacques tenta en vain, un peu plus tard, de me persuader qu'il arrivait aussi à Aragon d'écrire des vers de mirliton. En témoigne cette dédicace, de septembre 1945, sur un exemplaire des *Neuf Chansons interdites* de François La Colère, acquis à Dieulefit : « A Pierre, pour essayer de le convaincre – mais sans espoir d'y arriver – qu'Aragon n'est pas toujours un bon poète. » Depuis longtemps ma conviction est faite.

Vers libre ou pas, Alain Michel et moi avions mis en chantier, et la lettre en vers y fait allusion, une vaste entreprise : rien moins qu'une comédie en trois actes et cinq tableaux, en alexandrins comme il se devait, et intitulée *L'Homme parfait*. Le thème en était d'une candide simplicité : un favori du roi de France, le duc de Verneuil, encourt sa disgrâce. Pour rentrer en faveur, il lui faut, accompagné d'un bouffon, parcourir le vaste monde à la recherche d'un « homme parfait » qui pourra succéder au roi, dépourvu, comme si souvent dans les contes, d'héritier. Les deux hommes rencontrent successivement Sapienski, un « juge slave » qui est malheureusement lâche, Shang-Shin, un bonze chinois bien pourvu en hypocrisie, et un bel Indien, Œil-Sûr, qui allait être choisi quand l'emporte une crise de fureur. Le duc revient bredouille, mais il a acquis beaucoup d'expérience, et le roi, guidé par le bouffon, décrète que c'est lui l'homme parfait.

A relire la pièce, plus d'un demi-siècle après, cela apparaît comme du sous-Rostand. Encore faudrait-il beaucoup multiplier (ou diviser ?) ce « sous ». Je dois à la vérité de dire qu'Alain était, plus que moi, l'auteur de ce chef-d'œuvre. Il en avait orné les pages et la majorité des vers était de son cru. J'avais trouvé le nom du héros, emprunté à une rue de Paris pas très éloignée de la mienne, et nommé Tapacon le bouffon qui y allait d'une belle ballade avec envoi. Quand je lus la pièce achevée, à la maison, un vers provoqua une franche hilarité :

Car un grand chef indien nous a offert sa tente.

Quant à ma sœur, elle s'endormit paisiblement.

J'entrepris aussi, mais sans aller jusqu'à la rédaction, d'écrire, sur le conseil de Gérald Hervé, une tragédie inspirée d'Euripide, *Polyxène*. Bernard Lévi, un jeune polytechnicien admis à l'École avec un statut de marginal, d'étranger pour ainsi dire, cousin et ami de mes parents, informé de ce projet lors d'un de ses passages, leur écrivit : « J'espère que *Polyxène* est achevée et sera bientôt représentée avec Raimu dans le rôle de Paul Ixène. »

La poésie, celle que j'écrivais, mais surtout, tout de même, celle que je lisais, était donc une *Planche de vivre*[1]. Il y en avait, dans la famille, beaucoup d'autres.

Face à l'ennemi, face à Vichy et à Bordeaux qui l'a précédé – il n'a jamais cessé de tenir l'armistice pour un crime –, Lucien est un résistant et la solidarité de Margot est sans

1. *La Planche de vivre*, titre d'une anthologie de poèmes traduits de différentes langues par René Char et Tina Jolas, Paris, Gallimard, 1981.

faille. C'est là leur réaction de Français. Mais Lucien est aussi un Français juif qui « ressent comme Français l'injure qui lui est faite comme Juif ». Contre l'antisémitisme, il se fait historien de sa propre famille et de son enracinement en France. Dès sa rentrée à Paris et au Palais, il avait crié son refus de la défaite et son mépris pour les maîtres de l'heure et pour ceux qui acceptaient leur langage. Ainsi, en novembre 1940, il entendit, au témoignage de Raymond Weil, à l'occasion d'un thé, le général Weiller, lui-même juif, longuement expliquer la défaite par la responsabilité des instituteurs. Il riposta, jetant un froid polaire : « Eh bien, mon général, nous avons beaucoup parlé de la responsabilité des instituteurs. Et maintenant, si on parlait de la responsabilité des généraux ? »

Toute occasion lui est bonne pour manifester son opinion. Margot et lui suivent les consignes de la radio de Londres et se rendent aux rares manifestations organisées à Marseille, le 14 juillet 1942 par exemple, poussant, me dit-il, « quelques petits cris ». Quand l'amiral Leahy, ambassadeur des États-Unis, perd sa femme, il lui écrit, sans le connaître, une lettre de condoléances, ignorant évidemment que cet imbécile, proche conseiller de Roosevelt, n'a même pas réussi à apprendre le prénom de Pétain. (Il le prénomme Henri, ce qui n'est vrai que pour l'état civil, et, comme en témoignent ses rapports et ses *Mémoires*, écrit au président qu'il ne faut surtout pas confondre les De Gaullistes, la petite poignée de partisans du général installé à Londres, et les gaullistes, qui sont les amoureux, fort nombreux, de l'ancienne Gaule.)

Quand sa mère, heureusement alitée, à la suite d'une fracture de la jambe, reçoit, le 16 mars 1943, la visite de la Gestapo, il écrit à Joseph Barthélemy, garde des Sceaux, ancien professeur à la faculté de droit qui avait été reçu chez ses parents, pour lui dire son profond mépris. Quand M. Gabolde, successeur de J. Barthélemy, ordonne la réinscription au Barreau de Jean-Charles Legrand, avocat qui avait prononcé dans les années trente quelques plaidoiries retentissantes – y compris contre les aveux sous la torture – mais qui avait été rayé du tableau à vie, en 1937, pour faute très grave, Lucien écrit au cardinal Gerlier, président de l'« Association amicale des secrétaires et anciens secrétaires de la conférence des avocats », pour lui donner sa démission. Joseph Barthélemy ne répondit pas, le primat des Gaules répondit par une lettre aussi aimable que temporisatrice. Jean-Charles Legrand qui, prisonnier de guerre, avait été libéré par les Allemands, ne sera définitivement réinscrit au Barreau de Paris qu'au début de février 1965, après avoir été, au Maroc, le défenseur de nombreux nationalistes marocains. L'histoire emprunte parfois de singuliers détours.

Résistant, Lucien adhère dès la fin de 1940, par l'intermédiaire de l'avocat socialiste René-Georges Étienne, au groupe dit « du musée de l'Homme » que baptisa ainsi après la guerre Germaine Tillion. Le groupe fut dénoncé et Lucien en fut avisé. Se souvenant d'une récente ordonnance des autorités d'occupation, il adressa, par lettre recommandée, les tracts en sa possession au commissaire de police. Quand la Gestapo se présenta, accompagnée d'un membre du Conseil de l'ordre – on observait alors certaines formes –, il montra le récépissé. Mais il n'avait pu se résoudre à se priver d'une caricature représentant Pierre Laval en pierreuse aguichant Hitler. Il l'avait dissimulée derrière un portrait du président Millerand. La perquisition ne donna rien. J'eus quelques échos de cette activité et faillis m'en vanter au lycée. Je fus, très vigoureusement, invité à me taire. Lucien reprendra son activité résistante plus tard, adhérant au Front national, collaborant au *Palais libre* et à *La Marseillaise*, sous le pseudonyme, m'a-t-il été dit, de Ronsard. Même s'il ne perçoit pas, comme le montre son Journal, l'assaut de Hitler contre l'URSS comme une guerre idéologique – il le considère comme le geste d'un « homme enfermé » qui « casse la vitre d'une fenêtre » parce qu'il a besoin d'air, ou plutôt, de matières premières –, il ne voit aucun inconvénient à l'alliance avec les communistes. Il espère et même croit savoir que des liaisons s'établiront entre prisonniers de guerre et communistes allemands. Son frère Georges présenta le député communiste Fernand Grenier au général Bloch. Le député communiste demanda : « Est-ce qu'on peut passer la brosse ? » « Faites donc ! », répondit mon oncle, qui connaissait la vanité de ce militaire.

Politiquement, Lucien est un gaulliste, qui, lorsque Darlan est tué, note simplement : « Justice est faite », et qui résume ainsi son programme politique : « Mettre les Allemands dehors et les traîtres dedans » (décembre 1943).

Incontestablement, il évolue vers la gauche. Alors qu'avant la guerre il se reconnaissait en Paul Reynaud, il me dit un jour : « Crois-moi, il faut être de gauche. » Il ne cesse de réfléchir sur les causes de la défaite, un peu à la façon de Marc Bloch en 1940 traduisant de l'allemand un livre du journaliste suédois Victor Vinde, *Eine Grossmacht fällt* (« La chute d'une grande puissance »), et écrit, le 4 novembre 1942 : « Notre haut état-major – notre haute bourgeoisie –, quelques laquais de politique aux ordres des uns et des autres, ont préféré la défaite de la France à la victoire de la République. Celle-ci renaîtra pourtant. Et ces hommes de boue retourneront au ruisseau, avec un peu de sang, insuffisant à laver leur infamie et notre honte. » Il lit et relit les déclarations de Léon Blum au procès de Riom, et, par l'intermédiaire d'une nièce marseillaise de l'ancien président du Conseil, lui écrit. Léon Blum lui répond le 27 septembre 1942 : « Ma nièce [...] me dit que Madame votre mère est auprès de vous. Dites-lui que les souvenirs auxquels sa personne est liée sont toujours bien présents pour moi. [...] Et vous savez d'autre part quelle sympathie ancienne m'unissait à votre père et à votre oncle. C'est assez vous dire combien les souvenirs qui me sont venus de vous m'ont été précieux. Et croyez bien que je sais apprécier tout ce que leur expression, de votre part, comporte de courage et d'élégance. »

Lucien lui a effectivement écrit, mû par ce sentiment qui le domine, par « crainte d'être ou de paraître lâche ». Il estime, en disciple de Poincaré et de Millerand, que Léon Blum s'est trompé en politique étrangère, « en croyant qu'il était possible de s'entendre avec l'Allemagne républicaine », mais il est saisi par la « noblesse d'âme » du prisonnier de Riom : « Le crime de Léon Blum est celui que commettent tous ceux qui rêvent – non qui veulent – améliorer la condition humaine, non par pitié, mais par esprit de justice. Impossible de lire ces pages sans être saisi de respect devant cette noblesse, cette hauteur de pensée qui font de leur auteur un prince, sans commune mesure avec ses juges. [...] Je vois peu de choses à reprendre dans son action gouvernementale et, de toute manière, pendant qu'il est inculpé, jeté en prison, honni, je suis de tout cœur avec lui » (4 novembre 1942). Il se rallie donc de façon rétrospective aux gouvernements de Front populaire qui ont eu le courage de concevoir un programme de réarmement « rompant avec l'inertie constante de leurs prédécesseurs », oubliant peut-être que ces « gouvernements démocrates » ont maintenu à la tête de l'état-major les généraux incapables, responsables de la défaite. Il était pourtant sévère – non sans un peu d'injustice – avec Daladier. Alors que je lui disais, à mon retour du home Les Marmousets, à Megève (août 1941), que, face aux insulteurs, Pierre Daladier, fils d'Édouard, était, là-bas, « le chef de mes armées », il répondit cruellement : « J'espère qu'il les conduit mieux que son père ne conduisait celles de la France. »

Républicain affirmé, presque religieux même, il reste explicitement un patriote bourgeois. C'est le sens de son gaullisme, et il le dit avec la netteté désirable le 10 octobre 1942. En dépit des trahisons, et même s'il est vrai qu'il y a « tout à faire dans le domaine social », il n'est pas indifférent qu'« à l'heure où le parti des fusillés et des victimes de l'hitlérisme prendra le pouvoir et guidera la France vers ses nouvelles destinées [...] la bourgeoisie puisse elle aussi compter ses sacrifices et ses blessures, et dire : Et moi aussi, j'ai souffert pour la liberté ».

Que savions-nous, nous les enfants, de la Résistance, que faisions-nous ? Dès 1940, écrire des V, marqués ou non de la Croix de Lorraine, sur les murs de la rue qui conduisait au lycée, rédiger à la main des tracts, en diffuser d'autres au texte ambigu, selon qu'on les lisait pliés ou non :

Aimons et admirons le chancelier Hitler
L'éternelle Angleterre est indigne de vivre.

Une exposition antibolchevique s'ouvrit à Marseille en 1942 ou en 1943, je ne sais. On offrait aux lycéens des billets gratuits. Nous fûmes quelques-uns à demander avec insistance, à l'administration du lycée, à vrai dire un peu surprise, ces billets, puis à les déchirer devant elle. Vers la fin de 1941 ou le début de 1942, je lus avec étonnement dans un journal appelé *Combat* des informations sur le mouvement partisan en Yougoslavie. Lucien m'arracha le journal. Plus tard, je fus admis à lire les publications clandestines. De temps à autre, Léon Augé, puis Pierre-Jean Miniconi, me remettaient un paquet bien fermé, avec prière de porter cela à la maison, sans l'ouvrir. Il s'agissait souvent des *Cahiers du Témoignage chrétien*, par exemple des numéros VI-VII, « Antisémites », d'avril-mai 1942. J'étais aussi admis à lire des documents qui circulaient, une lettre indignée de Paul Claudel au grand rabbin de France dans laquelle il lui exprimait sa solidarité, les déclarations des évêques, en 1942. Quand la Gestapo vint à la maison, il y avait dans ma chambre un *Message* de Georges Bernanos, composé d'extraits de sa *Lettre aux Anglais* et édité clandestinement par les *Cahiers du Témoignage chrétien*, sous le titre : « Où allons-nous ? », Aline nota dans son Journal que les Allemands avaient trouvé « dans la chambre des garçons », des « choses intéressantes ». Peut-être s'agit-il de cette brochure. Il serait ridicule de parler à ce sujet de résistance, mais, entre parents et enfants, les vases étaient communicants.

Lucien Vidal-Naquet était un Français juif ; il ne songeait aucunement à avoir honte de sa judéité, comme on dit aujourd'hui, ni à la cacher. Si, contrairement à son frère, il ne porta pas l'étoile à Paris, s'il évita que nos cartes d'alimentation portassent un tampon, il refusa de supprimer la seconde moitié de son nom. Il refusa aussi le principe même de l'UGIF, pour des raisons qui sont exactement celles que donna Marc Bloch[1] : refus de jouer le jeu de Vichy et des nazis, en acceptant le principe même d'une séparation. Mais il entendit trouver les racines de son identité, et en faire en quelque sorte l'histoire. C'était là un jeu qui se pratiquait dans la famille Vidal-Naquet depuis la fin du XIXe siècle, au temps de mon grand-père et de mon grand-oncle, en liaison évidente avec les campagnes de rejet menées par Drumont. Entre 1941 et 1943, beaucoup de Français juifs pratiquaient cette quête généalogique, parfois pour des raisons très concrètes : pour pouvoir s'inscrire en faculté, il était bon de faire la preuve qu'on était français depuis cinq générations. Mais nous n'étions pas encore concernés.

Lucien écrit très clairement ses motivations, au retour d'un voyage au Périgord, chez André Boissarie : « J'ai visité, en revenant vers la Provence, de vieilles cousines à Montpellier, et j'aurai, ce faisant, éprouvé comme une sensation comparable à un bain vivifiant puisque je me retrouvais des racines dans une ville que je ne connaissais pas, mais où les miens avaient vécu, peiné et reposaient dans un cimetière modeste. C'est la cendre des morts qui créa la patrie, disait Lamartine. J'ai le réconfort – ou l'amertume – de savoir que cette cendre est faite aussi des ossements des miens. » Seule l'amertume empêche ces formules de rendre un son barrésien.

Je fus tenu au courant de cette enquête, qu'il m'est arrivé de prolonger depuis, et ce fut pour moi une très concrète

1. Marc Bloch, *L'Étrange Défaite*, édition de 1990, Paris, Gallimard, coll. « Folio », p. 305-331.

leçon d'histoire qui a sans doute compté dans ma vocation. Lucien faisait mieux que de me laisser participer à sa quête. Il m'emmenait voir des hommes qui appartenaient à la génération précédant la sienne, comme s'il voulait nouer un fil qui risquait d'être interrompu. Je fis ainsi connaissance avec le doyen des Vidal-Naquet, Albert, cousin issu de germains de mon grand-père Edmond, alors plus qu'octogénaire, et avec un vieillard magnifique à la chevelure blanche jaillissante, lettré et musicien, le bâtonnier Abel Nathan, avec lequel il échangeait des lettres farcies de citations latines. C'est en latin que le bâtonnier adressa son compliment au moment de la naissance de Claude (23 janvier 1944). Quelques semaines plus tard, Abel Nathan se brisa le col du fémur, et on le laissa mourir sans même qu'une opération fût tentée. C'est le 15 mai 1944 que le Conseil de l'ordre du Barreau de Marseille fut avisé officiellement de sa mort. Peu avant de disparaître, il répétait à Lucien les vers de Baudelaire :

> Ah Seigneur donnez-moi la force et le courage
> De contempler mon cœur et mon corps sans dégoût.

La quête de Lucien fut menée dans les papiers de famille, mais aussi chez les cousins et les cousines, par exemple les vieilles demoiselles Vidal-Naquet de Montpellier, anciennes institutrices, mais surtout Georges Alphandéry[1], apiculteur à Montfavet dans le Vaucluse et collectionneur de documents et d'autographes. A Bordeaux, à Montpellier, à Carpentras, Lucien s'adressa aux archivistes et, dans cette dernière ville, au conservateur de la bibliothèque Inguimbertine. Les copies d'actes de naissance, de décès, de circoncision, les documents de toute nature, les esquisses d'arbres généalogiques affluèrent par centaines.

1. Son fils Edmond, que je n'ai jamais rencontré, est le ministre de l'Économie du gouvernement Balladur (1993).

Naturellement, l'enquête ne fut pas menée dans toutes les directions. Il n'était ni possible, ni sans doute souhaitable, à ses yeux, d'enquêter à Odessa ! Mais il chercha beaucoup, écrivant par exemple, le 11 octobre 1941 à Georges Alphandéry, à propos d'un de leurs communs aïeux, mort en 1800 : « J'ai pour cet ancêtre lointain des entrailles de père, et voudrais beaucoup voir cet enfant par trop volage reprendre bien sagement sa place sur l'arbre où il doit figurer. »

Il ne résolut pas tous les problèmes qu'il se posait. Il ne trouva pas d'explications convaincantes du nom de Naquet qui fut celui de nos ancêtres avant que, pour des raisons qui ne sont pas complètement éclaircies, Isaïe Naquet, né en 1718 à Carpentras, devienne Isaïe Vidal-Naquet, nom sous lequel il est mort à Montpellier le 27 germinal an VIII (1800). C'était l'aïeul de son bisaïeul, Moïse dit Cadet, marchand de vins à Montpellier (1797-1874), dont l'épithalame, à l'occasion de son mariage avec Numette Alphandéry (11 mars 1826), fut chanté sur des airs à la mode, y compris un dialogue sur La Fayette en Amérique :

Républicains quel cortège s'avance ?
– Un vieux guerrier débarque parmi nous.
– Vient-il des rois vous jurer l'alliance ?
– Il a des rois allumé le courroux.

Lucien découvrit le père et le grand-père d'Isaïe Naquet, respectivement Aron et Jonathan, ce qui permettait de remonter, en ligne masculine directe, jusqu'à l'époque de Louis XIV (dans une des lignes féminines, par les Alphandéry, jusqu'à un médecin venu soigner les pestiférés d'Avignon, en 1500).

Plus heureux que lui, je sais, depuis 1982, par mon ami israélien Amos Funkenstein, quelle est l'étymologie de Naquet. De même que le participe latin *crescens*, croissant, a donné Crescas ou Cresques, nom porté par plusieurs familles juives y compris à Carpentras, de même le participe *nascens*, naissant, a donné Nasques, nom qui figure dans une liste des Juifs de Carpentras en 1357, puis Nacquet, enfin Naquet. Quant à Vidal, traduction de l'hébreu *hayim*, vivant, rien ne vient infirmer ou confirmer l'hypothèse de Lucien : Isaïe s'appelait peut-être Isaïe Hayim Naquet. Le double nom ne vient pas d'un mariage. A ce compte-là, Alfred Naquet, l'homme le plus célèbre de ma famille comme auteur de la loi du divorce en 1884 et comme militant du boulangisme, et qui était le cousin germain d'une de mes arrière-grand-mères maternelles, aurait pu s'appeler Vidal-Naquet, car, comme le fit observer un archiviste à Lucien, sa mère s'appelait Paméla Vidal. Lucien avait rencontré, peu avant sa mort en 1916, ce bossu célèbre à qui Rochefort criait, peut-être au temps de leur commune passion boulangiste : « Cambre-toi, fier si courbe ! » Il racontait volontiers que tout auteur de la loi du divorce qu'il fût, Naquet avait vécu pendant plusieurs décennies séparé de sa femme, mais sans demander le divorce, pour qu'il ne fût pas dit qu'il avait un intérêt personnel dans son œuvre de législateur.

Lucien mit de la passion dans sa recherche mais aussi de la tendresse. Un jour que je parlais avec un peu de légèreté de ces fripiers de Carpentras, il me reprit vertement. De certains de ces personnages, il put se procurer le portrait[1]. Ainsi de Jonathan Vidal-Naquet, frère de son trisaïeul Samuel, costumé, en 1792, à la façon de Robespierre ; on lit au dos du tableau : « Gage d'amour et de fidélité. » De ce Jonathan dont il fit dresser l'arbre généalogique en ligne descendante provient notamment ma collègue en histoire grecque et amie, Claude Mossé. Certains avaient fait les guerres de l'Empire. Un collatéral, Mossé Naquet-Vidal, frère lui aussi de Samuel, avait été délégué de la communauté de Montpellier à la « grande assemblée » des Juifs, réunie par Napoléon en 1806 pour discuter du statut de la religion israélite dans l'ensemble

1. Il est reproduit dans le cahier-photos.

français et préparer ce que l'Empereur appela le « grand Sanhédrin », qui définit l'organisation politique du culte, mais était rentré en hâte, avec un certificat médical invoquant les bienfaits de l'air natal. Il eut quelque mal à se faire rembourser ses frais de voyage par la communauté.

Lucien fit, grâce à son cousin Henri Dreyfus, une découverte qui l'amusa beaucoup. En 1796 était née à Bordeaux Jeanne Laroche, fille naturelle de « demoiselle Élisabeth Laroche ». C'était la fille d'une servante. Son père, Nathan Salom Astruc (1764-1824), habitant de Bordeaux, put l'intégrer dans la famille en 1808, grâce à la législation de Napoléon et, dit la tradition familiale, avec l'accord de son épouse légitime, Blonde Vidal de Milhaud (1760-1842), en lui donnant le nom d'Aimée Sara Astruc. Elle épousa en 1811 un David Melendès[1] né en 1785, et sa petite-fille, Sara Lopes-Dias (1840-1912), épousa le grand-père de Lucien, Jules Vidal-Naquet (1831-1889). Ainsi pouvait se reconstituer une tradition. Ces papiers ne permettaient pas de connaître toutes les personnalités qui se cachaient derrière ces noms, mais à partir de Moïse dit Cadet, marchand de vins à Montpellier, exerçant les fonctions de ministre officiant, fils de Samuel, marchand de soieries, et père de Jules, ils étaient en somme assez bien connus. Jules qui, au lycée, ne dépassa pas la classe de quatrième, fut un ardent républicain sous l'Empire ; de Montpellier où son beau-frère, Eugène Lisbonne, chef du parti républicain, devint en 1870 le préfet de la Défense nationale, il remonta à Paris, laissant femme et enfants dans l'Hérault, faire son devoir de garde national. Sa correspondance avec sa femme, « par ballon monté », et où nouvelles familiales, jugements politiques et réclamations petites et grandes sont mêlés, constitue une documentation de première main et fort pittoresque sur le patriotisme de la bourgeoisie juive, sur ceux que Pierre Birnbaum a

1. C'est la Ketouba (acte de mariage religieux) sur parchemin enluminé de ce mariage, établie à Bordeaux, qui figure en couverture de mon livre *Les Juifs, la mémoire et le présent*, rééd. Paris, Seuil, coll. « Points Essais », 1995.

appelé les *Fous de la République*. Certains de ces personnages portaient des prénoms transparents, ainsi, au XIXe siècle, ce Washington Vidal-Naquet, que l'on appelait dans la famille l'oncle Wazinton. Jules et son fils aîné, Emmanuel (1859-1930) furent des francs-maçons convaincus.

J'ai vu ces lettres à Marseille. Je les ai souvent lues et relues depuis. J'ai su bien des années après le temps que j'évoque ici que déjà Moïse, père de Jules, polémiquant avec un journal légitimiste qui ne pouvait admettre qu'un Juif soit candidat à la députation et puisse ainsi avoir « à statuer sur l'existence du clergé et de la religion chrétienne », avait fixé, dans une lettre publiée par *L'Écho du Midi* du 7 mai 1843, la règle suivante : « Au temple ou à l'église, l'on est juif ou chrétien ; dans les actes de la vie politique, l'on doit être français avant tout. En remplissant un devoir de citoyen, on peut être en paix avec sa conscience ; le Juif qui travaille au bien d'un culte qui n'est pas le sien n'apostasie pas plus que le chrétien qui vote tous les ans les frais d'entretien du culte israélite. » Moïse restait cependant pratiquant, émaillant de mots hébreux ses lettres à son fils Jules. Depuis le temps de Moïse, d'autres générations de Vidal-Naquet ont pris l'habitude d'écrire aux journaux.

Ce fut donc là, pour moi, une leçon d'histoire très efficace.

Il y eut plus, ce qu'on appelle aujourd'hui un « grand récit », un modèle qu'on puisse éventuellement transposer. Du marxisme, je ne sus alors rien. Ayant rencontré l'adjectif dans un livre sur l'avènement de Hitler – peut-être le roman de Glaeser, *Le Dernier Civil* –, je demandai des explications et n'obtins guère de réponse. En revanche, une nuit de 1942 je crois, Lucien me fascina en me racontant l'affaire Dreyfus. Il me la raconta longuement en insistant sur le plus grave, le jugement de Rennes, mais en soulignant aussi que la partie avait été gagnée. Certains m'en complimentent, d'autres me le reprochent, mais il est vrai que je suis resté marqué par ce récit qui prouvait que la vérité pouvait être découverte – et les historiens ont là un rôle à jouer.

Je me revois, enfant, me relevant la nuit pour consulter dans le grand *Larousse* la notice sur Waldeck-Rousseau, parce que Lucien m'avait dit qu'il avait joué un rôle important dans l'inflexion de l'Affaire en 1899. On parlait de son œil « glauque », et cet adjectif m'intrigua. La génération dreyfusarde avait été celle de mes grands-parents. Mes deux grands-pères avaient milité pour la cause du capitaine, mais je les avais si peu connus… De ces militants, je n'ai connu en réalité que Léon Blum, et un hasard amical m'a fait don d'un exemplaire des *Souvenirs sur l'Affaire*, corrigé de sa main après 1945. Mais comment oublier cette très vieille dame, Suzanne Saglier, à qui Victor Hugo avait dédicacé sa photo quand il avait quatre-vingts ans et elle cinq ans, et qui évoquait avec passion cette journée de la fin août 1898 où on était venu annoncer, en criant, à ses parents, que Henry – le colonel faussaire du service de renseignements – s'était tranché la gorge au mont Valérien.

Un jour, Jean-Louis Lévy, petit-fils d'Alfred Dreyfus, me fit don de trois lettres écrites par mon grand-père et mon grand-oncle Emmanuel, au plus fort de l'Affaire, à sa grand-mère Lucie Dreyfus. Peu de cadeaux m'ont fait autant plaisir, et à cette tradition-là, je m'honore de me rattacher. Ce qui ne signifie pas que je ne me sois pas trompé, parfois en appliquant le schéma de l'Affaire à des causes qui ne le méritaient pas toutes, ou qui étaient fort différentes…

Il me reste aussi de ce temps non plus un récit mais un texte que Lucien me fit lire, en 1942 ou en 1943. C'est un article de Chateaubriand, dans le *Mercure* de juillet 1805, et cet article que mon père cite lui-même de façon allusive dans son Journal, le 15 septembre 1942, a marqué mes interventions historiques à plus d'un moment de ma vie : « Lorsque, dans le silence de l'abjection, l'on n'entend plus retentir que la chaîne de l'esclave et la voix du délateur ; lorsque tout tremble devant le tyran, et qu'il est aussi dangereux d'encourir sa faveur que de mériter sa disgrâce, l'historien paraît, chargé de la vengeance des peuples[1]. C'est en vain que Néron prospère, Tacite est déjà né dans l'empire ; il croît inconnu auprès des cendres de Germanicus, et déjà l'intègre providence a livré à un enfant obscur la gloire du maître du monde. » Mégalomanie ? Sans doute, mais elle figure à la source de ce qui n'était pas encore une vocation. Ce fut aussi une raison de vivre.

1. La virgule après « paraît », qui figure dans l'édition originale des *Mémoires*, est parfois supprimée. Elle est évidemment indispensable.

CHAPITRE IV

La crainte et le Refuge

En mettant dans le titre de ce chapitre une majuscule au mot Refuge, je lui donne un sens très spécifique : celui qu'il eut au XVIIe siècle, après la révocation de l'édit de Nantes, pour désigner les pays qui accueillirent les protestants chassés par Louis XIV. Ce que l'Angleterre, la Prusse, la Hollande firent pour les réformés français, les protestants de Marseille, du Chambon, de Saint-Agrève, de Dieulefit, le firent pour nous qui n'étions pourtant pas leurs coreligionnaires.

On a déjà vu, on verra mieux encore, je crois, à qui nous devons, une partie des miens et moi, l'accueil et le salut. Mais l'action des protestants fut une action communautaire, et cela, il faut bien que j'essaie de l'exprimer. Assurément, cette communauté n'était pas unanime ; elle comportait, comme toute communauté, une certaine proportion d'imbéciles et de pervers. Elle comportait aussi des antisémites et j'en ai connu quelques-uns, issus parfois de ce qu'on appelait la HSP, la Haute Société protestante. Mais antisémite ne signifie pas toujours dénonciateur. Un de mes camarades juifs de sixième, Pierre Bellaïs, me le disait récemment : il a été pendant la guerre l'élève d'un pasteur d'extrême droite, Noël Nougat, qui écrivait sous le nom de Noël Vesper ; ce pasteur partisan du châtiment d'Israël, et qui fut d'ailleurs fusillé à la Libération, ne l'a pas dénoncé.

A la fin de 1940 peut-être, au début de 1941 plus vraisemblablement, ma mère m'inscrivit à la « meute » de Grignan

– le temple protestant le plus proche se trouvait rue Grignan – qui se dédoubla ensuite pour donner naissance à la meute et à la troupe de « Paradis », du nom de la rue la plus bourgeoise de Marseille au bout de laquelle nous habitions. Ce fut là un engagement à très long terme, puisque je ne quittai les Éclaireurs unionistes de France (EUF) qu'au printemps de 1947 à Paris.

A Marseille, nous n'étions pas la seule famille juive à avoir fait ce choix. Mon ami Philippe Cahen m'avait précédé ; il était même sizenier.

Pourquoi ce choix ? A l'intérieur même du scoutisme, il y avait d'autres possibilités : sans parler des Éclaireurs israélites de France (EIF) – je n'en ai connu qu'un, à Saint-Pierre-de-Chartreuse, en août 1942, Claude Lattès, fils d'un célèbre professeur d'italien –, les Éclaireurs de France étaient des laïcs dont l'idéal était proche de celui de Lucien. Que représentait pour nous, à cette époque, le protestantisme ? Nous étions habitués à rencontrer des protestants. Renée Burck, par exemple, qui s'occupait, comme gouvernante, de mes cousins Vidal-Naquet, était une Lorraine protestante qui portait la croix de Lorraine le plus ouvertement et le plus tranquillement du monde (nous la portions aussi, parfois, mais de façon très discrète). Nous voyions régulièrement à Marseille Renée Chaber, expert-comptable et grande amie d'Hermine Lang-Verte.

Je dirai pourtant que fondamentalement, et dès avant la guerre, le protestantisme c'était pour nous l'Angleterre, et l'Angleterre, c'était le salut. Naturellement, les Anglaises qui avaient travaillé chez nous nous encourageaient dans cette voie – bien que Miss Mac fût très *High Church* – mais, pendant l'été 1940, quand tout se fut effondré et qu'il ne resta que l'Angleterre, j'entendis Margot dire que, si nous nous en tirions, nous nous convertirions tous à l'anglicanisme.

Le scoutisme protestant s'intégrait facilement dans cet ensemble. Il était, en France, le plus ancien de tous. Son père fondateur et son héros culturel, Baden-Powell, était un général britannique qui, ayant fait d'amères constatations pendant la guerre des Boers sur le manque d'entraînement de ses hommes, avait mobilisé pour des opérations aventureuses de très jeunes gens. Sa mythologie, parfois un peu ridicule, venait pour l'essentiel de Kipling, des deux *Livres de la jungle* et de *Kim*, sans parler de cette *Histoire d'Angleterre* qu'Alain Michel m'offrit le jour de mes treize ans, en hommage à mes sentiments bien connus. Je négligeais superbement le fait que les protestants étaient majoritaires en Allemagne.

Quelles étaient les motivations du côté protestant ? La lecture commune de l'Ancien Testament en était une. Margot m'offrit, à l'occasion d'une fête des EUF, le livre des *Psaumes*, parce que j'étais poète, me dit-elle, et c'est par les protestants que j'ai connu la Bible, sans trop savoir du reste que, pour nous autres Juifs, il n'existait pas de « nouvelle » alliance et que notre messie n'était pas arrivé, ignorance qui entraîna quelque confusion.

Je dirai pourtant que pour ces familles protestantes que nous rencontrions à Marseille, cévenoles ou alsaciennes, les Finiel, les Stamm, les Cordesse, les Walter, les Arnal, les Leenhardt, deux motivations fondamentales sont intervenues : la première est la solidarité d'une minorité avec l'autre. Elle avait joué tout au long de la Troisième République et notamment pendant l'Affaire. Elle avait joué au moment de la séparation des Églises et de l'État, dans laquelle, symboliquement, le protestant Louis Méjan et le Juif Paul Grunebaum-Ballin avaient tenu un rôle essentiel. La seconde était que les protestants savaient ce qu'est la persécution. Une cheftaine nous l'expliqua un jour : nous ne sommes pas en ce moment persécutés et nous avons d'excellents rapports avec le gouvernement ; mais la persécution est toujours possible, et il faut nous tenir prêts à y faire face. Une menace qui était là comme le Mal dans ce cantique que j'aimais tant et dont je ne savais pas qu'il était, à l'origine, un chant des Vendéens :

Le Mal est là et Satan gronde
Dites, amis, avez-vous peur ?
– Nous n'avons qu'une peur au monde,
C'est d'offenser notre Seigneur.

Quelles étaient nos activités aux louveteaux, indépendamment d'un bariolage qui me paraît aujourd'hui cocasse, du type « Akela, nous ferons de notre mieux » ? Des sorties qui nous permettaient d'explorer un Marseille rural et rupestre : les Aygalades, Allauch, les Trois Lucs, les éboulis de la « grotte Roland », cette merveille qu'on pouvait dévaler, le massif de Marseilleveyre. Nos cheftaines nous montraient des asphodèles, et nous faisaient remarquer que, Victor Hugo avait beau dire avec son « frais parfum », elles ne sentaient rigoureusement rien. Mais la grande sortie, en juillet 1941, ce fut le camp. Notre cheftaine en chef, si je puis dire, était Amy Walter, fille de pasteur et dotée d'un authentique charisme. Elle avait ce que le protestantisme français a de meilleur : l'ouverture souriante à autrui. Mon sizenier était son cousin germain, Alain Finiel, qui décida dans le train de me prendre en main. Le camp se tint dans le domaine du Pellegrin, propriété de la famille Ott, viticulteurs célèbres d'origine alsacienne, à La Londe dans les Maures. En chemin nous devions voir le *Strasbourg*, gloire de la flotte française et que Vichy, cette « société protectrice des amiraux », ne réussit ni à conserver ni à utiliser. Au Pellegrin, mes onze ans furent fêtés solennellement. J'avais bien besoin d'être pris en main, car ma maladresse et mon ignorance des choses pratiques les plus élémentaires étaient proprement sans limites. Alain Finiel réussit-il à me décrasser ? Pas vraiment. J'appris à faire quelques nœuds, dont le célèbre « nœud de chaise double », mais dix-huit mois plus tard, à Megève, un professeur devait écrire dans mon bulletin cette remarque qui me rendit stupidement fier : « Représente déjà, malgré son jeune âge, le type du parfait intellectuel, totalement dénué de sens pratique. » Me voir allumer un feu était un spectacle sans doute réjouissant. Même l'indulgente Amy Walter ne sut pas toujours garder son sérieux.

Je n'eus pas que de bons moments au camp. Passons sur les blagues qu'entraînait ma candeur. Alain Finiel m'écrit qu'avec la complicité de son frère Denis il avait réussi à me faire croire qu'il avait découvert un gisement de schistes aurifères. Je ramassai de quoi enrichir ma collection restée à Paris. Ma très grande maladresse et mon air dépaysé me valaient maintes railleries.

Un souvenir me plonge dans la honte. Il y avait aux louveteaux des garçons de toutes les origines sociales, y compris des orphelins de l'Asile Marie, rue Paradis, reconnaissables à leur crâne rasé. Or dans les lettres qu'elles leur adressaient les mères de certains louveteaux faisaient de grosses fautes d'orthographe. L'idée qu'un ou une adulte puisse ignorer ces règles qu'on m'avait soigneusement enseignées ne me traversait pas l'esprit, et je lâchais des remarques blessantes peu propres à me rendre populaire.

Au camp, je fis ma « promesse », lors d'un « conseil au clair de lune ». En tout cas je demeurai quelque temps aux louveteaux puis entrai chez les éclaireurs, au cours d'un très solennel « rite de passage ». Amy Walter se fiança à l'automne avec le chef de la troupe d'éclaireurs. Celui-ci, Jean Contandriopoulos, était, *cosa rara*, un Grec protestant. Les fiançailles, auxquelles louveteaux et éclaireurs furent conviés par un mystérieux message en morse : « Et surtout fais-toi beau et n'oublie pas que le silence est d'or », eurent lieu à Bonneveine (près de la plage) dans une atmosphère fort joyeuse ; plus solennel fut leur mariage au temple de la rue Grignan, le 30 mai 1942. Le pasteur Roux qui bénit le couple et qui nous faisait parfois « l'école du dimanche » devait mourir dans les camps nazis où sa femme fut elle aussi déportée. Je le sus beaucoup plus tard : Jean Contandriopoulos faisait lui-même des faux papiers pour Juifs menacés.

Et en effet la menace se précisait. Si les « statuts » de Vichy créent une situation d'exclusion, nous dirions aujourd'hui un apartheid, les Juifs français restent dans le cadre d'une légalité. Il y a même eu, je l'ai dit, des exemptés du Statut. Il en va tout autrement des Juifs étrangers qui, de zone Sud, sont livrés en masse aux nazis, tandis qu'en zone occupée ces derniers, avec la collaboration de la police de Vichy – non sans des exceptions de la part de tel ou tel policier –, organisent autre chose qu'une simple exclusion. L'attitude de Lucien est ferme et simple. Il refuse exceptions et privilèges. L'idée d'accepter quelque chose de Vichy le révulse. Le 28 juillet 1941, son vieux cousin marseillais, Albert Vidal-Naquet, chef de la branche aînée de la famille, lui écrit pour lui annoncer que son fils Armand a demandé sa réinscription au Barreau, et qu'il s'est adressé à Xavier Vallat et aux ministres de la Justice et de l'Instruction publique pour être relevé de la déchéance, en récompense des services (très réels) que lui, Albert, a rendus à la cause de l'enfance. A Lucien, il demande son appui auprès de Millerand. Je ne sais ce que fit Lucien. Il jugeait sévèrement le fait que son cousin Armand ait devancé l'exclusion en vendant sa charge d'avoué. Lui-même refusa, à son propre bénéfice, toute intervention venue de Millerand. Celle-ci eut lieu pourtant, à son insu. Le 15 août 1941, l'ancien président écrivait à Jacques Charpentier, le bâtonnier de la période de l'Occupation, pour souligner les mérites de son collaborateur : « De grandes difficultés s'opposent, je le sais, à son maintien au tableau, et la moindre n'est pas l'attitude si digne dont, en dépit de toutes les supplications de ses amis, il refuse de se départir. Il estime qu'il doit être maintenu au tableau, de quelque point de vue qu'on examine la question, sans qu'il ait à faire, dans ce but, aucune démarche officieuse. Il a raison. » Après quoi Millerand invoque les motifs habituels : l'ancienneté de la famille « qui a tenu sa place avec distinction dans l'armée et au

Palais », et il ajoute ceci : « Son oncle, avoué au tribunal de Marseille, était vice-président du Conseil supérieur de l'Assistance publique. » Cet « oncle »... c'était précisément Albert Vidal-Naquet. Lucien considérait la persécution comme un honneur pour ceux qui la subissaient du fait de l'ennemi, comme une honte pour les gouvernants français qui la prenaient à leur compte. Parlant de l'étoile jaune, il citait volontiers deux vers de Victor Hugo, à propos de la création de la Légion d'honneur par Napoléon :

> Et touchant leur poitrine avec son doigt de flamme
> Il leur faisait jaillir une étoile du cœur.

Il était conscient du crime commis envers les hôtes de la France, et c'est une des premières notes de son Journal (15 septembre 1942) : « Nous venons de livrer aux fauves les Juifs étrangers qui avaient trouvé asile chez nous », et ce double « nous » signifie qu'il ne se sépare ni de la France ni des Juifs. Il refuse toute distinction entre « étrangers » et Juifs français : « Tous les Juifs ont droit au même traitement, dès l'instant que tous les non-Juifs sont placés sur le même pied » (14 octobre 1942).

A Paris, du reste, répression et déportation n'épargnent pas les Juifs français. Paul Godchau, son cousin germain par alliance, Pierre Masse, son confrère et son ami, sont arrêtés pendant l'été 1941. Le premier sera libéré, quasi mourant, en mars 1942 et, rétabli, franchira la ligne de démarcation, le second ne reviendra pas. Pierre Masse était sénateur de l'Hérault. Le 10 juillet 1940, il avait voté les pleins pouvoirs que demandait Pétain, ce que Lucien jugeait sévèrement, ajoutant que son vote en avait entraîné d'autres. Lucien comprend que la déportation signifie « sans doute la mort » (17 décembre 1942).

L'épisode qui le marque le plus, et qui nous marqua par son intermédiaire, est le suicide de son ami Jacques Frank, qui le précédait immédiatement dans la liste des secrétaires de la conférence. Jacques Frank, ancien officier de la Grande Guerre, est arrêté le 21 août 1941 par un gardien de la paix en uniforme : « Vous êtes le Juif Jacques Frank. Suivez-moi. » Il sort de Drancy le 2 novembre pour des raisons de santé qui, en ces temps, pouvaient jouer. Sa femme n'était pas juive. Jacques Frank ne voulut pas entraîner les siens dans le malheur et se jeta par la fenêtre, le 17 janvier 1942. Lucien était présent aux obsèques, le 22. Malgré le froid glacial, l'assistance fut nombreuse. Lucien l'écrit à Margot en notant que ce jour est aussi le dixième anniversaire de leur fils François.

Pour nous comme pour tous, les événements de novembre 1942 marquent un tournant. Si le débarquement en Afrique du Nord est salué avec enthousiasme, l'accord conclu avec Darlan fait horreur. Lucien se réjouit cependant que Pétain n'ait pas saisi l'occasion, trop belle, de se réhabiliter en rentrant dans la guerre. Sur ce point il s'oppose, sans le savoir, à son ami d'enfance Raymond Aron, qui, à Londres, souhaitait que Pétain fît ce geste. Moraliste contre politique. Le 11 novembre, symboliquement, les Allemands, non pas troupes « d'occupation » mais troupes « d'opération », envahissent la zone libre. Un motocycliste allemand passe près de la maison et cela me rappelle Nantes, le 19 juin 1940 ; mais l'armée ennemie n'est plus la même. Ce ne sont plus les motoristes fringants, mais des soldats ou très jeunes ou très vieux, l'air épuisé. La bataille de Russie explique ce changement. Lycéens et éclaireurs unionistes – mais pouvons-nous encore porter l'uniforme qui est interdit en zone occupée ? s'interrogent certains –, nous commentons cette arrivée. Les idées ont beaucoup évolué et Alain Michel avec qui j'avais rompu amicalement bien des lances, au sujet de Philippe Henriot notamment, dit : « Il est évident que Messieurs les Allemands sont d'épouvantables canailles. »

Ces événements marquent le signal de la grande dispersion de la famille. Tandis que Félix et Raymonde Valabrègue se trouvaient libérés à Casablanca par le débarquement anglo-américain, Georges Vidal-Naquet, qui avait déjà derrière lui une longue activité de Résistance, et Germain Lang-Verte tentent de passer en Espagne. Le premier réussira et, après de longs mois de prison, rejoindra l'armée d'Afrique du Nord. Le second est capturé près de Perpignan. Hermine Lang-Verte et ses filles, accompagnant le général Bloch, décident, non sans raison, qu'on est mieux caché à Paris qu'à Marseille, surtout quand on dispose de faux papiers. Elles participent activement à la Résistance. Marthe et ses enfants, accompagnés de notre grand-mère maternelle, gagnent Saint-Agrève dans l'Ardèche. Lucien et Margot ne les imitent pas. Ma grand-mère paternelle s'est fracturé le col du fémur le 10 novembre au soir. Lucien note le 11 : « Je ne me sens pas le droit de l'abandonner dans cette situation critique dont je suis sûr qu'elle sortira victorieusement, mais qui va se traduire par bien des souffrances et bien des inquiétudes durant de nombreux jours. » Et cet athée ajoute : « C'est pour moi une grande douleur et une affreuse inquiétude. Dieu permette que les jours qui viennent, et qui seront pour nous chargés de tant d'épreuves, nous permettent de la dissiper. »

En ce qui concerne leurs trois enfants et leurs neveux Jacques et Armand Brunschwig, Lucien et Margot, avec l'accord d'Isabelle, prennent une décision : nous quittons Marseille pour gagner Megève et le home d'enfants dit « Le Doux Nid ». Un de nos camarades, Didier Philippe, nous accompagne.

J'ai déjà dit ce que je pensais, à l'époque, des homes d'enfants, et dans celui-là non plus je ne fus pas heureux. Le Doux Nid appartenait à une énorme personne, une véritable boule de suif, Mlle Boulon, dite Monboulon. Le directeur, M. Laferrière, était plutôt, lui, du style officier de cavalerie. Il nous prévint rapidement que nos lettres devaient être remises ouvertes et ce fut désormais une clause de style dans nos correspondances que de préciser que ces missives étaient confiées non à la poste mais à « la blanche main de Mme Laferrière ». On y faisait du ski, beaucoup de ski, et j'appris lentement à descendre les pentes, à peu près en équilibre, mais sans élégance et avec un « arrêt Briançon », c'est-à-dire une chute. Je m'émerveillai moi-même quand, un jour, je perdis un ski, et réussis quelques heures après à le retrouver, en suivant à la trace son empreinte solitaire.

Il y avait quelques distractions : soirées où l'on faisait un peu de théâtre. Jacques Carcassonne, un autre réfugié de Marseille, triomphait dans les rôles comiques, tandis que Perrette Souplex, fille de Raymond, manifestait déjà un tempérament d'actrice. M. Laferrière eut le mérite de nous lire, soirée après soirée, *Le Grand Meaulnes*, *Molinoff Indre-et-Loire* de Maurice Bedel et *Terre des hommes* de Saint-Exupéry.

Nos enseignants n'étaient pas toujours des meilleurs. Notre professeur de latin se vantait des longues années qu'elle avait passées à la Sorbonne pour obtenir sa licence. Les mathématiques étaient le domaine de Mlle Poncelet, petite personne à lunettes et au nez pointu. Le nom de son arrière-grand-oncle, un mathématicien, était dans le dictionnaire, et elle se faisait un plaisir de le confirmer et de le reconfirmer à notre demande. Le grec nous était enseigné, bien, par l'aumônier de la maison, un homme fort cultivé, le R. P. Pierre Penent, dit Repepepe. Les surveillants et surveillantes n'étaient pas toujours plaisants, et pour donner un exemple, l'une d'entre elles, que nous avions surnommée Pressinchy, en déformant son nom, était une « emmerdeuse » si qualifiée que nous nous jurâmes, Jacques et moi, que si nous trouvions pire, nous nous enverrions un télégramme. Après la guerre, Jacques trouva et télégraphia. La faune de nos camarades était fort variée. Parmi les très grands, à une extrémité, un petit marquis monégasque, Guy de la Passardière, qui se vantait d'avoir dirigé un orchestre swing, à l'autre Raymond Katz, réfugié comme nous, que l'on appelait « le philosophe » parce qu'il était en classe de philosophie. Nous apprenions des chansons, « Le premier rendez-vous », « Je tire ma révérence ». Sur les pistes passait « le mari de Danielle Darrieux », Porfirio Rubirosa.

L'atmosphère générale était très catholique et je l'ai assez bien retrouvée dans le film de Louis Malle, *Au revoir les enfants*. L'expression de l'antisémitisme était rare. Pourtant, Jacques se vit un jour traité d'« espèce de Juif protestant ». Ce n'était pas si mal trouvé.

Je ne fus pas heureux au Doux Nid, pour de multiples raisons. Je subissais des brimades, passant des heures à genoux pour un mot malheureux[1] ou une expression trop vive. Mes parents me surprirent un jour ainsi, alors qu'ils faisaient une visite inattendue.

J'avais pleinement intégré les valeurs du scoutisme et, alternativement avec Jacques, récitais chaque soir la « loi de l'éclaireur ». Une troupe de Scouts de France (catholiques) fut créée au Doux Nid et j'y fus admis, puis expulsé, temporairement mais solennellement, pour un autre mot malheureux, dont la victime, l'aumônier, n'avait pas été avisée.

Mais le principal problème était alimentaire. Jacques le résumait en ces termes : « Au Doux Nid, on claque du bec. » C'est là que j'ai connu la trilogie de l'Occupation : rutabagas, topinambours, navets. Le comble était qu'il y avait une table de privilégiés, jouissant de douceurs exquises ou présumées telles, prélevées sur nos rations. Nos parents nous adressaient des colis. Ma sœur, qui fêta là ses dix ans, veillait sur leur répartition et leur longue durée avec une rigueur obstinée qui ne la rendait pas toujours populaire. Une sardine à l'huile s'échangeait contre une cigarette, et une cigarette nous payait nombre de trajets en remonte-pentes.

1. Pour être précis, j'avais dit : « Vous me faites chier » à une institutrice qui voulait m'empêcher de récupérer mes affaires dans mon casier.

Un autre manque était celui des informations. De la bataille de Stalingrad et de celle d'Afrique, nous ne savions à peu près rien. Didier Philippe nous quitta et m'envoya quelques renseignements sur ce qui se passait en Tunisie : bouffée d'air frais.

A défaut de journaux il y avait les livres que nous recevions de Marseille : une anthologie de textes grecs composée du reste par un ministre de Vichy, Jacques Chevalier, et *Les Châtiments* de Victor Hugo. Lucien nous indiquait les poèmes les plus actuels :

> Ô pays de Wagram, ô pays de Voltaire,
> Puissance, liberté, vieil honneur militaire.

De ce qui se passait à Marseille à cette époque, j'ignorais tout; je ne l'appris que beaucoup plus tard, singulièrement par la lecture du Journal de Lucien. Dans la troisième décade de janvier 1943, ce sont à Marseille les rafles de Juifs et la destruction du quartier du Vieux-Port : « Des ouvriers, des femmes, des enfants, ont été arrêtés sans discernement et précipités dans des wagons plombés, expédiés à destination des travaux forcés de Pologne et de Russie. [...] Quelle impression tragique que cette ville dont certains quartiers ont été vidés de tous leurs habitants, où tout le monde parle à voix basse, dans la crainte de la catastrophe imminente. Je n'ai jamais compris comme aujourd'hui ce que peut contenir de tragique le simple mot de "terreur". » Et c'est ce même jour (25 janvier 1943) que Lucien écrit cette note que j'ai si souvent citée : « Mais certains, qui poussent la prudence jusqu'au point où elle change de nom pour devenir lâcheté, n'en persistent pas moins, contre la plus aveuglante évidence, à déclarer qu'il ne s'agit que de mesures "normales", n'ayant affecté que des étrangers. C'est faux, matériellement faux, de la fausseté la plus criante. J'ajoute que si cela était vrai, le crime n'en serait pas moins éclatant. » Lucien s'en souvient-il ? Il reproduit presque à la lettre ce qu'écrivait Léon Blum, en 1935, dans ses *Souvenirs sur l'Affaire*, du comportement de certains Juifs français (qui n'entrèrent pas dans les combats de l'Affaire), aux environs de 1898 : « Il y avait aussi une sorte de prudence égoïste et timorée qu'on pourrait qualifier de mots plus sévères. »

Une partie de notre maison est réquisitionnée et les Allemands de l'organisation Todt s'installent, comme Lucien l'écrit à Bernard Lévi, cousin de Margot, le 8 février 1943 : « Tu sais sans doute que nous avons l'honneur insigne d'être occupés. La ligne de démarcation suit l'escalier – et la rampe. Elle se franchit sans laissez-passer... » « Corrects » au demeurant, note-t-il le 9 février. Mais cette « correction » ne dure guère : dans la nuit du 20 au 21 mars, les officiers nazis fêtent le printemps par une « immonde orgie » et tentent de violer les femmes qui étaient à leur service.

Gérard Brunschwig, heureusement, est, sur l'ordre de Lucien, parti fin janvier pour Villeneuve-lès-Avignon, où il est l'hôte, pendant près de deux mois, de Jacques et Jacqueline Birman[1]. Le 16 mars, c'est la visite de la Gestapo chez sa mère qui bouleverse Lucien. Il recueille cette dernière chez lui ainsi qu'Isabelle et organise leur départ en direction de Dieulefit où les rejoint Gérard.

Dans les derniers jours d'avril pourtant, François, Aline et moi rentrons à Marseille, tandis que Jacques et Armand Brunschwig gagnent Dieulefit. Voyage sans histoire au milieu de soldats italiens que François fait rire en leur parlant de Mussolini. Il ne s'agit, en principe, que de passer les vacances de Pâques, après quoi nous devrions regagner le Doux Nid, mais nos parents n'ont pas eu le courage de nous y renvoyer. Nous rentrons au lycée où l'atmosphère a entièrement changé. C'est le 10 mai, je crois, que je lus cette inscription sur le

1. Gendre et fille de Suzanne Saglier (voir *supra* p. 77, note 1).

tableau noir de notre classe de quatrième : « Tunis et Bizerte sont prises et libérées. »

A ma surprise, nous continuons à écouter, plus discrètement, la radio anglaise. Des règles de prudence et de silence nous sont imposées, que nous ne respectons pas toujours. Les occupants sont des hommes d'allures très variées. Le chef s'appelle Lods. Lui est adjointe une « souris grise » que nous surnommons Fafa. Aux vœux traditionnels : « Que Hitler crève et toute sa clique », s'ajoutent des propositions de supplices divers pour « Fafa » et les siens, domaine dans lequel ma sœur manifeste une imagination et un enthousiasme incomparables.

Que savions-nous à cette époque de la répression en France et de ce que nous appelons aujourd'hui la Shoah ? Des camps installés dans notre pays, je ne me souviens avoir entendu désigner que Drancy et Pithiviers. Nous avons dû aussi entendre parler des camps du Sud-Ouest, puisque la lettre de Mgr Saliège, archevêque de Toulouse, en 1942, dénonçant ce qui s'était passé à Noé et au Recebedou, a circulé à la maison. Mais je n'ai aucun souvenir du camp des Milles, près d'Aix-en-Provence. Toutefois je saurai beaucoup plus tard que Gérard, en septembre 1942, a aidé à encadrer, à Gardanne, un camp de faux scouts que l'OSE[1] avait réussi à faire sortir des Milles, en attendant un visa pour les États-Unis qui ne vint pas. Lucien note, le 26 juillet 1943, qu'une lettre de son beau-frère Germain Lang-Verte lui apprend les sévices dont sont victimes les internés de Drancy. Germain quitte Drancy pour une destination inconnue par le convoi du 31 juillet 1943. On dit à la maison que lui et son frère Frédo Lang travaillent dans des mines de sel en Silésie. Le nom d'Auschwitz ? Il apparaît pour nous dans *Le Musée Grévin* d'Aragon : « Auschwitz, Auschwitz, ô syllabes sanglantes. » Le vers suivant : « Ici l'on vit, ici l'on meurt à petit feu » rend

1. Œuvre (juive) de secours aux enfants.

aujourd'hui un son assez étrange. C'est là que sont mortes les déportées communistes du convoi du 24 janvier 1943.

Lucien parle, dans son Journal à la date du 17 juillet 1943, et en s'appuyant sur le précédent arménien, de l'organisation méthodique de « l'anéantissement des Juifs » dans toute l'Europe. Mais réalise-t-il vraiment la portée des mots qu'il emploie ? Contrairement à Jacques Brunschwig, par exemple, à qui un camarade avait promis qu'il finirait sous forme de savon, je n'ai pour ma part rien su et rien deviné. A partir du mois de juillet les nouvelles sont d'ailleurs si exaltantes : victoires russes, chute de Mussolini, conquête de la Sicile, capitulation italienne... Les signes continuent pourtant à se multiplier. Un détail me revient qui remonte à l'été de 1943, avant ou après mon voyage à Dieulefit au mois d'août. Je faisais collection de timbres et j'allais parfois en acheter chez un spécialiste ami de la famille, ayant boutique au début de la rue Paradis et nommé Isaac. Je trouvai un jour la boutique fermée et elle le resta les jours suivants. Départ ou déportation ? De proches amis de Lucien et Margot, Jacques et Jacqueline Birman – cette « magnifique petite Jacqueline » Saglier dont parlait Edmond Vidal-Naquet dans une lettre à sa femme du 25 juillet 1904, et qu'il comparait à sa fille Isabelle –, sont arrêtés en juillet 1943 à Villeneuve-lès-Avignon avec leurs trois filles, expédiés sur Drancy et de là, le 10 février 1944, dans ce que nous appelons aujourd'hui le « convoi n° 68 », vers ce même lieu que nous ne connaissions pas.

Et cependant Claude naquit le 23 janvier 1944, à notre immense enthousiasme mêlé d'un peu d'angoisse en raison des souvenirs du destin du petit Yves. Comme nous comptions les semaines dans l'attente qu'il dépasse le nombre de celles qu'avait vécues notre frère disparu !

Dans la dernière page de son Journal (29 février 1944), Lucien note : « Celui-ci [Claude] saura-t-il jamais quelles angoisses ont précédé sa naissance ? Et ce que nous aurons enduré en attendant qu'il vînt au monde ? Ce que sa maman

Dernière page datée du 29 février 1944 du Journal de Lucien. Celui-ci y fait part de sa décision de demeurer, en dépit des risques, à Marseille : « Pourrons-nous mettre à exécution notre projet ? » Cf. *Annales ESC*, mai-juin 1993, p. 542-543.

aura témoigné de tranquille courage et de totale abnégation ? »

Depuis des mois, Lucien et Margot se savaient menacés. Le 22 octobre 1943, Lucien écrit à Gérard Brunschwig, l'aîné de ses neveux : « Nous sommes ici dans une situation plus qu'instable. Certains incidents survenus fin août et qui nous concernent personnellement nous ont montré la précarité redoutable de notre position. Il peut donc d'un instant à l'autre, et peut-être même avant que j'aie terminé cette phrase, se produire tel événement qui nous obligerait à changer de cieux. » Son Journal montre qu'il a envisagé toutes sortes de départs possibles, de préférence vers des lieux où il pourrait se battre. Les pressions ne manquent pas pour l'inviter à « changer de cieux » et la possibilité du Refuge existe : à Dieulefit, je visite, au printemps 1944, à deux pas de chez ma tante et ma grand-mère, la maison qui a été louée pour mes parents. Pourquoi rester ? « Courage peut-être excessif ? » a écrit Raymond Aron dans ses *Mémoires*. Lucien voit à Marseille, en mars 1944, son ami Maurice Alléhaut qui le supplie de partir. Il répond en reprenant à son compte un mot de Jacques Frank en 1942 : « Je ne veux pas être le Juif errant. » Il n'a, écrit-il, jamais pu « ne pas ralentir son pas » à sentir qu'il était poursuivi.

A cette même époque, on se met à parler beaucoup, au téléphone, d'un certain « oiseau ». L'oiseau était Cécile Valensi, amie de la famille, sœur de Christian Valensi, brillant inspecteur des Finances et à cette époque, je crois, en Amérique au service du gouvernement d'Alger. L'oiseau est libéré. Je ne sais comment cette libération a été obtenue, mais elle montre que la fatalité a des failles…

Le dernier texte que je possède de Lucien, retrouvé pour moi, un demi-siècle après sa rédaction, par mon cousin Bernard Lévi, et dont je n'avais gardé – car il me fut montré – qu'un souvenir extrêmement vague, est une analyse politique de la crise que traverse le gouvernement de Vichy et qui s'était traduite par des velléités de convocation de l'Assemblée nationale. « Le gouvernement de Vichy multiplie les manifestations de son impuissance organique, et les signes cliniques de son irrémédiable et fatale décomposition. Le cadavre bafouille, aurait dit Barrès : *Jam fœtet* [Déjà, il pue]. » La conclusion est la suivante : « Impuissant à duper plus longtemps les Français qui refusent d'attendre le Salut de la Patrie de la victoire de l'Ennemi, privé par son propre gouvernement, obéissant aux injonctions allemandes, d'un simulacre de demi-liberté qui s'écroule, le maréchal Pétain apparaît comme un officier sans troupes caracolant dans le désert. C'est le moment qu'aura choisi M. Philippe Henriot pour le représenter comme "le Chef de toute la France", entendant pouvoir se déplacer "dans toute la France". Au fait, à quand la visite du Maréchal [qui venait de se rendre à Paris] à Metz ou à Strasbourg, occupés comme Paris, Rouen ou Rambouillet ? »

Cette analyse fut diffusée en direction de Londres par le réseau Gallia, auquel appartenait Bernard Lévi. C'était le 16 mai 1944.

En ce même printemps ou peut-être un peu avant, j'étais en train d'arracher une affiche nazie collée dans une rue voisine de la nôtre quand survint un gamin, beaucoup plus jeune que moi, qui me dit, parlant des gens de la Gestapo dont les locaux étaient à moins de cent mètres de là, rue Paradis : « Si tu continues, je vais les prévenir… » Ma sœur reçoit de sa surveillante générale l'avis qu'il faut partir. Elle le transmet à Lucien et il la gifle – unique fois qu'il eut pareil geste envers elle.

Le 15 mai était un lundi et j'avais ce jour-là composition de mathématiques, l'après-midi. Margot s'occupait du bébé. Lucien m'embrassa pour me donner du courage. Il m'invita aussi à aller voir, après la sortie du lycée, à cinq heures, une exposition de tableaux – l'artiste était une femme, Ira Bellune – qui se tenait au centre-ville, dans une galerie. Lucien aimait la peinture ; il était, par exemple, allé voir, à Saint-Rémy-de-Provence, le peintre Seyssaud – un des héritiers spirituels de Cézanne – et avait acquis plusieurs de ses toiles. Je prévins mes camarades, après la composition, de ce projet. Je vis l'exposition et pris le tramway pour rentrer. A la place Delibes, tout près du lycée, j'entendis Alain Michel me crier : « Descends immédiatement ! » Il y avait là Pierre-Jean Miniconi et, outre Alain, au moins deux de mes camarades, Robert Bonnaud et Gérald Hervé. Miniconi me dit : « Vous êtes un garçon courageux. Vous savez que le préfet a été arrêté. Les Allemands sont venus arrêter vos parents. Il ne faut pas rentrer chez vous. » Je trouvai le temps de dire à Alain Michel, poursuivant nos discussions anciennes : « Tu crois encore qu'Anglais et Allemands sont à mettre dans le même sac ? » Il me répondit : « Non, les Anglais ne sont pas des lâches. »

Que s'était-il passé ? Peu à peu j'ai pu reconstituer, aidé principalement de François, la suite des événements. Le 12 mai, Lucien avait eu un incident avec « Fafa » pour je ne sais quelle histoire idiote de gouttière ou de salade qui avait été volée dans le jardin. « Fafa » avait dit : « Dans quarante-huit heures vous aurez de mes nouvelles. » Le dimanche 14, Charles Vial, ami de Félix Valabrègue, et Renée Chaber, amie de notre tante Hermine, vinrent à la maison. Ils dirent à Lucien, devant François : « Partez, et si vous ne voulez pas partir, envoyez Margot et les enfants à Dieulefit ou à Saint-Agrève. » Lucien répondit : « Le délai de quarante-huit heures est passé ; nous ne risquons plus rien. » Sans doute la Gestapo chômait-elle le dimanche. Quand les hommes de ce service, un Allemand et un Français, se présentèrent au deuxième étage du 9, avenue Frédéric-Mistral, Claude était dans son landau, au jardin ; il y avait à la maison, outre Margot et Lucien, Joséphine, notre cuisinière, et M. Bojnev, un professeur de russe, juif d'ailleurs, aux allures de professeur Nimbus, qui donnait des leçons à Lucien. François arriva du lycée, vit la traction des nazis, rentra quand même. Lucien tenta de dire et de prouver que ses enfants n'étaient pas juifs, puis demanda à François de préparer une petite valise et d'y mettre le strict nécessaire. François le fit, puis s'assit dans un fauteuil en se disant : « C'est tout de même con de mourir à douze ans. » Puis tout se passa très vite ; il alla dans notre chambre commune et vit maman. Elle était accoudée à la fenêtre et pleurait. Elle avait déjà réussi à sauver Claude, en le confiant à nos voisins, les Baux. Comment obtint-elle cette autorisation, je ne sais. Margot prit François dans ses bras, lui remit une petite bourse qui venait de son frère Pierre et lui dit : « Tâche de t'échapper. » Les hommes de la Gestapo partirent avec leurs trois prisonniers, enfermant Joséphine et le professeur de russe. François dévala l'escalier quatre à quatre, ouvrant et refermant derrière lui la porte d'entrée. Il profita d'une seconde sortie du jardin, inconnue des nazis : un mur, un bassin et une descente vers la rue Paradis. Il sauta sur un tas de pierres et se retrouva la tête en bas, sa mallette ouverte et son contenu dispersé, le tout sous le regard d'un jeune membre de la HSP qui ricanait et ne fit pas un geste pour l'aider. Il est vrai qu'il ne comprenait pas ce qu'il voyait.

Conformément aux consignes formelles qui nous avaient été données, il alla chez Maroussia et Yvon Le Marc'Hadour, à deux pas de là, dans la SOGIMA[1]. C'est par cet intermédiaire que P.-J. Miniconi, qui habitait le même immeuble, avait été prévenu.

Cependant, le professeur de russe et Joséphine sortirent de la maison en cassant une vitre. Joséphine se rendit immédiatement au lycée de filles. Tout de suite, administration, professeurs et élèves empêchèrent ma sœur de regagner la maison et se mirent à ma recherche. Alain Finiel, mon ancien sizenier, prit un risque supplémentaire. Il fit une ronde en vélo pour m'empêcher à tout prix de rentrer avenue Frédéric-Mistral. Il

1. « Société générale immobilière de Marseille ». Cette société gérait plusieurs groupes d'immeubles.

Mon Journal

Lundi, 15 ~~avril~~ Mai

Lundi, je sortais du lycée, et je
m'acheminait vers la maison, lorsque
je m'entends appeler C'était Brigitte
Girard qui me dit qu'il ne fallait
que je rentre à la maison, parcequ'on
arrêtait mon papa et ma maman.
Le coup fut dur, et je ne pus retenir
mes larmes .... Mlle Colomb voulut
me prendre chez elle, mais moi ce
que je voulais tout d'abord, c'était
d'avoir mon fils auprès de moi..
Ayant rejoint Pierre qui revenait de
l'exposition d'Ira-Beline, nous
partîmes avec Mr Miniconi, chez
Maroussia, tandis que Mlle Colomb
allait chercher Claude chez Mme Beaua-
A 6 h nous étions tous réunis chez Maroussia
et alors Joséphine arriva, elle avait
été à la gestapo pour dire que
~~Mr Bogeneur~~ il y avait le carreau
qui donne dans l'escalier de cave

Première page du Journal d'Aline (11 ans) inauguré le jour de l'arrestation de Lucien et Margot. Le fils dont il est question est Claude.

passa devant chez nous. La voiture de la Gestapo s'y trouvait toujours, dans l'attente de mon retour, de celui d'Aline, et de la capture de François. Alain fut intercepté, il fut frappé par l'extrême dignité de ma mère qui dit simplement, en allemand : « Celui-là n'est pas à moi. » Après le départ de la voiture vers la Gestapo voisine, les occupants jetèrent par la fenêtre ce qu'ils pouvaient jeter, et invitèrent leur personnel français à se servir. De fait, quelques mois plus tard, après la Libération, ma sœur accompagna la police au domicile d'une de ces servantes. Quand elle partit, la chambre était vide parce que tout son mobilier venait de chez nous. Quelques secondes avant l'arrivée des Allemands, un membre de ce personnel avait tenté de prévenir Lucien : « Il faut que je voie M. Vidal. » Chez les Le Marc'Hadour, le baryton et la pianiste qui étaient alors les meilleurs amis marseillais de mes parents, Maroussia tint des propos très apaisants, expliqua qu'elle connaissait un avocat, Me Jacques Saillard, « qui avait le bras long auprès de la Gestapo ». Le contacta-t-elle ? Me Saillard vint voir Aline dans son refuge marseillais, ce qui tend à prouver que oui. Mais Maroussia ne répondit pas à mes lettres. Je devais la revoir une fois à Paris, mais je ne lui ai pas pardonné, jamais.

Aline passa les nuits suivantes chez la surveillante générale du lycée de filles, Mlle Colomb, puis chez sa camarade protestante, Claude Gros. Enfin, avec Claude, elle fut accueillie chez son professeur d'histoire, Mme Passelaigue, et chez son mari, un médecin qui lui joua beaucoup de musique. Après quoi, le 5 juin, ils gagnèrent Saint-Agrève et rejoignirent Marthe, sa mère et ses enfants. L'organisateur de ce départ fut Charles Vial. Dès le 15 mai, ma sœur avait demandé un cahier et commencé à tenir son Journal. François fut conduit par les Le Marc'Hadour chez des amis, rue Sainte, et y passa deux nuits. Pour ma part, sur le conseil de Miniconi, je passai ces deux mêmes nuits chez André Boutte, mon professeur d'anglais de la classe de cinquième. De méchantes langues l'avaient surnommé « Chez Boutte on dort », mais c'était un excellent professeur et un homme de très grande qualité. Sa femme et son fils étaient absents de son petit appartement de la SOGIMA du boulevard Rabatau.

Je sais que je l'inondai littéralement de paroles, au point de l'effrayer. Pour apaiser ce déluge, il mit quelques disques : le *Boléro* de Ravel, et un poème de Tennyson, poète-lauréat de l'époque victorienne, à la gloire de cavaliers britanniques pendant la guerre de Crimée :

> Into the Valley of the Death
> Rode the Six Hundred.

Il me donna à lire une pièce d'Oscar Wilde aussi étrangère que possible à mes soucis, *Lady Windermere's Fan.*

Le 17, une voiture de l'huilerie de notre oncle Félix nous conduisit, François et moi, à Cucuron, Vaucluse, au pied du Lubéron. Nous y sommes restés vingt-neuf jours. A Cucuron, dans une ferme appelée « les Patins », à trois kilomètres du village lui-même, village provençal très typique qui avait eu jadis ses consuls, vivaient Maurice et Baptistine Lanchier, leur fille Marie-Thérèse, âgée de onze ans – un fils aîné, marié, habitait au village –, et les parents de Mme Lanchier, M. et Mme Martin. Maurice Lanchier avait été le chauffeur de notre grand-père et de notre grand-mère Valabrègue. C'était un superbe type de Provençal qui aurait pu incarner, infiniment mieux que Pierre Fresnay, le personnage de Marius dans la trilogie marseillaise de Pagnol dont je découvris précisément l'existence à Cucuron. De Cucuron, Alphonse Daudet avait fait Cucugnan dans une des nouvelles des *Lettres de mon moulin.* Quand il était à Marseille, Maurice n'aimait pas dire qu'il était de Cucuron, d'autant plus que son nom de famille prêtait à de faciles jeux de mots ; il disait qu'il était... de par là. Sa femme, que nous appelions Madame Maurice, selon le langage de l'époque, était une personne robuste et aimable. Sa mère, dite la Martine, était sèche et autoritaire, son père, « Pépé » ou le Martin, était somnolent, mais il avait été jadis très actif et avait constitué un petit domaine composé de parcelles assez éloignées les unes des autres, avec des plantations de légumes, de vignes, d'arbres fruitiers. Quand nous sommes arrivés, c'était un peu avant le temps des cerises. Maurice et sa femme nous accueillirent avec beaucoup de générosité, en dépit de la charge que constituaient pour eux deux enfants dépourvus de cartes d'alimentation – elles ne viendront que beaucoup plus tard – et à un moment de très grandes difficultés. Dans la chaîne de ceux qui nous ont sauvés, ils constituent un maillon essentiel.

Notre souci permanent, à François et à moi, était naturellement de savoir ce qu'il était advenu de nos parents. Notre dernier contact marseillais avait été Maroussia Le Marc'Hadour. Mais, de ce côté-là, c'était le silence absolu. D'une lettre du 30 mai à ma tante Isabelle à Dieulefit, j'extrais ceci qui dit assez bien ce que je ressentais : « Nous ne savons rien sur eux. J'en ai marre à la fin. M. L. M. H. aurait pu tout de même me répondre, me rassurer. Si elle croit que de ne pas répondre est un signe de distinction, elle se trompe. » Et encore, dans une lettre du 6 juin envoyée à Saint-Agrève : « Cette cochonne de Maroussia ne m'a rien envoyé. Il me semble que ce serait la moindre des choses de me tenir au courant. Elle aurait pu m'envoyer au moins la copie de la lettre que Papa lui a envoyée et qui contenait certainement des choses pour nous. » A cette date, j'avais été informé par Aline, qui le tenait d'Hermine, que Lucien et Margot étaient à Drancy, ou plutôt à « Cydran » – ils y avaient été enregistrés, avec toute une série d'autres Marseillais, le 21 mai –, comme je l'écris dans le naïf verlan de l'époque. Ils en étaient en réalité partis le 30 mai, après un très bref séjour dans les locaux de la Gestapo, rue Paradis, puis aux Baumettes.

Les historiens du monde paysan opposent les temps

d'abondance et les temps de famine. En forçant un peu les choses, je dirai que j'ai connu à Cucuron et la famine et l'abondance : pas de viande, peu d'œufs – il nous est arrivé de dénicher des pies et de manger leurs œufs –, pas de matières grasses, du lait de chèvre qui souvent tournait, beaucoup de noisettes cependant. Je transmettais à Dieulefit et à Saint-Agrève les plaintes justifiées de nos hôtes et surtout de Mme Maurice : « Cela va prendre pour elle les allures d'une catastrophe. »

Mais il y eut aussi l'abondance. Si nous n'avions pas à manger, c'est que tout ou presque tout était mis de côté pour le repas qui devait fêter la première communion de Marie-Thérèse qui eut lieu le jour de la Pentecôte, le 28 mai. Comme je l'écris avec candeur le 30 : « Hier et dimanche heureusement, à l'occasion de la communion de Marie-Thérèse, nous nous sommes empli le ventre pour huit jours, mais après cela... » Ce fut, il est vrai, une incroyable ripaille. Un agneau avait été mis en réserve et fut sacrifié, fournissant gigots et pieds-paquets. Je contribuai à décapiter un certain nombre de canards que j'eus la surprise de voir ensuite marcher et même tenter de s'envoler. Tout fut fait selon les règles, à l'exception de la « pièce montée » dont les choux ne purent être montés parce que le sucre, décidément, manquait.

Poète de service, je fus chargé de commenter en vers cet événement. J'écrivis pour Marie-Thérèse un sonnet auprès duquel mon « Résumé de l'histoire de France » est assurément un chef-d'œuvre. Cela commençait par une cascade de pléonasmes :

> Pure en ton habit blanc de candeur innocente
> Tu as du lys glorieux la couleur éclatante...

Et encore, je ne continue pas. Avec un peu plus d'humour, je mis le menu en vers. Cela commençait ainsi, avec franchise :

Aujourd'hui vous mangerez bien,
D'habitude vous ne mangez rien…
Régalez-vous splendidement.

On lisait au milieu :

Petits pois des Patins
Glissant comme des patins
Au fond de votre gosier
Tout charmé.

Et cela se terminait :

Champagne, fine et ratafia,
Bonsoir la compagnie,
C'est fini !

On me demanda aussi de réciter des poèmes qui ne soient pas liés à cette actualité précise. J'ai retrouvé tout récemment (août 1994), grâce à Gérald Hervé, un de ces poèmes daté du 25 avril 1944, intitulé tranquillement *Volo, ergo ero* (« Je veux, donc je serai ») et qui ne laisse aucun doute sur ma précoce mégalomanie. Il commençait ainsi :

Je veux laisser mon corps à la sombre détresse
Et je veux m'élancer vers mon rêve d'enfant.
Que ma carcasse cesse
D'arrêter mon élan.

Mais la fin est peut-être encore plus significative :

Portes craquez, remparts tombez,
Laissez-moi passer fièrement.
Je serai inconnu ou je serai titan,
Mais je veux contre tous sauver ma liberté.

J'envoyai copie de ce chef-d'œuvre à Dieulefit où l'on en rit abondamment.

Je ne me contentais tout de même pas de manger ou de ne pas manger et de réciter des poèmes. Je lisais, trouvant ma pâture chez mes hôtes, et à la bibliothèque de l'école communale. Les Lanchier étaient catholiques, sans excès, mais Marie-Thérèse, élève de l'école libre, n'avait pas le droit de franchir le seuil de ce repaire de la laïcité. Ses parents, du moins, la priaient de s'abstenir de le faire. Je lus, outre Pagnol, *Jocelyn* de Lamartine, *Églantine* de Giraudoux – je n'y compris rien – et divers romans. Je commentais ces lectures dans des lettres à Alain Michel, expliquant la passion maritime de Marius, dans *Fanny*, par Mallarmé : « Fuir ! là-bas fuir ! Je sens que des oiseaux sont ivres… » Mes camarades, surtout Bonnaud et Michel, m'écrivaient régulièrement, me tenant au courant de la vie du lycée, et des notes que j'avais eues après mon départ. Alain Michel commenta longuement – « Le fleuve coule, mais il coule de sang » – le désastreux bombardement américain du 27 mai qui avait notamment dévasté le lycée Périer, fait peut-être 2 000 morts dont deux soldats allemands, et stoppé net une manifestation de femmes devant la préfecture.

J'écrivais – j'ébauchai même un début d'air d'opéra –, et avec François je faisais d'immenses promenades dans ce merveilleux pays : Ansouis et Lourmarin et leurs châteaux, dont le premier était encore occupé par la famille des Sabran, Villelaure, Cadenet, Pertuis, l'étang de la Bonde. Nous partions pour toute la journée, munis d'une provision de noisettes, mesurant l'espace, chantant et discutant…

Le mardi 6 juin, Madame Maurice revint du marché qu'elle avait fait au village. Elle commenta d'abord ses achats, puis dit : « Les Anglais ont débarqué. » Débarqué où ? On parla d'abord de la Seine et de son embouchure, mais je crus qu'il s'agissait de La Seyne, près de Toulon et qu'ils étaient tout près. Peu à peu, on sut. Dans une lettre envoyée ce même jour à Saint-Agrève, je ne dis rien de cet événement, soit par prudence, soit parce qu'elle avait été écrite le matin.

Quelques jours après, je crois, c'est la révolution à Cucuron. Des mitraillettes sont sorties de leurs cachettes, et tout le village est dehors. Des guetteurs sont installés dans le clocher. Raymond Lanchier, le fils aîné de nos hôtes, participe à ces événements, qui ne les réjouissent pas. Ils en attribuent l'initiative aux « Moscoutaires » et à un certain Panisse. Les guetteurs ne durent pas bien guetter car, quelques jours plus tard, le 14 juin je pense, un groupe d'Allemands arriva et annonça son intention de mettre le feu au village. Raymond fut arrêté et dut suivre les soldats dans tous leurs mouvements. Maurice et sa femme ne perdirent pas leur sang-froid et prévirent notre retraite, à François et à moi, en direction de Cadenet, à l'aide de leurs propres bicyclettes. Mais finalement les Allemands se retirèrent, sans exécuter leurs menaces, sans garder, à ma connaissance, personne en otage, en se contentant de récupérer les armes. J'ai tenté depuis d'obtenir des historiens spécialisés dans l'histoire de cette région et de cette période des informations sur ces faits que j'ai vécus. En vain. Une démarche auprès des Archives départementales du Vaucluse n'a pas donné grand-chose. Rien dans les rapports de gendarmerie ni dans ceux des Renseignements généraux ou du côté du sous-préfet d'Apt. Seule une brochure consacrée à Cucuron signale que le maire et le curé s'offrirent en otages et sauvèrent l'endroit de la destruction « lorsque les Allemands qui occupaient la région voulurent incendier le village ». C'est peu, mais cela conforte mon souvenir. Il est vrai que ces événements ne sont pas glorieux, mais ils ne sont pas sanglants.

Le vendredi 16 juin au matin, une ou plus probablement deux voitures se présentèrent aux Patins. De l'une de ces voitures un homme sortit. François éclata en sanglots, il avait, de loin, cru reconnaître Lucien. C'était M. Spengler, ancien collaborateur de Félix Valabrègue. En quelques minutes nos bagages (à peu près inexistants) et nos adieux étaient faits, et nous étions embarqués dans un véhicule à gazogène en direction de Saint-Agrève. Marthe avait, de loin, veillé, sur nous.

Le voyage fut sans histoire mais à Lamastre, dans la vallée du Doux, à vingt et un kilomètres de notre but, un poste de gendarmerie s'opposait en principe à tout passage. Après une brève négociation on nous laissa tout de même franchir cette frontière. A Saint-Agrève se trouvaient déjà Aline et Claude, Marthe et ses enfants, Alain et Arlette, Renée Burck, ma grand-mère Valabrègue et sa cuisinière, Noémie Gros, qui signait les télégrammes adressés par ma tante à Marseille, pour régler notre destinée. Autant qu'il était possible, la famille était reconstituée.

A Saint-Agrève on nous installa, François et moi, à la Pension du Lac, chez Octavie Jouve, une vieille demoiselle, un tout petit peu barbue, mais très sympathique. Elle était protestante, agressivement protestante même, et se méfiait de tout ce qui portait soutane et du catholicisme en général. Ma famille, qui vivait là sous le nom de Vidal, ce qui n'empêchait pas les méchantes langues de clamer à tout vent que les Vidal-Naquet étaient les plus beaux Juifs de Marseille, était entièrement intégrée à la communauté protestante. Mon cousin Alain était le meilleur élève de l'école du dimanche, et la présence au temple pour le culte dominical était de rigueur. Saint-Agrève n'a pas la réputation du Chambon voisin (de dix kilomètres) comme lieu du Refuge. Il était pourtant un asile, où séjournèrent Jules Isaac et d'autres Juifs menacés. La sécurité n'y était pas, bien entendu, absolue. A Lamastre, les nazis étaient venus dans un restaurant, avaient identifié quelques clients juifs et étaient repartis avec eux. Mais, depuis le 6 juin, Saint-Agrève était zone libérée. La bataille n'était cependant pas finie. Dans la nuit du 6 au 7 juillet, panique et dispersion vers des fermes. Les Allemands arrivent. Heureusement, Le Cheylard, à une vingtaine de kilomètres de là, fut repris par la Résistance. On annonça aussi que les Alliés avaient débarqué dans le Sud, mais la nouvelle était prématurée. Saint-Agrève fut bombardé ; le dimanche 16 juillet, alors que je participais avec ma sœur à une partie de pêche, je vis tomber quatre bombes. Il y eut des victimes et des dégâts.

Outre ma tante et ma grand-mère, se trouvaient également au village Christiane Reuter, ma très lointaine cousine, son fils Denis Merlin, et son mari Paul Reuter, juriste austère, savant dans tous les domaines et catholique. Je pris longtemps cet ancien de l'équipe d'Uriage pour un protestant, parce qu'il était d'esprit résistant. On le qualifierait plus exactement de janséniste, à la façon de son ami Hubert Beuve-Méry.

Il faut bien dire qu'à Saint-Agrève les choses paraissaient claires : il y avait la République qui était protestante, et il y avait Vichy qui était catholique. Vichy, c'était en l'espèce Xavier Vallat, député de la circonscription. Le 28 juin, Philippe Henriot est assassiné et ma sœur (onze ans) note tranquillement dans son Journal : « C'est épatant », « épatant » comme l'avait été, le 6 juin, le débarquement. La nouvelle nous fut annoncée par Pierre Laval, et ce fut Xavier Vallat qui le remplaça en alternance avec Paul Marion. Il s'adressait parfois directement à ses électeurs, les mettant en garde contre tout maquis, le « blanc » comme le « rouge ». Il était représenté dans le bourg par le « digne hôtelier de la Grand-Rue », un gros homme, M. Porte, qui, du reste, ne dénonça personne.

La dissidence protestante avait elle-même une dissidence, les darbystes. J'essayai de comprendre tout cela en faisant ce que les sociologues appellent de « l'observation participante », c'est-à-dire que je me rendis alternativement au culte réformé, à la messe et au culte darbyste. Ce dernier était assez surprenant, très démocratique, puisque personne n'y détenait l'autorité – il n'y avait pas de pasteur. Chacun, à tour de rôle, parlait, quand il pensait avoir quelque chose à dire. Le ton était celui de l'Apocalypse.

Cette hostilité entre protestants et catholiques était ancienne, et du coup, chacun utilisait l'histoire ou plutôt le mythe, à ses fins propres. Qui avait tué saint Agrève, éponyme du village ? Les protestants, disaient les catholiques, à qui ce crime était attribué par leurs adversaires ; époque : les guerres de Religion. Il m'a fallu bien des années pour savoir qu'Agrippanus, évêque du Puy, aurait été décapité à Chiniac, premier nom de notre bourg, en 650. Ses reliques furent partiellement dispersées au moment de la Révolution, et comme les révolutionnaires dans cette région étaient souvent protestants… Ce n'est pas là le seul mythe qui m'ait été conté. Une dame de Dieulefit, austère et mystique, appartenant à une célèbre famille de pasteurs, les Atger, et qui habitait à la Pension du Lac, m'expliqua longuement que les dix tribus « perdues » d'Israël s'étaient répandues de par le monde ; ainsi le Danemark, comme le prouvait son nom, était issu de la tribu de Dan. C'était la première fois que je rencontrais ce célèbre mythe dont l'importance dans le monde chrétien au XVIe et au XVIIe siècle – après la découverte de l'Amérique – fut immense, et sur lequel il m'est arrivé de travailler depuis.

Que faisais-je dans ce bourg ? Suivre le cours de la Libération. J'en attendais, outre le salut du pays, le retour de ceux que j'appelais, dans mes lettres, « nos chers malades ». La radio fonctionnait quand l'électricité fonctionnait et il y eut de longs jours obscurs, avec parfois l'autorisation d'écouter un poste à galène.

Lire, toujours. C'est là que je lus, entre autres, pour la première fois, *La Condition humaine* et *La Divine Comédie*, dans la traduction de Longnon, et je fus frappé – étant, comme tous les enfants, sensible à la scatologie – par ce vers de *L'Enfer*, qui termine le chant 21 : « Et de son cul, il fit comme un clairon. »

Marcher aussi, souvent, ou rouler à vélo quand il fallait aller au loin, à Fay-sur-Lignon par exemple, pour faire quelque ravitaillement. Les lieux de balades ne manquaient pas – très au-delà de ce que nous appelions, sur la route de Lamastre, « la forêt des fourmis » –, et je partageais le plus souvent ces longues promenades avec Denis Merlin. J'étais encore, à quatorze ans, très enfant ; lui aussi. Il y avait, à trois lieues de là, un château en ruines, Rochebonne, donc un trésor. C'est tout juste si nous ne nous sommes pas disputés pour nous le partager. Nous affirmions tour à tour appartenir à la police gaulliste. Nous nous baignions tout nus dans une « marmite de géant », le « gouffre du Gournier ». Mais ma principale occupation était de prendre des leçons de politique. De politique théorique : Étienne Cahen, un adulte, cousin de mon ami Philippe, m'expliquait que la Libération allait déboucher sur ce que la Troisième République avait toujours voulu éviter : confier le pouvoir à un général catholique, celui-là même dont je portais l'effigie en broche. Politique théorique encore : un petit industriel qui fabriquait, à Tain-l'Hermitage, du matériel électrique, catholique et « fleur de lys » selon Octavie Jouve, M. Peffaut d'Autremont, m'expliquait, entre deux parties de pêche à l'écrevisse – à la « balance » garnie de viande un peu pourrie et de térébenthine – que tous les socialismes étaient contradictoires dans leurs propres termes, et que les patriotes d'aujourd'hui ne le seraient plus demain. Comme les choses ne sont jamais simples, ce catholique très marqué à droite – il daubait volontiers sur le prétendu « accent juif » de Maurice Schumann, porte-parole de la France libre au micro de la radio de Londres – était l'ami d'enfance du préfet de la Résistance, Jacques de Sugny, dit Loyola, en hommage aux jésuites qui l'avaient élevé, un aristocrate communiste dans le style d'Emmanuel d'Astier, qui fut, par la suite, administrateur de *L'Humanité*.

Mais la grande leçon était pratique. Les semaines où je n'avais pu me procurer le journal, qui s'appelait *L'Assaut*, je décollais celui qui était affiché. *L'Assaut* était l'organe des FTP (Francs-tireurs et partisans) de l'Ardèche. On n'y lisait pas de propagande spécifiquement communiste ou soviétique, ou du moins je ne la percevais pas, mais le journal menait une campagne acharnée en faveur de la fusion au sein des FTP des troupes de l'Armée secrète. La bonne volonté de ces soldats n'était pas mise en cause, mais il leur manquait l'encadrement politique dont seuls disposaient les FTP. En fin de compte, une expérience de fusion fut tentée dans un secteur. Elle ne devait pas aboutir et je ne compris pas tout de suite, bien sûr, ce qui était en jeu.

Tout ce qui précède, je l'ai écrit de mémoire. J'avais pourtant déjà des manies d'archiviste ou de collectionneur. Tout ce qui était affiché sur les murs, journaux, avis, communiqués, je le décollais consciencieusement. Je décollais tant et si bien que je finis par être convoqué à la mairie, le 14 août. Je ne sais comment les choses s'arrangèrent. J'ai longtemps conservé une collection de *L'Assaut* et d'autres documents à Marseille, mais tout a disparu à l'occasion d'un déménagement. J'ai voulu en avoir le cœur net et je me suis procuré cette collection aux Archives départementales de l'Ardèche.

Que pouvais-je lire dans ce journal que dirigeait Jacques de Sugny ? Une très légère priorité y était donnée aux victoires de l'Armée rouge. Le nazisme y était analysé comme « un cancer récent qui défigure l'Allemagne » (n° 2 du 24 juillet 1944), mais l'ennemi principal était le nationalisme des Junkers. La Pologne occupait une très grande place dans l'information distribuée. « Vive la Pologne », lit-on dès le n° 3 (31 juillet) et « Vive le gouvernement polonais qui vient de s'installer », mais on ne précise pas qu'il s'agit du Comité de Lublin. L'insurrection de Varsovie (1er août) est saluée comme l'œuvre des FTP polonais (n° 8, 4 septembre) et on rappelle au passage et l'insurrection du ghetto et les immenses massacres de Juifs découverts à Lublin (Majdanek). Mais la nouvelle Pologne doit être l'amie de l'Union soviétique.

Du Parti communiste, il n'est pour ainsi dire pas fait mention : juste un mot dans le n° 4 (7 août) pour dénoncer ceux qui répandent des bobards du style : « Les communistes pillent tout. » Un seul compte rendu d'un meeting, tenu au Teil le 10 septembre. On y a réclamé le retour de Maurice Thorez (n° 11, 18 septembre).

Je n'avais pas tort sur l'essentiel. L'effort maximal est donné à la glorification des FTP, armée offensive populaire et solidement encadrée, contre l'AS plus bourgeoise. La fusion de deux secteurs au sein des seuls FTP est annoncée dans le n° 4, mais dans le n° 7 (28 août), il faut bien constater qu'elle n'a pas été réalisée. La concurrence est vive ; jamais toutefois le ton n'est celui de la guerre civile entre les deux mouvements. Aux FTP on cherche des ancêtres glorieux : ceux de Valmy, de Fleurus, et les francs-tireurs de 1870. J'ai dû être jaloux d'un enfant de treize ans, Roger, dont l'héroïsme est exalté dans le n° 5 (14 août). Ce Roger n'était autre que Planchon, mais cela, je ne le sais que d'aujourd'hui[1].

La lutte se menait à la fois sur le plan politique et économique, à l'intérieur du village. Un soir, une jeune femme rayonnante, fiancée du pasteur, vint nous dire que « Tutu » Faurie, propriétaire d'un débit de boissons, personnage richissime et vichyste, avait été contraint de signer une renonciation à l'ensemble de ses biens. Je vérifiai quelques années plus tard qu'il n'en avait rien été. Et puis ce souvenir encore, associé à une réunion d'hommage aux morts, le cri d'un ouvrier : « Camarades, n'oubliez pas l'Armée rouge ! » Comment aurions-nous pu l'oublier ? De flamboyantes affiches étaient posées sur les murs. Elles étaient signées Grégoire, commissaire de la République. C'était le pseudonyme d'Yves Farge, futur ministre du Ravitaillement, futur dirigeant du Mouvement de la paix. Son livre *Rebelles, Soldats et Citoyens* restitue assez bien le climat de l'époque.

Cependant, Français et Alliés débarquèrent le 15 août dans

1. Par le livre de Louis-Frédéric Ducros, *Montagnes ardéchoises dans la guerre*, III, Valence, chez l'auteur, 1981, p. 159.

N° 5 HEBDOMADAIRE 14 AOUT 1944

> Les formations des F.T.P.F. sont toutes qualifiées pour faire dans leur sein l'unité des forces armées de la Résistance.
>
> Général de GAULLE

L'ASSAUT

Gratuit aux F.T.P. | Le numéro : UN franc

> L'Unité des forces françaises de l'intérieur est en marche.
>
> Le premier pas aura été fait en ARDÈCHE.

Journal des Francs-Tireurs et Partisans-Français de l'Ardèche

L'UNITÉ EST FAITE

Premier département de France à avoir libéré ses villes, l'Ardèche est le premier aussi à avoir unifié ses armées.

Il y a là un fait historique. Tous les soldats ont le droit de savoir comment fut réalisée cette unité, si souhaitée de tous.

La situation au 6 Juin

Au 6 Juin, deux armées libéraient le territoire : l'A.S. et les F.T P.

Conquis sur les mêmes idéaux, menant la même lutte, rien ne semblait les différencier, si ce n'est que les F.T.P. se recrutaient surtout dans les milieux ouvriers et paysans, les cadres de l'A.S. se recrutant dans des couches sociales plus élevées.

Mais le même idéal, le même enthousiasme les animait.

L'organisation chez l'A.S. était la suivante : Sizaines, sections, compagnies, commandées à chaque échelon par un seul chef.

Chez les F.T.P. au contraire, à chaque échelon (détachement, compagnie, région) le commandement est assuré par un triangle : commissaire aux effectifs, commissaire technique, commissaire aux opérations

Juillet et Août la situation évolue

Les ennemis de l'insurrection devaient profiter de ces différences pour tenter de diviser les deux organisations, de noyauter l'une, de la dresser contre l'autre.

L'A.S. était plus facilement vulnérable, son organisation, où manquait ce contrôle constamment exécuté à tous les échelons chez les F.T.P. par ces « triangles » permettait l'infiltration d'éléments vichyssois dans ses cadres.

D'autre part les couches sociales où se recrutaient le corps des officiers de l'A.S. avaient été, plus que les masses populaires, touchées par la propagande vichyssoise.

Cela n'en donnait que plus de mérite aux officiers d'A S. qui luttaient dans l'ombre depuis la première heure, malgré leur milieu social.

Mais, naturellement, les éléments anti-démocratiques, sentant la défaite boche imminente, soucieux de préserver leur peau, devaient tenter de se glisser dans l'A.S.

Ils le firent, et c'est ainsi qu'un certain flottement se manifesta, à un moment donné dans cette organisation.

Vichy le savait bien, et l'immonde VALLAT se mit à évoquer on ne sait quelle hostilité entre les deux armées, alors que chaque combat commun les rapprochait.

LA FUSION SE FAIT

Le mesure était comble : d'une part, de plus en plus nombreux, les soldats de l'A.S. demandaient à rejoindre leurs camarades F.T.P., d'autre part, les officiers de la résistance, les combattants de la première heure, en avaient assez de se voir assimilés à des gens qui n'avaient pas du tout le même état d'esprit qu'eux.

Cela créa, dans un secteur, un mouvement très net, où la quasi totalité des commandants de compagnies, et leur chef, prirent contact avec l'Etat-Major F.T.P., en vue d'une fusion.

Un accord de principe fut signé entre l'Etat-Major F T.P. et les représentants du secteur D dont nous reproduisons la teneur.

ACCORD DE PRINCIPE

Entre les représentants de l'ÉTAT MAJOR RÉGIONAL DES FRANCS TIREURS ET PARTISANS FRANÇAIS DE L'ARDÈCHE

et les représentants du SECTEUR D DE L'ARMÉE SECRÈTE DE L'ARDÈCHE

il est conclu l'ACCORD DE PRINCIPE suivant :

Le secteur D de l'ARMÉE SECRÈTE réalise sa fusion au sein des FRANCS TIREURS ET PARTISANS FRANÇAIS DE L'ARDÈCHE

Cette fusion sera accomplie effectivement dans un délai de QUATRE jours lorsque les chefs du Secteur D auront informé leurs commandants de Compagnies, de leur intention et de leur avis

Il est entendu que les véritables officiers de RÉSISTANCE, les lutteurs de la première heure, conserveront leur droit au sein de l'organisation des FRANCS TIREURS ET PARTISANS FRANÇAIS.

Fait au P.C. de l'Etat Major régional des Francs tireurs et partisans français

Le 3 Août 1944

Ce mouvement s'amplifiait rapidement, et les officiers de la Résistance, les grands chefs de l'A.S. qui avaient su conserver l'esprit de la première heure, suivaient l'exemple du secteur D

Un projet d'accord était élaboré en commun, qui préparait la fusion, dans le sein des F.T.P.F, de toute l'A.S. de l'Ardèche.

Voici ce document, qui fut, répétons-le, établi en commun entre l'Etat Major F.T.P. et l'Etat Major A.S.

PROJET D'ACCORD POUR LA FUSION DE L'A. S. DE L'ARDECHE AU SEIN DES F.T.P.F.

A la suite de pourparlers engagés depuis quelques jours entre l'E.M.R. des F.T.P.F. et le secteur D de l'A.S. pour la fusion au sein des F.T.P.F. de ce secteur, décidée en principe, les responsables régionaux des F.T.P.F. et le chef départemental de l'A.S. pensent que cette fusion de l'A.S. au sein de l'organisation F.T.P.F. est souhaitable et nécessaire pour conserver à la Résistance son caractère initial.

Ils constatent qu'à la suite de l'appel émis par Alger en vue du recrutement par les F.F.I. des officiers d'active et de réserve, un fort contingent de ceux-ci s'est intégré aux unités A.S. conférant à ces unités un caractère différent du caractère initial de l'A.S. dont le point de départ a été la Résistance pure et dont les buts sont éminemment sociaux

Ils constatent en outre que cette situation a créé entre les troupes et un certain nombre de chefs ainsi nouvellement venus un état de suspicion qui risque d'amener de graves dissentiments

Dans le but de conserver à la Résistance son caractère initial, constatant que la fusion des deux mouvements au sein des F.F.I. ne semble pas devoir se réaliser sous peu, constatant en outre que l'existence de deux mouvements de Résistance parallèles crée des frictions perpétuelles et des incompréhensions entre des Français qui ont cependant les mêmes convictions et les mêmes buts décident en principe la fusion des deux mouvements au sein des F.T.P.F.

Il demeure bien entendu que tous les éléments A.S. qui viendront ainsi aux F.T.P.F. conserveront leur liberté politique entière. Cette liberté ne signifiant pas cependant qu'ils puissent se réclamer et propager des idées hitlériennes ou fascistes.

Les modalités de passage seront décidées après accord de détail entre les deux Etats-Majors.

Pendant ce temps, la réorganisation du secteur D sur le modèle de l'organisation F.T.P. était réalisée, et un manifeste était lu dans tous les cantonnements A.S. de ce secteur, dont voici les termes :

MANIFESTE aux SOLDATS du SECTEUR D

En date du 3 août les chefs de votre secteur ont conclu avec l'état-major régional des F.T.P.F. un accord aux termes duquel la fusion des deux organisations armées de la résistance se réalisait au sein des F.T P.F. dans l'Ardèche.

Cette fusion est aujourd'hui chose faite pour le secteur D. Elle se fera complètement dans les jours qui vont suivre pour le reste du département.

Soldats de l'A. S. cette fusion au sein des F T.P.F. doit donner plus de force à nos organisations. Elle rendra nos coups plus redoutables à l'ennemi Elle sera le premier pas dans la voie de l'unification des Forces Françaises de l'Intérieur. Ce que nous faisons dans l'Ardèche retentira dans tout le pays.

Nous vous demandons quelles que soient vos affinités politiques de venir dans les F.T.P.F. et cela dans un double but : CHASSER LE BOCHE DE FRANCE et permettre ensuite au pays de choisir librement sa voie en s'appuyant sur les forces populaires que vous représentez et qui ira en s'amplifiant dans les jours prochains.

Officiers, sous-officiers et soldats soyez unis, toutes les dissensions momentanées qu'ont pu créer l'existence de deux mouvements armés, sont finies, désormais une seule armée existera sur le sol de l'Ardèche, une armée décidée à se battre et à vaincre.

SIGNÉ Commandant BERNARD
Commandant MAXIME

A l'heure où vous lirez ces lignes, la fusion des deux armées en une seule sera un fait accompli

Une nouvelle page de l'insurrection est tournée

Tous ensemble, unis sous le même drapeau, groupés dans la même organisation, combattant pour le même idéal, nous allons de l'avant

La transformation en unités F T P des unités A S ne saurait entraver en rien les opérations militaires en cours

C'est en combattant qu'une armée s'organise, et une organisation conçue dans la paix des couloirs ne saurait valoir celle qui se met au point entre les combats

Soldats des F T P., quelle que soit la date de votre incorporation, vous êtes frères unis, un même idéal vous pousse en avant

Tous, la main dans la main, nous descendrons de nos montagnes d'Ardèche, nous écraserons le boche dans la vallée, nous le chasserons de notre France qu'il souille

Rien ne nous a jamais séparés, que des éléments troubles que les soldats et officiers de l'A S ont eu le courage de chasser

Nous nous retrouvons tous avec joie, liés dans la belle aventure que nous mènerons jusqu'au bout pour la liberté de la France sa renaissance sa vie

La remise du drapeau à la 7.102e

Ce fut la plus simple, la plus émouvante des cérémonies.

Un village d'Ardèche juché sur les rochers, une place au soleil, les montagnes qui se déroulent sous nos pieds, au loin gronde la R. A. F. sur la vallée du Rhône.

Un seul détachement présente les armes, les autres sont sur les barrages, tiennent la montagne car une attaque est imminente et toute la région se trouve en alerte.

Les gens des villages voisins très nombreux sont venus.

Au centre du carré, le Commissaire Régional aux Effectifs s'avance, portant le vieux drapeau

« Soldats de la 7.102e Compagnie, vous avez mérité, par votre courage au Cheylard, d'avoir la garde du drapeau des F. T. P. F. Ce drapeau c'est pour nous un symbole, vous saurez le conserver ».

Puis c'est le défilé, drapeau en tête, à travers le petit village, vers le monument aux morts. Une gerbe est déposée.

Et la cérémonie atteint son point culminant. En deux phrases, le Commandant rappelle les morts de la Compagnie glorieusement tombés au Cheylard : « Ce sont eux qui ont mérité la garde du drapeau, restons dignes d'eux ». Il faut avoir vu devant ce simple monument aux morts, ce jeune chef, presque un enfant, évoquer ses hommes tombés devant ses hommes debout, pour comprendre l'invincibilité de nos armes. Par delà la tombe, il restait à leur tête, et les F. T. P. morts restaient là, aux côtés de ceux qui luttent autour de leur drapeau sacré

L'héroïsme d'un enfant

Le jour du Cheylard, Roger, 14 ans se trouvait près d'un de nos éléments avancés. Chargé d'un message pour la compagnie, il part à travers la bataille.

Les boches l'arrêtent, l'interrogent, il ne dit rien. On le fouille, on le déshabille, il cache le papier. Ces misérables l'obligent à se tenir devant eux, se servant de lui comme un appui pour leur fusil-mitrailleur quand ils tirent sur les nôtres. Roger reste impassible. Libéré, il court porter son message, rapporte la réponse, toujours au cœur de la bataille. Grâce à ce petit Roger, un de nos détachements a évité l'encerclement.

Le petit Roger est un héros, tous les F.T P. se souviendront de lui.

UN TRAIN DE PRISONNIERS EST LIBÉRÉ

Le 3 août 1944 un train d'otages français est signalé en gare du Teil. Le corps franc du commandant Calloud et le corps franc de la 7108 partent pour les délivrer mais arrivent trop tard. Ils ramènent cependant 2 prisonniers allemands Plus tard le train s'arrête en gare de Peyraud Un groupe franc contraint sous la menace de leurs armes les employés de la gare à brancher le train sur la ligne d'Annonay

A Annonay l'escorte allemande, retranchée dans le train refuse de se rendre. Nous ne pouvons tirer sur le convoi Au matin l'ennemi, ayant épuisé ses munitions est contraint de hisser le drapeau blanc 15 prisonniers allemands sont capturés dont 3 blessés 67 otages sont libérés, 3 ont été tués par les boches Nous n'avons subi aucune perte 67 Français qui allaient mourir dans l'enfer des camps allemands sont libres ! 67 familles sont joyeuses ! bravo, les gars !

LA PREMIÈRE BAGARRE DE LA 7.117

Le corps franc de la 7 117 est descendu à Sarras Une mitrailleuse mise en batterie, pour balayer le pont, Kramer s'avance seul, au-devant des boches qui y patrouillent Ils s'approchent Kramer tire La mitrailleuse entre en action 6 boches tués, 7 grièvement blessés, pas une écorchure et 12 minutes de combat, après quoi nos éléments s'en vont.

Ce numéro de *L'Assaut* annonce avec beaucoup d'optimisme que la fusion entre l'AS et la FTP, au profit de ces derniers, est faite. Cf. *supra* p. 148.

le Midi. « Par la route nationale n° 7, ils avancent vers nous », titra un journal. On se mit à parler de Paris, dans toutes les langues du monde, à la radio. Marthe crut entendre la nouvelle de la libération de la capitale en serbo-croate. Le 23 août, un communiqué du général Koenig annonça que les FFI avaient libéré Paris. Exaltation, mais la nouvelle était prématurée. Je vois encore les titres de *L'Information cévenole*, organe des FFI, dans les jours qui suivent : « Dans Paris où les patriotes triomphent, le général de Gaulle », puis « Après Paris, Marseille connaît les joies fiévreuses de la Libération ». Mes deux villes étaient réunies. Il y eut pourtant encore des morts. Le 30 août furent célébrées les obsèques du docteur Joseph Zwiebel, médecin juif immigré, converti au protestantisme, militant socialiste qui, en 1938, au moment de Munich, avait en vain tenté d'expliquer à Max Lejeune ce qu'était vraiment l'hitlérisme. Il avait été tué le 28 par le mitraillage d'un avion allié.

Mais le 31, c'est la fin : l'armée française d'Afrique, qu'on annonce, qui arrive, avec ses soldats pleins de cadeaux, dont l'un appelle Aline « mon papillon bleu ». Trois jours plus tôt, deux soldats américains avaient fait leur apparition. Tout fier, je leur parlai en anglais, ce qui suscita des suspicions : un espion de quatorze ans ? Je parlai pendant des heures avec officiers et soldats qui campaient devant la Pension du Lac. Marthe eut devant moi une conversation avec un de ces officiers. Il lui expliqua longuement que le principal danger était communiste, qu'à Avignon on brûlait le drapeau français au bénéfice du drapeau rouge et que le général de Gaulle était incapable de faire face à ce danger. Qui donc alors ? Giraud. Il était un peu tard et la presse de Saint-Étienne annonça sans nous émouvoir qu'un député communiste, Lucien Monjauvis, était nommé préfet de la Loire.

Voici, pour donner une idée de la tension parfois existante, ce que raconte Jacques de Sugny, le préfet communiste de la Résistance, dont j'entendais parler chaque jour : « Le 31 août, je suis dans mon bureau [à la préfecture de Privas]. Arrive un lieutenant vêtu de kaki clair. Il se présente, me dit que le général [Touzet du Vigier] voudrait me voir. Je demande où et quand. Il me dit que c'est quelque part au bord d'une route et qu'il va m'y mener. On roule de Privas vers Aubenas. On monte vers le col de l'Escrinet. On arrive. Il y a un "command-car" au bord de la route, monté comme une camionnette cubique, vide, avec des banquettes le long des parois kaki clair, lumière passant à travers la toile tendue. Là-dedans, un quadragénaire mince, brun, l'air ancien élève des Jésuites, en "battledress" kaki clair. Je me présente : Jacques de Sugny, préfet de l'Ardèche sous le nom de Loyola. Il me serre la main sans un mot. Je continue par un mot de bienvenue. Il me regarde, me dit que "tout ce qu'il demande, c'est que mes hommes ne tirent pas sur les siens". Je le regarde, ahuri : "C'est inimaginable ; ils vous attendent pour vous fêter..."[1]. » Récit obsédé par la couleur kaki clair, assurément. Les choses finirent tout de même par s'arranger et il n'y eut pas d'affrontement armé.

Cependant l'autorité familiale décida dans sa sagesse – et cette décision n'était pas déraisonnable – que les aînés des garçons, François et moi, devions rejoindre notre grand-mère paternelle et Isabelle Brunschwig à Dieulefit. La circulation redevenait possible entre les deux rives du Rhône. Le 20 août, j'avais reçu deux lettres de ma grand-mère datées du 11 et du 12 juillet – du moins est-ce ce que je dis dans ma réponse, mais il s'agit peut-être d'un lapsus – et dont l'une contenait un billet de cent francs. Une « petite maladie » avait frappé notre famille drômoise ; après les événements du 15 mai, ils avaient quitté pendant quelques jours Dieulefit pour Bourdeaux puis tout était redevenu normal, ce qui ne veut pas dire sans inquiétude. Il y avait le destin des miens, et il y avait aussi les risques que courait Gérard, que Lucien appelait son

1. Récit publié par Louis-Frédéric Ducros, *op. cit.*, p. 400-401 ; la date de rédaction n'est pas indiquée.

fils et qui, sous le couvert d'une mythique « taupe » (mathématiques spéciales) de Grenoble, avait, en janvier, gagné le maquis du Grésivaudan.

Notre départ, sous la conduite de Renée Burck, fut fixé au 13 septembre[1]. Un petit train qui quittait Saint-Agrève à 4 h 30 du matin suivait la vallée de l'Eyrieux et rejoignait le Rhône à La Voulte. Il était naturellement bondé. De La Voulte, il fallait gagner le Pouzin où le seul pont – ou passerelle – subsistant conduisait à Loriol sur la rive gauche du Rhône. Cela se fit partie à pied, partie en charrette-stop. Au Pouzin, je fus tenté, avec une petite foule, de cracher sur des prisonniers allemands, mais les soldats qui les gardaient mirent le holà. La vallée du Rhône présentait un spectacle stupéfiant : traces d'une armée en déroute. Un train allemand était sur les rails avec un gigantesque canon, foudroyé.

Finalement, après divers moyens de fortune, nous fûmes pris en charge par une voiture militaire américaine. Son conducteur était à la recherche de cadavres. Il en trouva quelques-uns, mais de chevaux, qui ne l'intéressaient pas. Il nous déposa tout près de la villa « les Brises » qu'occupaient ma grand-mère et ma tante. J'eus la stupidité de vouloir faire à pied, pour créer une surprise, et malgré nos bagages fort lourds, les derniers deux cents mètres. A peine étions-nous arrivés que Renée repartit, en stop, en direction de Saint-Agrève.

Pour François, c'était le premier voyage à Dieulefit, pour moi, je l'ai dit, c'était le troisième. J'y avais passé un mois en août 1943 et deux semaines lors des vacances de Pâques 1944. Certains détails, assurément, se rangent dans ma mémoire par ordre chronologique. C'est à Pâques 1944, par exemple, que j'ai entendu à Dieulefit cette expression : « Tu crois au débarquement ? », là où les autres disent : « Tu crois

1. Je tiens cette précision et quelques autres du Journal de ma sœur.

au barbu ? » Cela dit, c'est un portrait d'ensemble que je voudrais tracer de cette bourgade que j'ai connue en fin de compte de beaucoup plus près que Saint-Agrève.

A Dieulefit donc se trouvaient Mina Vidal-Naquet née Weissmann, munie d'une carte d'identité où son nom de jeune fille avait été conservé, mais où le nom de sa mère était devenu, très maladroitement, Isabelle Goldeau, au lieu de Goldstein, sa fille Isabelle Brunschwig et la grande amie de celle-ci, Yvonne Lefébure, Jacques et Armand, le délicieux musicien qu'on entendait souvent chanter *L'Orfeo* de Monteverdi. Avec Jacques j'entretenais, depuis Marseille, une correspondance par moments quasi quotidienne. Je me souviens d'un débat cocasse sur le *Cinna* de Corneille et la psychologie des personnages de la pièce. Il me fit lui envoyer, premier livre acquis de ses deniers, l'*Iliade* traduite par Paul Mazon, dans la collection Budé.

Vint un jour de la fin septembre, je crois, rejoindre sa fiancée Yvonne Lefébure, que nous entendions, sans nous lasser, travailler, Freddie Goldbeck, personnage issu des contes d'Hoffmann, le nez, les lunettes et la pomme d'Adam en saillie. Il était hollandais, arrivait d'Espagne et n'avait pas rejoint l'armée. Trop subtil et trop théoricien pour être un vrai chef d'orchestre, comme il prétendait l'être, il était surtout un grand, un admirable critique musical. C'était quelque chose que de voisiner avec Yvonne Lefébure, non seulement de l'entendre jouer, mais de l'entendre parler, évoquer par exemple le jour déjà lointain où, au lendemain de la mort de Fauré (1924), elle déchiffra à quatre mains, avec Alfred Cortot, le quatuor inédit que laissait le maître.

Dieulefit était pour moi un centre qu'ourlaient plusieurs cercles concentriques qui ne sont plus aujourd'hui que quelques noms, quelques images. Il y avait, bien sûr, le village avec l'église et le temple, le second plus discret, plus austère que la première, la poterie qui fournissait une faïence rustique d'excellent aloi. Deux points essentiels de référence : à quatre kilomètres sur la route de Montélimar, le village de Poët-Laval était à la fois, suivant le lieu d'où l'on venait, le signe de l'arrivée et celui du départ. C'était surtout le symbole même de l'abandon des villages perchés, village vivant au long de la route, village mort au sommet de la colline, si mystérieux pour nous : là aussi on rêvait de trésors enfouis. Sur la route de Nyons au contraire, qui passait devant les Brises, à deux kilomètres du centre, peu avant d'arriver au croisement de Montjoux, on tournait à gauche et l'on s'enfonçait dans un autre mystère, Beauvallon : or des automnes, rouge des argiles, beige des sables, hauteur des châtaigniers. Beauvallon, c'était le domaine de « Tante Marguerite » – Marguerite Soubeyran – qui était à la tête d'une maison d'enfants où se pratiquaient les méthodes « nouvelles » et qui était un des hauts lieux du Refuge.

Beauvallon, c'était surtout pour moi une cabane dans les bois. Là, habitait le peintre Willy Eisenchitz, qui pendant l'Occupation signait Villiers. Il avait été frappé par le visage d'Armand. Tous les jours, je menais donc mon jeune cousin poser à Beauvallon. Eisenchitz fit de lui une toile que l'on trouva tragique et, par complaisance, il esquissa au fusain mon portrait, qui me ressembla non pas tel que j'étais en 1944, mais cinq ou six ans plus tard. Un verre brisé et un jet d'encre mal dirigé en ont eu, hélas, et de mon fait, raison. Au-delà, il y avait le grand tour que je fis à vélo, par Vesc et Comps. On y changeait à tout moment de paysage, passant de l'humide au sec, presque comme en Espagne ou dans certaines îles grecques telles Samos ou Naxos. Je me souviens d'avoir fait un jour ce grand tour seul. Je revins en retard, après m'être trompé de chemin. J'expliquai que j'avais demandé ce chemin à un « pâtre ». Le mot fit rire, à juste titre. Mais cet espace, nous le parcourions surtout, par morceaux, à pied, à la recherche de ravitaillement. Dès 1943, j'étais devenu en la matière un maître. Nous avions certes nos fournisseurs attitrés, leur liste fixée une fois pour toutes par

Gérard : par exemple, une aimable dame qui nous vendait dix tommes et que Jacques appela un jour dans une lettre qu'il m'expédia « Madame de Diteaume ». Mais j'élargissais parfois notre rayon d'action, découvrant outre les tommes et les merveilleux picodons, ici un lapin, là quelques litres de blé, de la farine, de la semoule. Ma rhétorique de petit réfugié était, semble-t-il, convaincante.

Tard en septembre 1944, je m'intégrai à la troupe des éclaireurs unionistes. Je n'y fus pas, c'est le moins qu'on puisse dire, brillant, et je me souviens avec un peu d'effroi de l'ascension du Prez de l'âne, de la montagne à vache, certes, puisqu'une Jeep, animal alors nouveau venu, en avait fait l'ascension avant nous ; mais le jour n'était pas levé ; il faisait froid et venteux, je pris du retard sur mes camarades, je criai et pleurai. Le chef de troupe, un certain Joseph Peyronel surnommé « Renne joyeux », était un sympathique FFI et même, je crois bien, FTP, qui était là en permission. Et puisque je parle d'un « totem » scout, c'est lors de ce camp que Jacques, dans un secret qu'il n'accepta jamais de briser, reçut le sien. En hommage à sa gentillesse et à ses dons de musicien, on l'appela « Grillon complaisant ». Je trouvai l'animal qu'on lui avait choisi un peu microscopique…

Marguerite Soubeyran était protestante, la troupe d'éclaireurs était protestante. La Résistance à Dieulefit était largement protestante. En 1943, une ferme où l'on entendait la radio de Londres était, normalement, une ferme protestante. Comme à Saint-Agrève, il y avait un petit groupe de darbystes. Un personnage très important, pour nous, le libraire de Dieulefit, M. Vierne, appartenait à cette communauté.

Entre catholiques et réformés, la séparation était moins brutale qu'à Saint-Agrève, très réelle cependant. Il y avait le médecin des protestants, le docteur Deransart, et celui des catholiques, le docteur Préault. Il était d'ailleurs résistant. Ma tante le fit venir un jour et ce fut une petite révolution.

Cela dit, les choses étaient moins simples qu'il n'y paraissait d'abord. Non seulement quelques-uns des grands intellectuels réfugiés ou installés à Dieulefit étaient catholiques : Emmanuel Mounier, André Rousseaux, Pierre Emmanuel, mais les « patrons » de l'école secondaire la Roseraie, Pol et Madeleine Arcens, étaient eux-mêmes aussi de tradition catholique tout en étant des résistants ardents. C'est là quelque chose que j'ai eu du mal à admettre, et que, tout récemment, j'ai eu du mal à faire admettre à un historien de métier que je ne convainquis qu'à moitié.

La plus forte personnalité protestante, à Dieulefit, était, comme il se doit, un pasteur, Henri Eberhard. Il n'exerçait plus à Dieulefit mais à Lyon. Il venait souvent au village où vivait sa mère, une vieille dame toujours en noir ; une de ses sœurs, Hélène, dirigeait le « Lycée musical », la seconde, Jeanne, l'assistait. Je ne crois pas l'avoir entendu prêcher, mais je me souviens d'une petite brochure verte sur le thème du bon usage de la Libération qui me fut donnée, un des premiers textes politiques que j'ai lus après la Libération. Il avait eu, en 1940, sa tentation vichyste, mais il était redevenu républicain et avait été résistant. C'est chez lui, à Lyon, que mon cousin Gérard Brunschwig attendit le contact nécessaire pour gagner le maquis, en janvier 1944.

Catholiques et protestants étaient à Dieulefit « autochtones ». Les Juifs étaient présents par suite des circonstances. Ils étaient nombreux, soit sous leur nom – c'était le cas des miens, bien qu'Isabelle voyageât parfois avec une fausse carte où elle s'appelait Brun –, soit munis de fausses cartes. Daniel Abramovitch était un des hôtes de Dieulefit ; il devait devenir l'écrivain Daniel Anselme, sosie vivant de Balzac, en plus gros. Je me rends bien compte aujourd'hui que Willy Eisenchitz était typiquement un Juif d'Europe centrale, mais, à l'époque, les Juifs m'apparaissaient tous comme étant ce que j'étais moi-même, à ma façon, des « citoyens abstraits », très patriotes, gaullistes bien entendu, non comme les représentants d'une religion, ainsi le graveur Pierre Guastalla ou

Françoise Basch, petite-fille du président de la Ligue des droits de l'homme, Victor Basch, encore moins comme les membres d'un peuple. Au demeurant, personne ne m'a parlé d'une synagogue clandestine à Dieulefit, comme il en existait ailleurs.

Nous rêvions d'une France où nous redeviendrions des citoyens comme les autres, nous rêvions pour nombre d'entre nous de Paris. Je me souviens d'un garçon qui devait avoir dix-sept ans en 1944. C'était un jour où il bruinait, et il nous dit à Jacques et à moi, avec un sourire tendrement ironique : « Cela rappelle Paris. » Au maquis, Gérard n'avait-il pas pris pour pseudonyme « Batignolles » ?

Dieulefit, on le disait en 1944, on le redit encore aujourd'hui, fut sous l'Occupation une des capitales intellectuelles de la France. Sous l'Occupation ? On n'y vit pas beaucoup d'Allemands. En 1943 et 1944, je n'en vis pas, et c'est à Nyons, à moins de trente kilomètres de là, qu'il se passa des choses horribles. Il n'y eut, m'écrit Gérard Brunschwig, que trois Dieulefitois arrêtés. Deux en réchappèrent, un mourut à Montluc. Il n'empêche : bien des villages ne virent pas plus d'Allemands, mais ne développèrent pas une atmosphère de liberté et de créativité intellectuelle telle qu'on put la voir et la vivre à Dieulefit. Je suis loin d'avoir connu tous ceux qui y vécurent ou traversèrent le village. Pourtant, j'évoquerai un souvenir précis. Un jour, ma tante échangea devant moi quelques mots avec une femme dont la voix réchauffait, dont le regard étincelait. C'était Andrée Viollis. C'est bien des années plus tard que je lus son admirable livre : *Indochine SOS*, prototype de la dénonciation de la torture coloniale.

Beaucoup de ces illustres personnages demeurèrent pour moi, longtemps, voire toujours, un nom. Pour m'en tenir aux deux hommes qui marquèrent le plus les miens : je ne vis, une seule fois, Emmanuel Mounier, qu'en 1948. Je me souviens pourtant d'un merveilleux portrait, par Willy Eisenchitz, de sa fille Nanette, et si, devenu adulte, j'écrivis dans *Esprit* plutôt que dans *Les Temps modernes*, par exemple, c'est une conséquence de Dieulefit. Quant à André Rousseaux, critique littéraire influent, avant et après la guerre (au *Figaro*), venu de l'Action française, ce que François Mauriac lui rappelait parfois perfidement, mais passé courageusement, sous le signe de Péguy et de Bernanos, à la Résistance – c'est lui qui organisa le passage de Gérard au maquis –, je ne le vis pas en 1943 ni au printemps 1944 ; en septembre 1944, il dirigeait Radio-Grenoble, et à dire vrai, je ne l'ai jamais rencontré.

Tous les arts étaient représentés à Dieulefit. Parmi les musiciens, outre ceux qui habitaient aux Brises – où, pour parodier une formule de Metternich, tout le monde était musicien, sauf le chat qui n'existait pas – outre ceux qui fréquentaient le « Lycée musical », il y avait Fred Barlow qui disait gentiment : « Je suis un petit instrument dans lequel souffle le Seigneur. » « Oui, répliquait Yvonne Lefébure, oui, un tout petit instrument. »

J'ai déjà parlé de Willy Eisenchitz, l'homme des bois. Il y a quelques années, au musée de Bergen en Norvège, je vis une admirable série de peintures de Wols, somptueux crachats – je ne trouve pas d'autres mots – aux couleurs transparentes et variées. Wols était à Dieulefit et sa femme essayait de le faire vivre en vendant les chapeaux qu'elle confectionnait, car, en peintre maudit qu'il était, il ne vendait pas beaucoup de dessins aquarellés. J'ai à ce propos un souvenir honteux. Jacques et moi étions à la recherche d'un sujet de comédie et soudain j'eus une idée : le peintre ! Le mari de la modiste ! Il en fut décidé ainsi. La pièce devait s'intituler ainsi : *Les Déboires de Monsieur Géraudin*. Je me souviens d'un échange : « Quel magnifique coucher de soleil. – Mais c'est la Seine par un jour de pluie ! » Fort heureusement, nous ne poussâmes pas plus avant. J'ai tout de même retrouvé dans ma bibliothèque un tout petit livre d'Alain Borne : *Brefs*, avec un hors-texte de Wols. Il fut publié par *Confluences*, la revue que dirigeait René

Tavernier, père de Bertrand, à Lyon, en 1943 je crois. C'est un souvenir de Dieulefit.

Tel était l'aspect culturel du village, mais la culture n'était pas séparable de la politique. A peine étions-nous arrivés que je fus invité à une réunion politique, une conférence du pasteur Philippe Debû, qui était alors ce qu'on appellerait par la suite un « compagnon de route » des communistes. Je me souviens que, sur le moment, l'idée même d'une réunion politique me parut si grave, si solennelle, que devant Jacques un peu narquois, et qui restait en short, je mis ce que j'avais de mieux.

Les journaux retrouvés, multipliés, nous donnaient une leçon de choses. Ils venaient de Marseille et de Grenoble et l'on pouvait lire aussi bien *Le Provençal*, « organe des patriotes socialistes et républicains », *Rouge-Midi* et *Le Travailleur alpin* pour le PC, *Les Allobroges* pour tout le monde. Je me souviens d'une longue enquête sur les « trusts » qui avaient perdu la France. L'exemple choisi était Ugine. Choix malheureux, car il s'agissait d'une entreprise familiale.

C'est en tout cas à Saint-Agrève et à Dieulefit que j'ai attrapé le virus de la politique, que je n'ai jamais su ou pu séparer du souvenir de la Résistance et de la Libération.

J'ai rapporté de Dieulefit et j'ai conservé un article paru dans *Le Résistant de la Drôme*, organe du comité départemental de libération que présidait Claude Alphandéry. L'article s'intitulait « La sentimentalité Pétain »[1] et dénonçait le culte du Maréchal, tout en expliquant comment il avait pu naître. Je sus que son auteur était Emmanuel Mounier. Certes, le Mounier de 1940, qui faisait de « l'armement spirituel clandestin » sous le couvert de la Révolution nationale, avait profondément évolué, mais il n'avait pas eu, je crois, à se renier.

La Libération n'était pas la libération pour tout le monde.

1. Cet article a été republié dans le *Bulletin des amis d'Emmanuel Mounier*, n° 56 (octobre 1981)

Les journaux de la Drôme parlèrent d'un milicien qu'un tribunal improvisé avait refusé de condamner à mort et qu'une foule réussit à extraire de sa prison pour l'exécuter. Il y en eut, je crois, quelques autres.

Mais octobre vint et l'heure de la rentrée des classes. Aline la fit au Chambon-sur-Lignon, au Collège cévenol. Il n'était pas question que Jacques, François et moi la fassions à Dieulefit. Où attendre nos parents, où tenter de compléter les informations qu'avait reçues Hermine selon lesquelles Margot et Lucien avaient quitté Drancy pour la « Silésie », sinon à Paris ? Mounier était, nous dit-on, un ami de Frenay, fondateur de *Combat*, ministre des Prisonniers de guerre et Déportés, donc bien placé pour nous informer le cas échéant.

Yvonne Lefébure et Freddie Goldbeck nous précédèrent par un interminable train. Ils avaient appris qu'un engin allemand, un V2, tombait chaque jour sur la banlieue de Paris, mais qu'on ne s'en apercevait guère en ville. C'était encore un mythe, très socialement orienté. Notre déménagement était une grosse affaire. Ma tante et ma grand-mère sortaient d'épreuves physiques et morales redoutables. Ce que réalisa Isabelle releva de l'exploit. D'accord avec deux autres familles, une Mme Marino et sa fille Lucienne, et les Nunez, eux aussi juifs et parisiens, elle loua un camion que conduisait en alternance avec son fils un Dieulefitois résistant qui avait fait de la prison, M. Boisgeol. Le voyage, qui commença vers la mi-octobre puisque j'ai encore appris à Dieulefit la libération d'Athènes, le 13 de ce mois, dura deux jours et demi, précision que je donne pour rappeler ce qu'était la circulation en octobre 1944. Nous fîmes étape à Tournus et à Auxerre. Le surlendemain, vers onze heures, nous franchîmes la porte d'Italie. Partout, des musiciens jouaient « la Marche lorraine ». Elle reste pour moi le symbole de ce retour dans Paris libéré.

CHAPITRE V

L'attente

A Paris, nous nous installons au 9 rue Gustave-Flaubert, dans l'appartement de ma grand-mère, Mina Vidal-Naquet. Il était resté intact, sous la protection de son ancienne femme de chambre, Marguerite Riban, et d'un valeureux dragon, la concierge. Les Allemands avaient bien pointé leur nez ; c'était avant le 22 juin 1941 et ils s'étaient attiré cette réponse : « Mais Mme Vidal-Naquet n'est pas juive, elle est russe. » Après, ils n'étaient pas revenus. Il n'en allait pas de même de l'appartement des Brunschwig, rue Théodore-de-Banville, qui avait été proprement pillé, avec la collaboration de la concierge.

Les pièces étaient sombres et très difficiles à chauffer pendant le rude hiver de 1944-1945. A défaut de charbon, les dossiers d'avocat de mon grand-père alimentèrent plus d'une fois les cheminées ; nous restions cependant des bourgeois et des privilégiés. Si la grosse Juliette des Brunschwig avait regagné rapidement Dieulefit où elle avait un amoureux, il y avait toujours la savoureuse Joséphine et une cuisinière qui nous nourrissait de ce qu'elle trouvait, le plus souvent des raviolis. Pour situer les choses dans le temps, je dirai que ma femme et moi, qui ne sommes pas des prolétaires, n'avons plus personne à notre service depuis 1977. Malgré la prédiction en sens contraire d'Alain Besançon, la vie intellectuelle a pu survivre à la disparition des domestiques. Il est vrai que les femmes…

Paris présentait, quand nous sommes arrivés, un spectacle trompeur d'abondance : du pain blanc dans les boulangeries servi avec tickets, et même du chocolat. La vie resta longtemps très dure. La carte de pain fut supprimée peu avant les élections d'octobre 1945, puis rétablie. On disait que les cultivateurs donnaient ce pain à leur bétail. Quand, tardivement, ce qu'on appelait les BOF (beurre, œufs, fromages) furent « libérés », *Le Canard enchaîné* pasticha Victor Hugo :

> Et l'on voyait passer les coulommiers superbes
> Sur le monde asphyxié.

Il nous fallut plusieurs semaines pour réinstaller l'appartement, dépouiller et cataloguer la merveilleuse collection de disques, remettre en place la bibliothèque, quitte à en solder, hélas, une partie, ou à échanger les livres, selon la loi du cheval et de l'alouette, chez un aigrefin de la rue de Courcelles. Maupassant, Zola, Michelet, qu'est-ce que cela ?

François et moi partageons une chambre ; au-dessus de mon lit veille la figure hiératique de l'oncle Emmanuel, flanquée heureusement de plusieurs gravures de Watteau qui ne font pas avec lui très bon ménage. Gérard nous rejoindra quand il sera démobilisé par le maquis. Il s'inscrira alors en taupe à Rollin devenu Jacques-Decour, et entrera dès son premier concours et brillamment, en 1945, à Polytechnique que gouvernait notre cousin lointain, le général Brisac. Jacques, François et moi sommes au lycée Carnot, respectivement en première, en quatrième et en seconde. Armand préfère décidément la musique aux études. Il passera quelque temps au Cours Hattemer, parce que peu apte à la vie scolaire traditionnelle, puis sera pensionnaire, à Autouillet, dans l'école fondée par Albert Crémieux, historien et ancien disciple de Charles Seignobos.

Peu à peu, nous reprenons possession, Jacques et moi, de Paris, en commençant par Notre-Dame et par notre ancien appartement de la rue de Varenne, encore occupé par un service du ministère de l'Agriculture. Comme celle de la rue Gustave-Flaubert, la concierge, Mme Langlois, avait monté une garde vigilante et fidèle. Je retrouvai de vieux jouets au sujet desquels j'avais fabulé, une tente et un costume d'Indien notamment, ainsi qu'un cygne musical et pelucheux sur lequel j'avais écrit en cinquième un devoir qui avait plu à Lucien et déplu au professeur. Si petit que je sois resté (1,48 m à la fin de la seconde), la tente et le costume ne sont plus à ma taille ! Tout ne se retrouve pas et tout ne sera pas retrouvé. De la bibliothèque dont Lucien était si fier, et dont il avait dû vendre quelques livres, ne sont demeurés que les premiers tomes d'un Marivaux. C'est au début de 1951 que nous récupérerons le reste – je veux dire les autres tomes et l'essentiel de la bibliothèque. Lucien les avait confiés à quelqu'un, à un mari qui devint infidèle, et dont l'épouse, en représailles, nous les restitua.

J'étais né parisien et n'avais cessé de penser au moment où je le redeviendrais. Ce moment était venu et il se révélait, naturellement, très différent de celui que j'avais attendu. J'avais cru ne pas aimer Marseille, la ville en tous les cas, que je ne connaissais que dans ses quartiers les plus bourgeois, mais l'empreinte marseillaise ne s'effaça pas, non seulement parce que, dès 1945, je pris l'habitude de passer à Marseille une bonne partie de mes vacances, ne serait-ce que pour voir ma sœur et regarder Claude grandir, mais aussi parce que mes amis marseillais, ceux qui étaient présents place Delibes le 15 mai 1944, demeuraient mes amis, que nous échangions d'immenses correspondances, que je tenais leurs professeurs pour mes professeurs. Quant à Augé et Miniconi, ils passaient peu à peu du statut de maîtres à celui d'amis. Miniconi écrivait alors ses thèses et je lui servais parfois d'ambassadeur auprès de ses maîtres de la Sorbonne, notamment le redoutable Jean Bayet. La thèse principale, je l'ai dit, était consacrée à l'histoire du mot latin *causa*, ce qui faisait dire à Alain Michel que Miniconi deviendrait docteur *causae causa*. Miniconi avait le mérite, rare à l'époque chez les latinistes, de s'intéresser aux idées de Georges Dumézil. Le jour de la soutenance, ses patrons l'obligèrent à désavouer publiquement tout lien entre les travaux de Dumézil et l'histoire du mot *causa*. Dumézil, avec sa théorie de la tripartition indo-européenne, était alors tenu pour un hérétique que récusaient la quasi-totalité des latinistes. Ces temps sont assurément lointains.

La dualité entre Marseille et Paris a marqué toute ma vie, puisque c'est dans la cité phocéenne et avec une Marseillaise que je me suis marié en 1952, et il est clair qu'elle symbolise autre chose, que les analystes sont libres de scruter. En tout cas, dans l'œuvre de Dickens, le *titre* que je préfère est *A Tale of Two Cities*. Si, dans mon œuvre scientifique, le thème du dédoublement joue un rôle si important, ce n'est pas le fait du hasard, et c'est aussi sur ce mode que je vis mon judaïsme. Mon frère François, lui, se fera happer par la ville où était née sa mère, à laquelle il ressemble beaucoup. Après trois ans de Paris, il alla finir ses études à Marseille, et c'est là qu'il vit. Ma sœur a suivi un chemin inverse, et fit ses études de médecine à Marseille, mais, une fois mariée, s'installa à Paris où elle habite.

Le réseau familial, amputé, ne se reconstitua à Paris que très progressivement. Parmi mes tantes, en dehors naturellement d'Isabelle, seule Hermine Lang-Verte, devenue Langlois, était à Paris. Elle était chef de cabinet du grand chancelier de la Légion d'honneur, et le grand chancelier était le général Bloch, devenu Dassault, nom dont s'emparera son frère Marcel. Il avait occupé les fonctions, provisoires, de gouverneur militaire de Paris. Quand le gouverneur désigné par de Gaulle, le général Koenig, vint prendre son poste, Hermine commença un petit discours : « Je suis heureuse et fière… » Koenig l'interrompit : « Il ne faut pas dire : "Je suis heureuse et fière", mais : "Nous sommes contents de nous retrouver entre nous." » Elle avait fait une Résistance brillante et dangereuse, risquant l'exécution pendant la libération de

Paris. Ma cousine Lise travaillait au secrétariat du CNR (Conseil national de la Résistance) que présidait alors Louis Saillant, à qui le gouvernement ne laissait plus rien à faire qu'un peu d'agitation.

Georges Vidal-Naquet prit part à la campagne « Rhin et Danube » puis revint s'installer avec Marthe et leurs enfants rue Jouffroy. Ce foyer-là au moins s'était reconstitué et il arrivait que mon oncle et ma tante me le fassent sentir sans ménagements. Ils prirent en charge François à la rentrée de 1945.

Georges parlait souvent de la guerre et de la Résistance et racontait de terribles histoires sur la difficulté qu'avaient éprouvée les Juifs, ce peuple de la Loi, ce peuple qui répète souvent l'adage : « La loi du pays est la loi », à s'adapter aux conditions de l'illégalité et de la clandestinité. De fait, seuls les militants organisés, communistes, membres du Bund, sionistes, y étaient rompus. Un homme vint le voir qui avait besoin d'une fausse carte d'identité. « Comment vous appelez-vous ? – Goldenberg. – Et comment désirez-vous vous appeler? – Qu'est-ce que vous diriez de Goldenblum? – Appelez-vous Garnier, sacré nom ! » Il me remit quelques exemplaires de journaux et de tracts clandestins, notamment un numéro de *J'accuse*, « organe de liaison des forces françaises contre la barbarie raciste » daté de novembre 1942. C'est ce mouvement qui devait devenir le MRAP. Marthe mit au monde, le 1er décembre 1946, un quatrième enfant, Guy, signe de la reprise de la vie. Élève en classe de philosophie, je méditai gravement sur ce surgissement.

Pendant toute ma première année parisienne, le foyer le plus proche, pour François et moi, dans tous les sens du terme, proximité et affection, fut, en dehors de celui que nous offraient ma grand-mère et ma tante, celui de Renée et de Boris Wechsler, tous deux médecins. Ils avaient trois enfants : Paulette était contemporaine de François, Micheline d'Aline ; Micheline me raconta souvent que le jour de notre arrivée, dans l'escalier, je lui fis décliner *rosa* ; Bertrand qui ressemblait au Fifre de Manet, était, à trois jours près, le contemporain d'Yves, ce qui m'inspirait quelque mélancolie. Nous avons passé bien des soirées dans cette famille. C'est par eux d'abord que je sus ce qu'avait été la vie des Juifs, à Paris, pendant l'Occupation : l'étoile jaune, le dernier wagon du métro, les insultes parfois, mais la solidarité aussi. Comment ces deux médecins auraient-ils pu exercer leur métier sans le carnet d'ordonnances de confrères « aryens » ? Non seulement ils s'étaient maintenus à Paris, échappant à la déportation par un mélange de chance et d'astuce, mais ils avaient recueilli une fille de déportés juifs polonais, Suzanne Karpman ; celle-ci fut un jour conduite au commissariat. Renée réussit, en faisant appeler un personnage important de la Préfecture de police, à la récupérer avant qu'elle ne soit remise aux Allemands. La survie des trois quarts des Juifs de France fut aussi faite de ce type d'audaces.

Ils étaient très différents l'un de l'autre : Renée, fille d'un médecin et de Paula, la jeune sœur de ma grand-mère Mina, venait de la bourgeoisie, et Boris, fils d'un tailleur né en Russie – il me fit mon premier costume –, était un pur produit de l'école laïque française dont il avait pris à son compte l'idéologie, y compris dans ce qu'elle avait de sectaire. Elle aimait la musique ; lui préférait la peinture qu'il pratiquait modestement. Ils m'ouvrirent un petit crédit pour leur procurer des livres. C'est ainsi que je fis l'acquisition, dès la fin de 1944, du livre de Jean-Jacques Bernard, *Le Camp de la mort lente*. Le fils de Tristan Bernard y décrivait l'expérience qu'avaient menée, selon lui, les nazis : grouper ensemble, à Royallieu, près de Compiègne, Juifs français, choisis parmi les notables, et Juifs étrangers. Quelques-uns de ces internés furent libérés et survécurent. Beau-frère de Jean-Jacques Bernard et historien de son métier, auteur d'une thèse sur *Napoléon et les Juifs*, Robert Anchel avait fait une conférence sur l'idée de nation. Un groupe d'internés « étrangers » lui demanda ce qu'il pensait de la « nation juive ». Robert Anchel répondit qu'il n'y en avait pas. Tel était aussi mon sentiment, mais Boris et Renée me firent comprendre que les choses, peut-être, étaient un peu moins simples. Quand parurent, à la fin de 1946, les *Réflexions sur la question juive* de Jean-Paul Sartre, ce que mes cousins apprécièrent le plus n'était pas le « portrait de l'antisémite » mais celui du « philosémite », cet universaliste abstrait. Pour ma part, je me rangeai, sans hésiter, parmi les Juifs « inauthentiques ». Il en était de même de ma tante Isabelle.

D'Amérique me parvinrent des cadeaux de mon oncle Georges Valabrègue et de ma tante Véra : des vêtements, des friandises. Ils étaient installés à Berkeley, en Californie, et mon oncle avait monté une petite usine d'huile de pépins de raisin. Je leur demandai bientôt d'autres aliments qui commencèrent à affluer en 1946 : Hemingway, Faulkner, Steinbeck, Dos Passos, que j'avais envie de lire après avoir suivi les chroniques de Claude-Edmonde Magny, dans *Esprit*, sur le roman américain. C'est surtout Hemingway qui me passionna, *Pour qui sonne le glas* et les nouvelles. Au lycée, je fis directement en anglais un exposé centré sur la symbolique dans *The Snows of Kilimandjaro*. Mais les nourritures tout court continuèrent à venir, parfois hors de propos. En 1948, un gros paquet me parvint qui avait la forme d'un petit cercueil. C'était un colis de spaghettis qui, à cette date, n'étaient pas vraiment utiles. Quand mon oncle lui-même, qui avait pris la nationalité américaine, vint faire une visite en France, en 1946, je crois, je dois dire qu'il m'exaspéra par son ton de donneur de leçons à l'égard de la France, et par le soin avec lequel il s'efforçait de dissimuler, sous un accent américain feint, un accent marseillais d'excellent aloi. Ses trois filles ne gardèrent pas la nationalité américaine.

Familiales aussi, les relations que je repris avec Jacques et Miquette Millerand, et avec leurs trois filles, Anne, Lise et Claire, auxquelles s'ajouta Hélène après la guerre. Jacques n'avait pas fait de Résistance, n'étant pas, comme il le disait lui-même, « de la race des héros ». Il me donnait des leçons de conservatisme éclairé qui ne portaient pas toujours à faux. Je surpris beaucoup, pourtant, en 1945, mon amie d'enfance Anne, en lui expliquant que son grand-père Alexandre avait été député d'extrême gauche et ministre socialiste – en congé de parti, il est vrai. Un peu plus tard, je rencontrai chez les Millerand une jeune helléniste à la voix précieuse qui parlait beaucoup chiffons et un peu de Thucydide qu'elle connaissait pourtant mieux que les chiffons : Jacqueline de Romilly.

Tel était, ou à peu près, le circuit familial ou parafamilial au sein duquel je me mouvais. Il ne fonctionnait pas sans accrocs. Mes relations avec ma grand-mère Vidal-Naquet n'étaient pas toujours au beau fixe parce qu'elle vieillissait et que je la tourmentais de mes demandes d'argent pour acheter des livres. J'usais même, de bonne ou de mauvaise foi, de l'argument selon lequel il fallait que mes parents, à leur retour, puissent être mis au courant de ce qui avait été publié. Avec la perfidie des adolescents, il m'arrivait de jouer des conflits entre les deux branches de ma famille ou des conflits internes à tel ou tel sous-groupe.

Il est clair que tout le circuit était frappé au cœur par l'absence de mes parents. Ils étaient donc « déportés ». Ce mot, je sais parfaitement quand je l'ai employé pour la première fois. C'était à Dieulefit et un homme, un pharmacien, qui avait fait ses études de biologie avec Margot Valabrègue, me demanda ce qu'elle était devenue. Je lui répondis – c'était en septembre 1944 – qu'elle était déportée. J'avais utilisé, d'instinct, le mot. Mais que voulait-il dire ? Ce n'était clair pour personne. Un jour, un hebdomadaire très proche du Parti communiste, *Action*, publia un écho à propos d'un faire-part paru dans un quotidien. Parmi ceux qui « faisaient part » figurait le nom d'un collaborateur notoire, qualifié de déporté en Allemagne. Déporté volontaire, en quelque sorte, ironisait *Action*, en soulignant que ce journaliste avait suivi ses maîtres allemands. Or, il y avait homonymie et erreur sur la personne. La famille fit valoir que l'intéressé était bel et bien « déporté » en Allemagne au titre du STO (Service du travail obligatoire). *Action* rectifia. Cette confusion, si je me souviens bien, me choqua.

Mais moi-même n'étais-je pas attiré par la même confusion et par quelques autres ? J'étais seul dans ma classe au lycée Carnot à être fils de deux déportés. Il fallait que je me trouve des frères, et même un fils de prisonnier de guerre pouvait faire l'affaire. Mon voisin m'ayant entendu, sur demande de l'administration, expliquer ma situation, me dit : « Vous étiez donc résistants ? » Je répondis que oui, et, de plus, juifs. Je savais alors par cœur – je le sais toujours – un poème de Paul Eluard que j'avais lu dans *Les Lettres françaises* intitulé « A celle dont ils rêvent ». Ceux qui rêvaient étaient les prisonniers, les requis du STO, les déportés, qu'évoquait le refrain :

> Neuf cent mille prisonniers
> Cinq cent mille politiques
> Un million de travailleurs ;

celle dont ils rêvaient était la France :

> Un pays où le vin chante
> Où les moissons ont bon cœur
> Où les enfants sont malins
> Où les vieillards sont plus fins
> Qu'arbres à fruits blancs de fleurs,
> Où l'on peut parler aux femmes...

poème littéralement horrible à mes oreilles d'aujourd'hui, alors que je reste un lecteur et un admirateur d'Eluard. Et, assurément, Eluard évoquait dans un autre poème, « Les vendeurs d'indulgence », « les petits enfants juifs »[1]. Ce fut

1. « A celle dont ils rêvent », publié d'abord dans *Les Lettres françaises* du 30 septembre 1944, a été repris dans *Au rendez-vous allemand*, Paris, Éditions de Minuit, 1945, ainsi que « Les vendeurs d'indulgence » (*Lettres françaises* du 17 mars 1945).

Gérald Hervé qui trouva le mot juste pour qualifier « A celle dont ils rêvent ». Il compara ce poème à celui de Jean Nohain : « Le pays des belles fontaines et des fables de La Fontaine ». Cela me parut très dur.

Je me trouvais donc isolé, isolé dans l'attente, isolé dans la souffrance. Je ne me sentais pas membre d'une communauté. J'avais renoué avec les éclaireurs protestants et campai avec eux en Écosse, en 1946, sous la direction d'un jeune médecin qui n'aimait pas les militaires, Jean-Claude Hesse. Ce n'était pas là un lieu communautaire. Un jour, je reçus une invitation officielle pour une cérémonie, un goûter peut-être, réservé aux enfants de déportés. Isabelle s'opposa absolument à ce que je m'y rende, en raison du lieu qui avait été choisi : le Vel' d'Hiv. Elle m'expliqua avec quelques précisions ce qui s'y était passé en juillet 1942. Un choix étrange tout de même.

La première semaine de mai 1945 fut glorieuse, débouchant sur la victoire, annoncée dès le 6. Les Champs-Élysées s'illuminèrent, et même si tous les témoins du 11 novembre 1918 nous disaient et nous répétaient que ce n'était pas la même chose, on eut un vrai sentiment de joie.

Mais cette joie était fort mélangée. Des milliers de journaux que j'ai lus pendant les derniers mois de la guerre, et alors que j'avais un instinct de collectionneur et d'archiviste, entassant les piles, je n'ai conservé en fin de compte qu'un unique numéro de *Combat*, celui du 5 mai 1945. Je ne le gardai pas pour son gros titre : « A l'ouest les Allemands abandonnent la lutte », ni pour les nouvelles qui étaient données, sinistres, de la crise polonaise, l'arrestation par les Soviétiques de seize dirigeants de l'Armée secrète, dont ils devaient bientôt publier les « aveux » détaillés, mais à cause du reportage de Jacques-Laurent Bost sur « la mort à Dachau ». Et dans ce reportage j'étais moins impressionné par ce qu'il écrivait sur les morts, qu'il attribuait à une chambre à gaz dont historiens et anciens déportés s'accordent à dire, en général,

Pas plus qu'un homme ne s'identifie à sa correspondance, il ne peut se confondre avec des archives photographiques, les siennes et celles de ses proches. Les documents présentés ici constituent un choix avec des lacunes évidentes dues soit au vide de la documentation, soit à des rituels familiaux. Par exemple, aucune photographie ne me représente en compagnie de mon père qui joue pourtant dans ces pages un rôle essentiel. Sauf indication contraire, les documents viennent des archives des familles Brunschwig, Valabrègue et Vidal-Naquet.

En haut à gauche, Jonathan Vidal-Naquet en 1792 (à la mode de Robespierre).
Au centre, Jules Vidal-Naquet, l'arrière-grand-père, côte à côte en Gambetta et en Tartarin de Tarascon (caricature anonyme, vers 1885).
En bas, Emmanuel Vidal-Naquet à son bureau de la *Cote Vidal* vers 1914.

En haut, les grands-parents paternels : Mina à 20 ans, quatre ans avant son mariage (Bruxelles, 1897), et Edmond (dessin de M. David, 1931).
En bas, les grands-parents maternels : Adrienne et Jacques Valabrègue vers 1930.

En haut à gauche, Lucien Vidal-Naquet (photo Harcourt, vers 1939).
À droite, Margot, « jeune éternellement » (photo Laure Albin-Guillot, 1931).
En bas à droite, Pierre Valabrègue, peu avant sa mort (20 mai 1917).
À gauche, Lucien, son frère Georges et Raymond Aron.
Ce dernier n'est pas très à l'aise dans son uniforme de sergent météorologiste (Charleville-Mézières, 8 octobre 1939).

Robert Brunschwig : un air un peu proustien.
Isabelle en 1937 : un profil de Holbein.
Assis de gauche à droite, Jacques et Gérard Brunschwig ; debout de droite à gauche, Armand Brunschwig, Yvonne Lefébure et son élève Marianne de Cayeux (Beg-Meil, vers 1948).

A gauche,
les jumelles Margot et
Marthe Valabrègue
(1928).
Ci-dessous, Claude
Vidal-Naquet vers 1949.

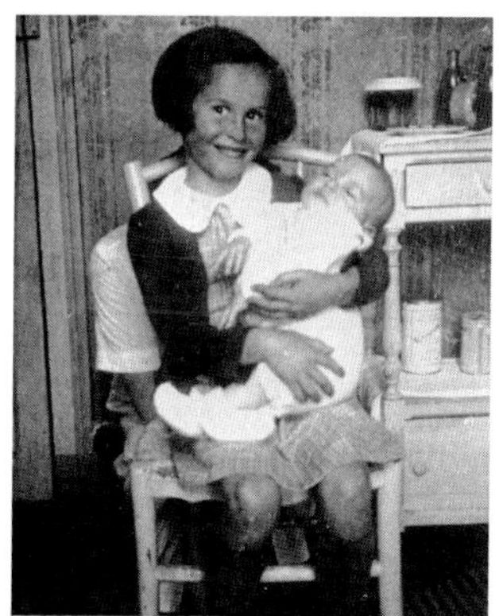

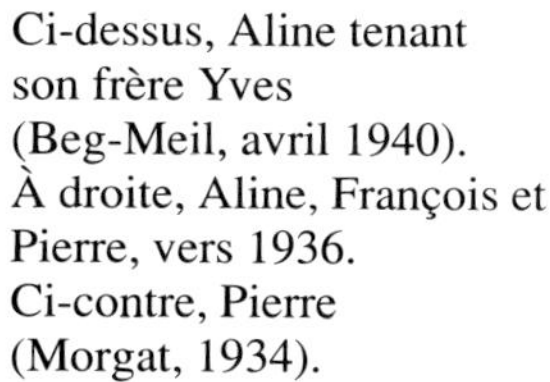

Ci-dessus, Aline tenant
son frère Yves
(Beg-Meil, avril 1940).
À droite, Aline, François et
Pierre, vers 1936.
Ci-contre, Pierre
(Morgat, 1934).

En haut, dans les cercles, au premier rang, Robert Bonnaud, au deuxième rang à gauche, Gérald Hervé, à droite, Alain Michel. Marseille, 1944-1945 (archives Robert Bonnaud).
En bas à gauche, le n° 2 d'*Imprudence*, édition de luxe, couverture de François Lafolye (Cloquet).
À droite, Louis Blaizot pendant l'année scolaire 1944-1945.

Les amis

En haut à gauche, Noël Alexandre, 1948.
À droite, avec Catherine Blum,
plus transparente que l'herbe, 1949.
En bas à gauche, Zayane Spanien en 1948
(archives Elisabeth Schreiber).
À droite, René Char devant le cabanon
de Francis Curel à gauche, L'Isle-sur-la-Sorgue, août 1949.

Les jeunes mariés du 17 juillet 1952, Marseille.
À la manière du Douanier Rousseau.

qu'elle a été construite tardivement, mais non utilisée, que par ce qu'il décrivait des survivants qui se trouvaient à l'infirmerie : « Quatre-vingts hommes au crâne tondu, qui semble fragile comme un œuf, avec des figures grosses comme le poing, trouées d'immenses yeux sans fond, plus fous que douloureux. » Il ne m'était pas difficile de mettre un nom sur ces visages. En lisant de plus près le journal, j'aurais pu y voir aussi un faire-part. M. et Mme Daniel Schwartz annonçaient la mort de leur beau-père et père, M. Raymond Beer, décédé en septembre 1944 au camp d'Auschwitz (Pologne)[1].

Je tentai, en 1945 je crois, d'exprimer ce que je ressentais, en écrivant une tragédie, *L'Attente*, que je ne poussai pas au-delà du premier acte. Je le compris rapidement, l'attente n'était pas un sujet de tragédie mais c'est à cette date que je décidai de réfléchir un jour sur la tragédie. Ma réflexion se nourrissait du livre de Miguel de Unamuno, *Le Sentiment tragique de la vie* et de la lecture de Péguy, de Racine et des Grecs.

Sur le thème qui me lancinait, je multipliai, à partir du 15 mai 1945, les poèmes. J'en ai retrouvé quelques-uns dont la faiblesse me fait rougir. En voici un autre qui date, je crois, de 1946. Je n'en ai gardé aucune copie, et pourtant c'est le seul poème que j'ai composé qui, aujourd'hui encore, ne m'inspire pas un sentiment de honte :

Quand le ciel blanc se couvre de sourires
Et quand le mur est trop haut pour monter,
Quand sur les flots le bateau vole et danse,
Et quand le vert des marais me saisit,
Je viens chez vous plonger mon espérance
Dans la beauté de vos corps irréels.
Sur le pont d'or je ne marche pas seul,
Vous êtes là, glissant à mes côtés,
Et quand pleurant, je m'avance à pas lourds,

1. Laurent Schwartz, frère de Daniel, me précise que disparurent, en même temps que Raymond Beer, sa femme et sa fille, mais on ne le savait pas encore le 5 mai 1945.

Un sourd écho fait sonner mon esprit.
Calme ouvrier de mes courses nocturnes,
Vers toi je vais, ô souvenir mon frère.

Comment réaliser, au-delà de la pure attente, « ce qui s'était réellement passé » ? Quand les Alliés eurent ouvert les portes, prisonniers et déportés – ces fantômes – rentrèrent, quand ils avaient survécu. Naturellement tous les miens se mirent en quête. Où avaient été conduits Margot et Lucien ? Lorsque les Américains passèrent le Rhin à Remagen, le 7 mars 1945, Hermine crut se souvenir que ce nom avait été prononcé, à propos du convoi qui avait emmené mes parents à la fin de mai 1944 : lieu de passage ou camp ? Elle était seule à avoir recueilli un minimum d'informations parce que seule de la famille à Paris. Elle avait reçu de Lucien la liste de ce dont Margot et lui avaient besoin pour le « grand voyage » : sacs à dos, couvertures, et elle le leur avait fourni, glissant de plus un message pour leur dire que leurs enfants allaient bien. Dès Saint-Agrève on nous avait parlé de la Silésie. On sut donc assez vite que ce convoi que nous appelons aujourd'hui le convoi n° 75 avait quitté Drancy pour Auschwitz le 30 mai 1944. Pour Auschwitz et plus précisément pour Birkenau, qui avait à cette date une double image, celle d'un camp de femmes et celle d'un lieu d'extermination. J'obtins du ministère concerné un certificat qui me fut délivré le 24 septembre 1945.

Il revenait peu de déportés d'Auschwitz-Birkenau. Les symboles de la déportation s'appelaient alors Buchenwald, Dachau, Mauthausen et Ravensbrück. Je ne fus pas admis à participer à l'enquête. Ma seule démarche tint dans une visite à la Croix-Rouge polonaise qui avait ouvert une antenne à Paris et recueillait les demandes de renseignements. Suzanne Karpman avait fait de même et fut soudain avisée que ses parents avaient survécu. Elle et son frère Jacques eurent quelques jours d'une joie tremblante. Mais la nouvelle était fausse. La Croix-Rouge avait simplement confondu la demande et la réponse.

Aucune confusion de ce genre ne se produisit pour les miens. Toutefois, un survivant affirma que Lucien était encore vivant en novembre 1944. Quel survivant ? Je ne fus pas autorisé à le rencontrer et je ne sais même pas si cette nouvelle n'a pas été inventée pour apaiser notre angoisse car, depuis, je n'ai pas reçu la moindre précision ni la moindre confirmation. Mais il est vrai que je repris espoir. De même, Hermine rencontra un autre déporté qui affirmait avoir vu son mari, Germain Lang-Verte, à Auschwitz. Il s'y livrait à ses exercices coutumiers de « transmission de pensée » et ce détail rendit l'information crédible. De Margot, rien.

Ils ne revinrent pas ; ils étaient donc morts. Je continuais à espérer en un hypothétique retour par Odessa. C'est, je pense, au début d'octobre 1945, que Marthe me dit qu'il fallait affronter la vérité en face et que mes parents ne reviendraient jamais. Je le dis à Jacques qui fit de son mieux pour m'aider à supporter un choc qui, pour lui, n'en était pas un… Depuis mai 1944 il n'avait pas la moindre illusion, mais il ne me l'a révélé que tout récemment. Je l'écrivis à des amis, à Gérald Hervé, par exemple, qui me répondit, le 10 octobre, avec la maladresse des vrais amis : « J'ai senti un sourd chagrin en toi, mais, devant les circonstances, je ne peux que te donner une faible chance encore d'espoir. J'ai vaguement lu dans les journaux l'existence de plusieurs camps de rapatriés en instance d'être dirigés vers leurs lieux de résidence en France. Pourquoi n'y aurait-il pas encore une raison d'espérer ? Mais je sais toute la colère et la haine (et la haine doit être permise) qui peuvent résulter d'un tel événement… »

Marthe m'avait dit les choses avec une apparence de sécheresse, voire de brutalité. Je me trompais. La disparition de sa jumelle l'obsédait littéralement. Un court texte qu'elle écrivit en février 1946 ne le montre que trop bien. « Je sais, dit-elle, que c'est le cas d'une parmi des millions, mais cette "une" est ma sœur. » Et de tenter de reconstituer l'itinéraire de Margot depuis le 15 mai 1944 jusqu'à sa mort. Elle parle de Drancy :

« Là je sais qu'elle a pleuré, pleuré, comme peut pleurer une mère arrachée à ses quatre enfants. Là je sais qu'au plus profond de sa désolation elle voulait se supprimer. » Comment le sait-elle ? Je ne le lui demanderai pas. Et c'est l'arrivée à Birkenau, l'ultime séparation. « Alors tu n'es plus qu'une malheureuse loque, l'étendue de ton malheur est trop lourde, que des visages étrangers autour de toi. Plus un regard ami, chacun en supporte trop. » Et c'est la chambre à gaz : « Là comme on supprime des mites ou d'autres parasites avec du Fly-tox, toujours seule, oh, si seule, la mort. [...] Seule, toute seule avec des centaines d'inconnus aussi misérables. [...] Pas une pierre pour se recueillir... »

Cette double mort, peu à peu, devint une mort légale. C'est seulement en août 1948 qu'un acte de décès fut transcrit sur le livret de famille de mes parents et en novembre 1955 que la mention « Mort pour la France » fut concédée, sans que cette expression eût beaucoup de sens. La date du décès fut fixée, fictivement, au 6 juin 1944. Ironiquement, c'était le jour du débarquement en Normandie, donc du début de la délivrance. Tout cela n'alla pas sans quelques singulières confusions que je ne devais découvrir qu'en 1992. Une enquête fut faite en 1955 en vue de l'attribution de la mention « Mort pour la France ». Un commissaire de police marseillais fit savoir, à propos de Lucien, dans une note du 11 mars : « Les recherches effectuées en tous lieux utiles en vue de découvrir les motifs et les circonstances de son arrestation sont demeurées infructueuses. Aucun renseignement concernant la famille Vidal-Naquet n'a été recueilli au 3 de l'avenue Frédéric-Mistral. » Notation d'autant plus vraisemblable que notre adresse était le 9. Quant à Margot, selon le Bureau de l'état civil du ministère des Anciens Combattants (note du 13 juillet 1955), elle avait été déportée de Drancy le 30 mai, non en direction d'Auschwitz mais « en direction du camp de Kaunas-Reval (Lituanie) ». En réalité, un convoi proche de celui du 30 mai, celui du 15 mai, avait eu cette destination, mais il ne comprenait que des hommes. En s'éloignant du temps de la Libération, les renseignements ne se faisaient pas plus précis mais plus flous, et les fonctionnaires devenaient indifférents. Le convoi réel était, lui, arrivé à Auschwitz le 2 juin 1944.

Une plaque fut apposée au cimetière Saint-Pierre à Marseille, sur le caveau de la famille Valabrègue, en mémoire de ces « victimes de la barbarie allemande ». J'essayai en vain d'obtenir de ma grand-mère que le mot « allemande » fût remplacé par le mot « nazie ».

Mais comment étaient-ils morts, comment avaient-ils vécu leur fin ? L'enquête dans un tel domaine ne peut être qu'indéfinie. En avril 1974, je me suis rendu, avec ma femme et notre ami Benedetto Bravo, de l'université de Varsovie, au camp d'Auschwitz, devenu le musée d'État de la petite ville polonaise d'Oswiecim. Du musée, je reçus photocopie d'un fragment de la liste allemande de ceux qui avaient fait le même voyage. Parmi eux, Lucien Vidal, *« Anwalt »* (avocat) et Marguerite Vidal, sans profession. Les lieux et dates de naissance étaient corrects. C'est cette liste que j'ai retrouvée plus tard, traduite, et sans l'indication de la profession, dans *Le Mémorial* de Serge Klarsfeld (1978). Comme par dérision, ils avaient été déportés sous un nom que Lucien avait refusé de porter. Il avait même interdit à Margot de le prendre pour rendre visite à sa sœur, à Saint-Agrève : « Tu iras sous ton nom ou tu n'iras pas. »

En 1980, je reçus une lettre du docteur Georges Weill. Il était, en 1944, élève de première au lycée Périer et avait été arrêté. Il m'écrivait à la fois pour me dire qu'il approuvait ce que j'avais écrit sur l'UGIF en préface à un livre de Maurice Rajsfus, et qu'il avait connu mes parents, à Drancy, où il avait pu survivre jusqu'à la Libération.

Quand j'eus lu moi-même *Le Mémorial*, j'écrivis quelques lettres à des survivants. C'était le cas du professeur Marc Klein, de l'université de Strasbourg, mais il était mort depuis peu, et sa veuve m'écrivit que jamais il n'avait évoqué mes parents alors que notre nom lui était familier. C'est seulement en 1992 que, par suite du hasard d'un manuscrit présenté à un éditeur, je fis la connaissance de Nadine Heftler qui, âgée en 1944 d'un peu moins de quinze ans, avait, avec ses parents, été déportée dans le même convoi que les miens. Grâce à ce témoignage[1], rédigé par une jeune fille de dix-sept ans qui avait survécu, je pus me faire une idée concrète, non plus seulement du « grand voyage » en général, mais de ce voyage précis. Peut-être même Nadine avait-elle capté une image de Margot aidant sa mère à apaiser les enfants en les faisant chanter; mais, à dire vrai, cela, je ne le crois qu'à moitié. En tous les cas, Margot n'était pas entrée dans le camp où 239 hommes et 134 femmes avaient été immatriculés, sur un convoi de 1108 personnes. Margot avait été gazée et brûlée dans un four crématoire. Sur ce point, depuis 1945, je n'avais plus de doutes.

Vingt ans après sa disparition, en juin 1964, son cinquième enfant, mon frère Claude, se donna la mort, à la suite d'un chagrin d'amour. Il se fit, dans une malle, une petite chambre à gaz. Je ne veux pas forcer les choses, mais j'eus le sentiment que la « bête immonde » continuait à tuer.

En octobre 1945, donc, *je sais*. L'évidence est rationnelle, mais non toujours convaincante. Une disparition dans ces conditions permet-elle le « travail du deuil », ce que Proust a décrit si minutieusement dans *Albertine disparue* ? Ma femme m'a raconté que, lorsque je lui ai parlé de mes parents, je lui ai fait la remarque : « Je ne leur ai même pas dit au revoir. » Je ne suis pas le seul, à beaucoup près, à avoir prononcé ces mots.

Le deuil suppose des rites qui socialisent la mort, qui organisent, pour les vivants, le passage. Quel fut pour nous le rite ? Étions-nous en deuil ? Un jour, devant le projet, à la fin de

1. Publié depuis : *Si tu t'en sors... Auschwitz, 1944-1945*, Paris, La Découverte, 1992.

1945, d'une réunion musicale qui devait se tenir au 9, rue Gustave-Flaubert, pour saluer, je crois, le lancement de la revue *Contrepoint* que fonda Freddie Goldbeck, mon oncle Georges s'indigna : « On ne peut pas faire une chose pareille dans une maison en grand deuil. » C'est pourtant vrai, me dis-je, nous sommes en deuil. La fête eut lieu ailleurs, et Isabelle, qui souffrait plus que quiconque de la disparition de son frère, fut humiliée par l'injonction qui lui était faite. Les plaisirs n'étaient assurément pas, depuis 1939, sa nourriture quotidienne.

Au moins pour Lucien des cérémonies eurent lieu et des notices furent rédigées par ses anciens confrères, Paul Arrighi, André Boissarie. Le 11 juillet 1946, le garde des Sceaux, Pierre-Henri Teitgen, présida au Palais une cérémonie à la mémoire des avocats à la cour de Paris morts pour la France. L'orateur était le bâtonnier en exercice, Marcel Poignard. Il ne put parler de tous les avocats juifs disparus – il y en avait trop – mais il esquissa le portrait de quelques-uns, dont Lucien. Il nous révéla que Lucien avait été torturé, à Marseille, condamné, d'après le témoignage d'une avocate qui survécut, « sous le fouet à une sorte de ronde infernale jusqu'à ce qu'il tombât exténué... ». Il osa ajouter : « La déportation fut pour lui l'illusion d'une délivrance. »

Mon oncle Georges fit de son mieux, avec la chaleur qui lui était propre, pour ritualiser les choses. Il m'emmena voir les meilleurs amis de Lucien, Maurice Alléhaut, Paul Arrighi, André Boissarie, alors procureur général, Raymond Lindon qui, magistrat du parquet, jouait lui aussi un rôle important dans l'Épuration, pour leur remettre un souvenir du disparu. Sur le plan officiel, Lucien fut « cité à l'ordre de la nation » et décoré de la « médaille de la Résistance ». Mais Margot ? Oserai-je le dire ? Lucien avait été un résistant, il aurait pu mourir comme tel, et, en un sens, il avait souhaité « mourir pour la France ». Qu'il ait été tué par l'ennemi, à l'ennemi comme on le dit dans les communiqués, est quelque chose que je peux comprendre et assumer. Je ne puis ni comprendre ni assumer le meurtre de ma mère. Et cela reste vrai en 1995 comme c'était vrai en 1945. Et que l'on ne me parle pas des victimes des bombardements. Elles existent, nul ne l'ignore. Mais, dans le cas du meurtre dont je viens de parler, chaque exécution a été voulue, individuelle, personnelle, même si tout s'est passé dans l'anonymat.

Étais-je armé, dans ces années que je raconte, 1944-1947, pour comprendre cela ? A peine le suis-je un peu mieux aujourd'hui. Je lus dès leur publication quelques grands livres sur la déportation, notamment ceux de David Rousset, *L'Univers concentrationnaire* et surtout *Les Jours de notre mort* qui mêle la mort immédiate, celle d'Auschwitz, à la mort différée, voire à la survie, à Buchenwald. Je lus *Les Armes de la nuit* de Vercors, méditation sur le dilemme tragique des déportés entrés dans l'appareil des camps. Je lus peu de témoignages directs sur Auschwitz, alors qu'il en existait – mais ils ne s'inséraient pas dans un grand système explicatif. C'est en 1958 que Jérôme Lindon publia et me donna *La Nuit* d'Élie Wiesel, beaucoup plus tard encore que je lus Primo Levi…

Si l'attente colorait ma vie, principalement en 1944-1945, si, par la suite, j'ai toujours jugé des hommes et des événements en fonction du destin auquel j'avais échappé – ce qui m'a fourni un prisme, mais non des certitudes –, reste que je vivais, que je travaillais et même que je devenais adulte. J'ai passé au lycée Carnot, boulevard Malesherbes – devant lequel mon ami Pierre Chaunu ne peut se retenir de cracher parce qu'il porte le nom d'un membre du grand Comité de Salut public –, les trois dernières années de ma scolarité secondaire, d'octobre 1944 à juillet 1947, de la seconde à la « philosophie » comme on appelait alors la plus « littéraire » des classes terminales.

Trois années donc sous la marquise, du nom de l'immense verrière qui couvrait la cour du lycée. Si mon professeur de lettres en seconde, M. Chabut, fut un homme courtois et pâle, prenant beaucoup de temps pour se demander si l'Andromaque de Racine était ou n'était pas une « coquette vertueuse », Pierre-Édouard Vial, mon professeur de philosophie en 1946-1947 – peu d'années auparavant, il avait été celui de Gilles Deleuze, dont la gloire philosophique naissait – était un homme d'une exceptionnelle culture, capable aussi bien de parler de l'art chinois à l'époque des Song, de la douceur de cet art et de la violence qui lui était contemporaine, que de s'interroger sur ce vers de Valéry : « Le temps scintille et le songe est savoir. » Il accepta, non sans une certaine gêne, de répondre à la question que, jeune lecteur de Freud, je lui posai un jour : « La psychanalyse est-elle une science auxiliaire de la psychologie ? » La réponse fut embarrassée mais positive. Il avait eu comme élève, à Marseille, Pierre-Jean Miniconi, en même temps d'ailleurs que Roger Garaudy, et il me plut de les faire se rencontrer à nouveau. Il nous obligeait à d'immenses lectures, et je passai des heures à la bibliothèque Sainte-Geneviève à déchiffrer, par exemple, Merleau-Ponty. Nous, je veux dire la tête de classe, composée de Claude Imbert, de Claude Chantalat et de moi.

J'ouvre ici une parenthèse. J'ai le sentiment – qui est à vérifier par les historiens et les sociologues de l'éducation – d'avoir vécu les derniers temps du prestige de la filière littéraire (latin et grec) qui débouchait normalement sur la classe de philosophie et sur des professions peu rémunératrices mais honorées. Quelques personnages exceptionnels, comme mon ami Laurent Schwartz, ont pu combiner goût du grec et dons mathématiques. De même, Gérard Brunschwig avait passé les deux bachots : philo et math élem. Parmi mes amis, Alain Michel tenta cette voie et dut y renoncer, ce qui le conduisit à la rue d'Ulm et à sa chaire de latin de la Sorbonne. Sur les trois élèves que j'ai mentionnés, un seul, Claude Imbert, l'actuel directeur du *Point*, a échappé à l'enseignement. Il était alors vif et précieux, aimant les plaisirs, au demeurant capable d'enthousiasme. Il se disait, par tradition familiale, « socialiste de droite ». Il n'est plus socialiste. Claude Chantalat, qui enseigne la littérature française à la Sorbonne, était un jeune homme au regard liquide, doux, gris et méditatif. Dans la classe voisine de philosophie, mon ami Louis Seguin, que j'avais connu en seconde, et qui détonnait, dans ce milieu, par sa bonté, fut révélé à lui-même par la philosophie. Il choisit une voie mixte : la khâgne d'abord et la philosophie, puis vécut sur un double registre, comme l'avait fait Georges Bataille, celui de conservateur de bibliothèque et celui de critique de cinéma, à *Positif* notamment, puis à *La Quinzaine littéraire*. Moins de dix ans plus tard, à l'oral de l'agrégation, en 1955, un candidat préparait une explication d'un texte scientifique de l'époque classique. Fernand Braudel, le président du jury, s'approcha de lui et lui demanda si tout se passait bien. Interrogé, il dut avouer que son bac était de philosophie. Braudel haussa les épaules d'un air désespéré : « Il a fait philo ! » Je dis tout cela sans mélancolie et sans regrets excessifs pour ces temps de l'élitisme littéraire. Fermant la parenthèse, je noterai simplement que mes camarades de 1re C, tournés vers les mathématiques, ont eu un destin plus fructueux. Ils sont aujourd'hui – la tête de classe en tout cas – banquiers ou ingénieurs sortis de Polytechnique, mais avec aucun d'entre eux je n'ai gardé la moindre relation, et je n'ai jamais l'occasion de les rencontrer. Si j'ai des amis sortis de l'X, nous nous sommes liés par une tout autre voie que la camaraderie du lycée. Parmi mes camarades semi-scientifiques, en général futurs médecins, qui suivaient la classe de « philo-sciences », l'un me voyait au cours de grec. Il est aujourd'hui mon ami, c'est le rhumatologue Marcel-Francis Kahn.

P.-E. Vial, petit homme bedonnant, était un intellectualiste ; il l'était résolument, disant de sa frêle voix de gorge que l'émotion elle-même est une évaluation. Il avait recopié à la main les introuvables *Méditations cartésiennes* de Husserl et nous laissait entièrement libres de barboter dans la mare aux idées. Disciple de Léon Brunschvicg, il préféra Aristote à Platon, parce que le rationalisme qualitatif du premier était ouvert à plus d'avenir que l'idéalisme mathématique du second, mais c'est le livre VII de *La République*, celui du mythe de la caverne, que je présentai au bachot, en compagnie de la *Monadologie* de Leibniz et des *Dialogues* de Berkeley.

Entre ces deux années, il me fallut faire, en octobre 1945, un choix qui se révéla décisif. Louis Blaizot était un homme corpulent, un vrai « Gaulois à tête ronde », moustachu comme le Galate du grand autel de Pergame ou comme le Vercingétorix de la statuaire. Il avait eu Jacques Brunschwig pour élève en 1944-1945 et l'avait marqué. Je tenais absolument à l'avoir à mon tour comme professeur et je crus à la rentrée que c'était chose faite. Or la classe mixte (groupant à la fois des « hellénistes » et des amateurs de latin-langues) où il enseignait fut dissoute. Pour continuer à suivre l'enseignement de Blaizot, il me fallait passer en C, c'est-à-dire feindre d'abandonner le grec et de m'intéresser aux mathématiques. Sur ce dernier point, je ne donnai pas le change, mais je pris des leçons de grec, traduisant *Antigone* sous la direction de Marie-Thérèse Blaizot, une de ses neuf enfants. Elle était un peu timide. Lorsque nous parvînmes à ces vers où Créon dit brutalement à Hémon, pour le détourner d'Antigone, qu'il est « d'autres champs à labourer », elle me demanda de reprendre plus loin…

Un autre de ses enfants, André, était mon camarade. Pour son père, il s'appelait : « Toi là-bas ». Louis Blaizot était effectivement un homme extraordinaire. Catholique, résistant, passionné de Péguy et de Claudel, il était en même temps un parfait laïc au sens de la Troisième République. Il nous prévint une fois pour toutes qu'il n'évoquerait pas le bachot, et il tint parole. Il partait d'un mot – en latin –, d'une expression, de la remarque d'un élève, ou plus souvent d'un texte et il le faisait parler avec un don oratoire puissant. Quand je le connus mieux, les années suivantes, quand je rencontrai sa femme qui lui tenait la dragée haute avec humour, j'en sus, bien entendu, beaucoup plus. Il était un disciple de Marc Sangnier, fondateur du Sillon, et il lui arrivait de raconter qu'un jour il rencontra place Saint-Sulpice le R. P. Laberthonnière, une gloire du modernisme catholique, qui criait : « Il faut le tuer ! – Tuer qui, mon révérend père ? – Qui ? Joseph de Maistre ! » Nous étions nombreux à nous indigner de la suppression de la classe où enseignait Blaizot, nous ne fûmes que deux à le rejoindre. L'autre s'appelait François Cloquet, peintre et décorateur. Il m'a souvent raconté que, lorsque je fis mon apparition en classe de seconde, je parlais d'une façon si correcte et si précieuse qu'il crut que je sortais des mains d'un précepteur. De mon côté, je l'entendis avec stupéfaction dire à la sortie d'un cours de Blaizot sur Voltaire : « C'était aux pommes, Voltaire ! »

Blaizot était capable de dureté. Un jour qu'un stagiaire s'empêtrait dans un texte latin, faisant manifestement un contresens, Blaizot se pencha vers moi : « Faites une objection. » Je la fis. L'autre tenta de se défendre et le professeur mit un terme au débat, souverainement.

A vrai dire, je comprenais mal ce qu'était un stagiaire, et je continuai de la sorte jusqu'au jour où je le fus moi-même, en 1954. Chez Blaizot, l'un de ces stagiaires, Pierre Petit, tranchait sur les autres. A ma grande joie, il connaissait les poètes précieux du XVIIe siècle, et notamment « Le Promenoir des deux amants » de Tristan L'Hermite que Debussy avait mis en musique et que j'avais lu dans l'*Anthologie de la poésie précieuse* de René Bray, publiée par la LUF (Librairie de l'université de Fribourg) et qui est, depuis 1946, un de mes livres favoris. Ce n'était pas surprenant, car Pierre Petit eut cette année (1946) le grand prix de Rome de musique.

Le nom qui résume pourtant pour moi ce que fut l'enseignement de Blaizot est celui de Rousseau dont je lus, en première, les œuvres maîtresses. A partir d'un Non fondamental, Blaizot déduisait, déclinait la pensée de Jean-Jacques. A partir du refus, très cultivé, de la culture tel qu'il s'exprimait dans le *Discours sur les sciences et les arts*, Jean-Jacques découvrait la nature, « l'or des genêts et la pourpre des bruyères », l'enfance, et les fonctions spirituelles de la mémoire, ce que Blaizot commentait en lecteur, pas toujours explicite, de saint Augustin et de Bergson, en lecteur aussi d'André Gide.

Je ne me limitais certes pas aux seuls auteurs « du programme ». Je lisais Sartre et Camus (*L'Étranger* et *La Peste*), je lisais les écrivains des Éditions de Minuit, et notamment Vercors, sans parler des poètes, je lisais Romain Gary dont l'*Éducation européenne* représenta pour moi, en 1945, un exemple de pédagogie antifasciste et une initiation à l'amour – mais, je le répète, je lus abondamment Rousseau ; je le lus de mon mieux. Ce n'est pas de mes professeurs, pas même de Blaizot, que j'attendais une aide quand il s'agissait de juger les œuvres contemporaines. Je faisais appel aux « intellectuels » de ma famille, à Gérard, à Jacques, et plus encore peut-être à Isabelle. Ainsi, lorsque fut publiée *La Peste*, en juin 1947, celle-ci remarqua aussitôt que, dans cette allégorie d'une société face au mal, il n'y avait de place ni pour la femme – la mère du narrateur n'étant qu'une charmante silhouette – ni même pour l'intellectuel, l'écrivain, le poète.

Mes autres professeurs m'ont moins marqué que Louis Blaizot. Au risque de ne pas être cru, je dirai pourtant que mon professeur d'anglais en seconde, un homme amer, caustique et savant, s'appelait... Malarmé : « Avec une seule l », précisait-il. Mes professeurs d'histoire ne furent pas de ceux qui me donnèrent la vocation. « Historien, fils d'historien », comme l'écrivit un jour Lucien Febvre, François-Georges Pariset, l'ineffable Pariset, selon un mot de Marc Bloch, dont je fus l'élève en première et en philo, écrivait alors sa thèse sur Georges de La Tour. Il serait tout à fait excessif de dire qu'il avait de l'autorité sur ses élèves qu'il poursuivait parfois, armé de ce long bâton avec lequel il commentait les cartes de géographie, dans le couloir du lycée. Ce ne sont pas mes professeurs d'histoire qui me firent connaître le premier ouvrage historique qui m'ait foudroyé ; c'est aux éditions

Franc-Tireur, dépendant du quotidien du même nom, que parut *L'Étrange Défaite* de Marc Bloch ; je lus ce livre aussitôt, en 1946. Pendant l'été de 1945, j'avais découvert à Marseille le Journal qu'avait tenu mon père : je fus frappé de voir combien ces textes étaient parents.

Chez Blaizot j'avais commencé à lire *L'Histoire* de Michelet, conçue « dans l'éclair de juillet » [1830]. Je dissertai sur Michelet et rencontrai pour la première fois une formule d'Henri Davenson (Henri Marrou) recueillie dans un hommage à Bergson des *Cahiers du Rhône*. Elle m'accompagna jusqu'à ma soutenance de doctorat, à Nancy, le 19 janvier 1974, et au-delà : « Le travail historique n'est pas l'évocation d'un passé mort, mais une expérience vivante dans laquelle l'historien engage la vocation de sa propre destinée. »

Le 16 septembre 1946, Blaizot m'écrivit : « C'est souvent pour un élève que le professeur fait sa classe (les autres ne sont pas frustrés, ils en bénéficient par surcroît) et ce sont les bons élèves qui font que les professeurs ne sont pas absolument intolérables. » J'en fus fier comme il est difficile de se l'imaginer.

Je rencontrai aussi à Carnot, quand j'étais en seconde, Pierre Nora, plus jeune que moi d'un an et d'une classe. L'intermédiaire avait été son cousin Étienne Jaudel, aujourd'hui avocat, et un des hauts responsables de la Fédération internationale des droits de l'homme. C'est chez Pierre Nora que je recueillis un mythe assez caractéristique du judaïsme français « de souche ». Pierre descendait de Juifs lorrains qui avaient vraisemblablement à date ancienne écrit leur nom à l'envers. Chez lui comme d'ailleurs chez les miens, il n'était pas suffisant d'être devenu français par la Révolution. Il fallait descendre de Gallo-Romains convertis, et j'étais prêt à le croire en ce qui concerne mes aïeux comtadins. Pierre m'expliqua donc que le célèbre médiéviste Louis Halphen, qui avait bénéficié comme Marc Bloch d'une exemption de l'exclusion prévue par le Statut, mais n'avait pas fait de résistance active, avait découvert un document extraordinaire, le rapport d'un consul romain du Bas-Empire, chargé de convertir les Gallo-Romains au christianisme, et qui faisait cette constatation désespérée : « Rien à faire, ils sont tous juifs ! » C'est plusieurs décennies après avoir recueilli ce « mythe du consul » dont il existe bien des parallèles, à Bayonne et à Djerba notamment, que j'en trouvai l'origine, grâce à mon élève Ph. E. Landau : Louis Halphen avait effectivement rédigé en 1941 un mémorandum sur les Juifs français, et sur leur intégration à la France, acquise par la Révolution, et ce document est conservé à la BDIC[1]. Halphen y dit que les Juifs sont venus en Gaule avec les Romains, ce qui est la vérité, mais il ne parle ni d'un consul convertisseur ni de façon détaillée de Gallo-Romains convertis. Son argument essentiel consiste à montrer que les Juifs français sont des Français comme les autres, plus volontiers officiers, du reste, que banquiers, et que les Juifs « étrangers » sont dignes d'être intégrés, au demeurant ne formant pas un ensemble, mais une multitude de communautés diverses, aussi différentes entre elles que le sont les Italiens des Portugais.

Nous communiions, Pierre Nora et moi, dans l'amour d'Aragon et d'un des plus mauvais de ses poèmes, « La ballade de celui qui chanta dans les supplices[2] » Il est difficile de se représenter une royauté littéraire comme celle qu'exerçait alors le poète de *La Diane française*. Claudel par exemple commentait son dernier roman, son meilleur, sous ce titre : « *Aurélien* poème ou roman ? » Aragon tranchait, décidait, expulsait André Gide des *Lettres françaises*. Il décrétait que Giraudoux, qu'il appelait Jean de France, était mort assassiné. Tout lui était permis, tout lui était possible. Peu à peu cette monarchie glissa à la dictature sur un clan, puis à l'autoflagellation.

1. Bibliothèque de documentation internationale contemporaine, Nanterre. La cote est : 115 195, 1-2 (Réserve).

2. Poème consacré à Gabriel Péri et publié d'abord dans les *Neuf Chansons interdites* : « Et s'il était à refaire, je referais ce chemin… »

Tout de même, parmi les poètes, je ne lisais pas seulement Aragon et l'Eluard des poèmes résistants. Aragon avait préfacé aux Éditions de Minuit, clandestines puis ouvertes, les *33 Sonnets composés au secret* de « Jean Noir » (Jean Cassou). Je m'attendais, sur la foi de ce titre, à des aragonades, et découvris de la poésie pure, y compris un poème « Traduit de Hugo von Hofmannsthal » dont Cassou avait trouvé le texte allemand dans la *Pariser Zeitung*. Du bon usage d'une « feuille infâme »...

La grande amitié qui naquit pour moi en 1944-1945 fut cependant celle de Noël Alexandre. C'est lui, le voisin de classe qui m'avait demandé : « Vous étiez donc résistants ? » Il ne payait pourtant pas de mine avec son crâne rasé, son menton un peu fuyant qu'il devait avoir plus tard l'heureuse idée de munir d'une barbe, ses notes médiocres au lycée. Il était le fils d'un médecin, Paul Alexandre, qui exerçait la pharmacie dans l'officine dont son épouse était titulaire. Mme Alexandre avait mis au monde onze enfants dont dix étaient vivants, et Noël était le septième. Parce qu'il était très habile de ses mains, les siens le prenaient volontiers pour un imbécile, inapte à la vie intellectuelle. J'eus moi-même quelque peine à me défaire de ce préjugé dont me débarrassa l'*Émile* de Rousseau. Je me souviens du désespoir de Noël lorsque son frère écrivit d'Indochine : « Je crois que le meilleur métier pour lui est celui d'horloger. »

Paul Alexandre ressemblait à Victor Hugo vieux ; il avait été dans sa jeunesse le meilleur ami de Modigliani qu'il avait cessé de voir à son retour de la Grande Guerre. Il possédait toiles et dessins que je fus admis à voir et une incomparable bibliothèque. Il avait aussi découvert, humiliée dans son couvent et rempaillant des chaises, une religieuse douée d'un talent admirable pour le dessin et la gravure, Mère Geneviève Dubois. Il était un catholique de l'espèce janséniste, disciple de Chestov et de Pascal tel que l'interprétait Chestov. Ses deux premiers fils avaient rejoint de Gaulle en juin 1940 et l'aîné avait reçu la croix de la Libération. Le second resta dans l'armée et servit en Indochine d'où il envoyait de longues lettres rapportant notamment que les Asiatiques étaient rusés et qu'un vieux colon lui avait expliqué ce qu'il fallait penser d'eux. Paul Alexandre était aussi un tyran. C'est lui qui obligeait Noël à se munir, en partant en vacances, de la tondeuse qui anéantirait – pour la renforcer – sa chevelure. J'encourageai mon camarade à se libérer. Lui m'apporta une sorte de chaleur et de violence poétique. Dès Carnot, je l'aidai par l'intermédiaire d'Isabelle, à réaliser sa vocation de flûtiste. Elle lui trouva un professeur qui avait été celui de Gérard : M. Blanquart. Pendant quelque temps, je fus reçu aimablement chez ses parents et fus même invité à deux reprises, en 1945 et 1946, au Petit-Appeville près de Dieppe où ils possédaient une maison. Nous y avions, Noël et moi, d'immenses conversations, mais je le décevais parfois en m'endormant, ce dont il tira des thèmes poétiques.

A dire vrai, nous ne parlions pas que de poésie, voire de philosophie, et c'est dans un autre domaine que Noël Alexandre compléta mon éducation. Il disposait de tout un répertoire de chansons gaillardes auxquelles l'atmosphère feutrée qui régnait chez moi se prêtait assez mal, seul Gérard Brunschwig ayant ses moments de gaieté. La plupart sont archiconnues, mais il m'en revient une en mémoire que je n'ai plus jamais entendue :

> C'était le jour d'la Fête nationale
> Tous les pétards pétaient en l'air.
> Elle sentit comme un coup de sabre
> Un frisson lui parcourir le corps
> Par-devant, par-derrière, tristement comme toujours
> C'est ainsi qu'la pauv' vierge avait connu l'amour.

Après quoi la malheureuse victime mettait au monde un enfant à qui elle « tordait l'kiki ». Puis,

Mise au ban de la cour d'assises
Ainsi qu'à c'lui d'la société,
Elle fut traitée d'fille insoumise
Par la loi du Quatorze Juillet.

Les bonnes relations ne durèrent pas. Paul Alexandre ne cessait de répéter à son fils que je ne m'en rendais peut-être pas compte, mais que j'étais franc-maçon. Exaspéré, je répondis un jour à mon ami que son père était, lui, maurrassien. Noël était alors peu au fait de la politique et répondit à son père que, selon moi, c'était lui, Paul Alexandre, qui était franc-maçon. Ce fut le drame et pendant dix ans je fus exclu de cette maison et ne retournai au Petit-Appeville que clandestinement.

En tout cas, la rencontre de Noël avec la musique fut décisive. Il fit une double carrière de professeur d'histoire dans les écoles normales d'instituteurs et de flûtiste de concert. Il a publié en 1993 les œuvres inédites de Modigliani que détenait sa famille, et organisé leur exposition à Venise et à Londres.

Je n'eus pas, à Carnot, que des amis. Certes, la collaboration n'avait plus droit de cité au lycée, et je vis même le seul de nos camarades, en seconde, qui avait été, au dire des autres, PPF, dessiner au tableau un V muni d'une croix de Lorraine. La seule idéologie vichyste qui résistait était celle de Charles Maurras. Je détachai un jour du mur, près de chez nous, un petit journal maurrassien, *Les Documents nationaux*, et fus stupéfait de ce que j'y lus et de la virulence de cette nouvelle clandestinité. Beaucoup de mes camarades étaient imprégnés de cette idéologie à des degrés divers. L'un, Bourquin, un fils d'ambassadeur, portait la fleur de lys à la boutonnière, mais c'était un royaliste de gauche, qui admirait Léon Blum. On pouvait lire en ces temps un petit journal qui s'appelait *Le Lys rouge*.

Les lois antisémites avaient été balayées en août 1944, mais, dans la société, les sentiments ne s'étaient pas modifiés chez tous. Aucun tabou comme celui qui se constituera plus tard, à partir de la fin des années quarante, quand fut prise en compte la tragédie d'Auschwitz, n'existait alors, et le Conseil de l'ordre des médecins pouvait même demander le maintien de certaines mesures d'exclusion contre leurs confrères d'origine étrangère. En avril 1945, devant les panneaux de la campagne pour les élections municipales (29 avril-13 mai 1945), je fus soudain pris à partie par deux de mes camarades. L'un d'entre eux, nommé Dreux, avait été jusque-là mon grand fournisseur en documents gaullistes : livres, brochures et affiches. Son père travaillait dans un service de propagande, ce qu'il avait d'ailleurs fait, pas très longtemps auparavant, pour Pétain. L'autre, un petit marquis, De Gélis, dont les sentiments m'étaient connus de longue date, disait être un cousin d'Honoré d'Estienne d'Orves. Le prétexte de la « discussion » était le nom de la tête de liste communiste, Prosper Môquet, père de Guy Môquet, ancien élève de Carnot, fusillé à Châteaubriant, en octobre 1941. « Il utilise la mort de son fils » ; mais, très vite tout dégénéra et j'entendis ces mots qui me stupéfièrent : « Va la retrouver, ta terre promise ! » Mon oncle Georges se plaignit auprès du proviseur. Celui-ci, M. Hatoux, était un être falot, muni de plus de deux petites excroissances graisseuses au front, dont on imagine aisément ce qu'en déduisaient les élèves. Entouré du conseil de discipline, il convoqua les antagonistes, se convainquit qu'il ne s'agissait que d'une querelle politique, qu'il apaisa avec des propos lénifiants. Il dit que tous espéraient le retour de mes parents, que le général de Gaulle souhaitait l'union de tous et nous invita à nous serrer la main.

Ces sentiments étaient, je le répète, assez répandus, en tout cas à Carnot. Mon ami François Cloquet, qui rêvait d'un mythique « monarque aux yeux clairs », n'en était pas tout à fait indemne. Je lui demandai un jour en quoi je lui paraissais « juif ». « Par l'ostentation de ton patriotisme », me répondit-il. La remarque n'était pas entièrement fausse et avait pu se vérifier au long des cinq générations qui s'étaient succédé depuis l'Émancipation. Mon arrière-grand-père Jules n'était-il pas rentré à Paris en septembre 1870 pour accomplir ses devoirs de garde national ? Il fait allusion, dans sa correspondance, aux obligations particulières qui sont les siennes.

Comme bien des antisémites, François Cloquet avait des amis juifs ou demi-juifs. Il en avait beaucoup, par tradition familiale. C'est chez lui que je rencontrai le peintre Serge Lagrange, fils de Léo et de Madeleine Weiller. Serge épousa Edmée, la ravissante sœur de François. C'est chez lui aussi que je rencontrai des amies dont j'aurai beaucoup à parler : Catherine Blum et Zayane Spanien.

D'autres que François Cloquet, qui avaient peu de motifs d'être antisémites, exprimaient eux aussi beaucoup de ce qui avait été l'idéologie de Vichy. L'un d'entre eux, qui s'appelait Aron, disait que son cousin Raymond était un dangereux révolutionnaire. Il ajoutait que si Mussolini n'avait pas fait l'énorme sottise de s'allier à Hitler…

Ainsi se distillait, à Carnot dans le XVIIe, ce « poison » maurrassien. Un ancien de l'Action française, André Rousseaux, qui avait collaboré à *La Revue universelle* au temps où Jacques Bainville la dirigeait, le dénonça, à la veille du procès du maître, dans *Le Figaro*. Il reçut des menaces de mort. Maurras ne fut pas, en fin de compte, voué au châtiment suprême. Apprenant qu'il était condamné à perpétuité, il poussa, le 27 janvier 1945, le cri fameux : « C'est la revanche de Dreyfus ! »

L'incident que j'ai raconté, qui s'était déroulé devant les panneaux électoraux, pourrait faire croire que j'étais alors communiste. Je ne l'étais pas et ne le fus jamais, même si j'ai pu parfois, par mon langage et mon comportement, donner l'impression du contraire. Il est à peine besoin de dire que les communistes étaient rares à Carnot. Un seul dans ma classe, autant que je me souvienne : Gérard Lévy, neveu de Madeleine Braun qui fut élue député sur la liste de Jacques Duclos.

Je pourrais pour ma part me contenter de dire que je lus,

très tôt, dès 1945, certaines œuvres de Léon Trotski, ce qui m'empêcha de devenir stalinien, et que je lus, dès sa parution dans *Les Temps modernes* de 1948, un article de Claude Lefort, « Les contradictions de Trotski et le problème révolutionnaire » – un des textes fondateurs du groupe « Socialisme ou barbarie » qui commença à se manifester publiquement en 1949, et que Lefort animait avec Cornelius Castoriadis (sous les pseudonymes de P. Cardan et P. Chaulieu). Ce dernier article m'empêcha de devenir trotskiste ; les disciples de Trotski menaient alors campagne pour les élections sur le thème « Pour un gouvernement Blum-Thorez-CGT » Mais, cela dit, il y aurait un peu de malhonnêteté à m'en tenir là, et mon itinéraire fut assurément plus sinueux.

En dépit des leçons de Saint-Agrève et de Dieulefit, j'étais en revenant à Paris d'une ignorance politique abyssale. Quelques jours après notre arrivée, je vis tout près de chez nous le local et les tracts d'un nouveau parti dont les thèmes de propagande me parurent hautement sympathiques, au point que je faillis remplir immédiatement un bulletin d'adhésion. Ce nouveau parti, c'était le MRP que *L'Humanité* appela rapidement, et facilement, après ses premiers triomphes électoraux, « Machine à ramasser les pétainistes ».

Vers la même époque, je reçus chez ma tante Hermine, de sa part et de celle du général Dassault, un enseignement qui me stupéfia. Le général était à cette époque un personnage considérable. Il avait été, dans la clandestinité, le conseiller militaire du Front national et des FTP, donc lié de très près au PCF. On entendait chez ma tante, au téléphone ou dans les conversations, les grands noms de la Résistance armée : le colonel Rol-Tanguy, Maurice Kriegel-Valrimont. Il me procura, entre autres autographes, celui d'Aragon que je collai sur mon exemplaire de *La Diane française*. Or le général et Hermine m'expliquèrent que de Gaulle était un fasciste – ce qui ne se murmurait pas que chez eux –, qu'il convenait d'être, comme eux, sinon communiste, du moins communisant, et qu'en tous les cas le gouvernement, qui comptait deux ministres communistes, n'était en aucune façon celui dont la France avait besoin.

Je ne fus pas entièrement convaincu et je ne crus pas au caractère « fasciste » du chef du gouvernement provisoire, même si je m'inquiétai en lisant *Le Fil de l'épée*. Il était toutefois clair qu'entre de Gaulle et la Résistance intérieure le courant ne passait pas. Le livre d'Indomitus (Philippe Viannay), *Nous sommes les rebelles*, écrit par un des fondateurs de *Défense de la France* qui donna, hélas, naissance à *France-Soir*, et que je lus immédiatement en 1945, en est un témoignage parmi beaucoup d'autres.

Je ne crus au « fascisme » du Général qu'en 1947, au moment du raz de marée RPF et des discours un peu délirants d'André Malraux, dont on se répétait, avec d'infinies variantes d'interprétation, la définition : « Un homme actif et pessimiste à la fois, est ou sera un fasciste, sauf s'il a une fidélité derrière lui. » Un seul critique, à gauche, s'efforçait vraiment de comprendre de Gaulle qu'il appelait le « Samouraï des blindés », c'était le communiste Georges Mounin qui était déjà l'exégète de René Char. Mais cela, je ne le savais pas encore.

La lecture de *L'Humanité* et de *Ce soir*, à laquelle je ne me livrais que rarement, m'inspirait de la répulsion, à cause des attaques *ad hominem* contre Frenay, fondateur de *Combat*, « le protégé de Pucheu », contre Pierre-Henri Teitgen : « Encore un nouveau scandale Teitgen. » Je détestais aussi la grandiloquence des titres de la presse communiste, ainsi celui-ci, que je n'arrive pas à localiser, mais que je n'ai assurément pas inventé : « Berlin, capitale du fascisme, voit dans ses faubourgs, avec l'Armée rouge de Staline, les étendards de la liberté des peuples. » Au moment de la victoire, un Révérend Père du Front national (organisation contrôlée par le parti communiste) nous invita dans *Les Lettres françaises* à ne pas « bouder le drapeau russe », comme certains le faisaient. Il n'en était pas question, et le 8 mai 1945, le 9 rue Gustave-Flaubert fut orné d'un grand drapeau rouge, « avec la faucille et le marteau », demanda Isabelle, pour qu'il ne soit pas l'emblème de la révolution sociale.

Sur l'Union soviétique, je savais en réalité peu de chose. Les prisonniers et les déportés qui avaient été libérés par les troupes soviétiques ne rapportaient pas toujours des témoignages enthousiastes. Un jour, les actualités montrèrent, au cinéma, Truman s'avançant, la main tendue, vers Staline à la conférence de Potsdam (ouverte le 17 juillet 1945). Un titi parisien cria : « Donne-moi ta montre ! » En effet, nombre de prisonniers libérés avaient dû laisser ce symbole de la modernité entre les mains de leurs libérateurs. A la fin de 1945 ou au début de 1946, je fus invité à entendre un exposé de Claude Alphandéry, ancien président du Comité de libération de la Drôme, et aussi ancien élève de Louis Blaizot, sur le pays où il venait de se rendre. Il fut présenté pompeusement par Pierre Emmanuel qui annonça que, de même que Tocqueville avait écrit *De la démocratie en Amérique*, Alphandéry allait évidemment écrire *De la démocratie en Union soviétique*. Un seul détail me revient : selon l'orateur, l'instinct « soviétique » – nous dirions aujourd'hui le conseillisme – était à ce point enraciné en URSS que, à la moindre occasion, hommes et femmes se réunissent en soviet pour délibérer. Marie-Thérèse Blaizot, qui était présente elle aussi, voulut poser une question sur la liberté religieuse, mais elle se contint.

Au moment de la campagne pour les élections municipales du printemps 1945, puis à la veille du référendum et des élections du 21 octobre 1945, j'assistai à quelques réunions électorales, en particulier une réunion socialiste, où l'orateur présenta les diverses listes concurrentes. Quand il en arriva à la liste communiste qui s'appelait, je crois, « Union patriotique pour un rassemblement antifasciste », il se contenta de dire qu'il n'en dirait rien. Quelque temps après, j'écoutai, dans un préau d'école, Jeannette Vermeersch. Elle mentionna une discussion qu'elle avait eue avec un candidat de droite. Celui-ci lui avait déclaré : « Que voulez-vous, il nous faut un homme à aimer », ce qui entraîna force sarcasmes.

Grâce au général Dassault, je pus assister à quelques séances de l'Assemblée consultative, puis de la première Constituante. J'entendis Georges Bidault se porter garant, de sa célèbre voix coupante, du loyalisme d'ambassadeurs qui avaient chanté la gloire de Pétain. Un orateur, un seul, m'impressionna par son éloquence. C'était le bâtonnier Henri Teitgen, patriarche d'une célèbre famille de résistants démocrates-chrétiens. C'était le 14 mars 1946. Il défendait la « liberté de l'enseignement », c'est-à-dire l'enseignement catholique, cause qui n'était assurément pas la mienne. Il conclut, tourné vers les communistes, en citant le poème célèbre d'Aragon sur « celui qui croyait au ciel et celui qui n'y croyait pas » :

Le double amour qui brûla
L'alouette et l'hirondelle
La rose et le réséda.

Mon sentiment dominant, en 1944-1945, était en réalité le patriotisme, ostentatoire en effet. Sur ce terrain, communistes et gaullistes se retrouvaient assez bien : il fallait non seulement battre les Allemands, puis les Japonais, mais faire en sorte qu'une armée française nombreuse et puissante participe à la victoire. Mon patriotisme s'identifiait à la gauche, voire à l'extrême gauche. Par exemple, en juillet 1945, je me réjouis de la victoire des travaillistes anglais, en dépit de la dette que, comme tant de Français, je me sentais envers Churchill. Reprendre à l'industrie privée ce qui était le bien de tous me paraissait élémentaire. Que la France et l'Angleterre le fassent me semblait relever, tout simplement, de la justice. Je lisais pourtant *Le Figaro* qui n'était pas exactement sur cette ligne. C'était le journal qu'on lisait à la maison ; Jean-Jacques Gautier y faisait la loi en matière de théâtre et de cinéma, et Claude Mauriac rappelait que le cinéma avait une histoire qui passait, par exemple, par des films que je vis dès que possible, *Une partie de campagne* et *La Règle du jeu* de Jean Renoir. Je lisais *Combat* quand je me sentais pessimiste et *Franc-Tireur* quand il fallait tenter de croire, avec Marcel Fourrier, à la victoire du « Parti ouvrier français » qui, peut-être, existerait un jour. Je lisais chaque semaine *Le Canard enchaîné* quand je parvenais à le trouver – c'était le seul hebdomadaire qui ne « bouillonnât » pas. Je lisais *Action*, un hebdomadaire très proche du PC où écrivaient Victor Leduc et Pierre Hervé, mais qui avait son ton bien à lui, et même un petit peu d'audace et d'indépendance.

Mon dessinateur préféré était moins Jean Effel qui avait trop de mal à être méchant, même quand il dessinait Hitler, que J. Sennep, homme de droite s'il en fut, mais qui avait combattu Vichy. Il collaborait alors au *Canard enchaîné*. Un de ses dessins, repris dans son album *Dans l'honneur et dans la dignité*, symbolisait pour moi l'hypocrisie monstrueuse de Vichy. On voyait Pétain descendant dans une cave, avec une cargaison d'eau de Vichy. Dans cette cave, des hommes, ceux de la Gestapo, torturaient. La légende disait simplement : « Oh, pardon ! » C'est là un thème qui devait me revenir à d'autres moments de notre histoire.

L'Épuration ne me choqua pas ; je la trouvai même un peu molle. J'estimais que les intellectuels devaient assumer leurs responsabilités. Brasillach fut courageux, mais j'aurais volontiers participé au peloton qui l'exécuta. Il avait écrit entre autres cette formule : « Il faut se séparer des Juifs en bloc et ne pas garder de petits. » Bien des années après, je le rappelai durement à Jacques Isorni, son avocat. Il se contenta de nier. Cela ne m'a jamais empêché d'utiliser, et de recommander son *Anthologie de la poésie grecque*, et je fus même complimenté un jour, à ce propos, par le *Bulletin des amis de Robert Brasillach*.

Le procès Pétain s'ouvrit le jour de mes quinze ans. Le duel Reynaud-Weygand me sembla comme à beaucoup sinistre et ridicule. Paul Arrighi, ancien déporté, et Léon Blum me parurent à la hauteur de l'événement. J'aurais naturellement voulu qu'on fusillât ce vieux traître que je ne prenais pourtant pas, comme *L'Humanité* du 23 avril 1945, pour un « Boche », mais je fus choqué par les conditions du déroulement du procès Laval qui vit l'accusé insulté par ses juges.

Entre ces deux procès, les deux bombes atomiques et la fin de la guerre. Contre la bombe, Camus protesta, et, parmi mes amis, Alain Michel, qui m'écrivit longuement à ce sujet. Il disait avec raison que le fait que les victimes fussent japonaises ne constituait pas une justification. J'étais hors d'état de le comprendre ; je fus impressionné, voire effrayé, non indigné. Quand la première expérience atomique publique fut réalisée à Bikini, le 1er juillet 1946, j'eus comme une vague crainte que la désintégration ne s'étendît à la planète.

Sur ce qui se passait en justice, j'avais quelques informations de première main par André Boissarie, procureur général, en 1946 surtout. C'est ainsi que je sus que René Hardy avait sans le moindre doute donné Jean Moulin, et que le recteur Roussy, parce qu'il avait appelé à voter oui au référendum constitutionnel du 5 mai 1946, avec socialistes et communistes, avait fait l'objet, pour une affaire de trafic de devises pendant l'Occupation, d'une abominable campagne accompagnée de chantage discret, de la part du *Figaro* et du *Pays*. Cette campagne fut à l'origine de deux tentatives de suicide, dont la première, en mai 1946, échoua et dont la seconde, le 30 septembre 1948, fut réussie.

C'est à la fin de 1945 et en 1946 que mes tendances politiques se condensent. Je suis de gauche, indiscutablement. La plupart des amis de Lucien, Paul Arrighi, André Boissarie, Raymond Lindon, l'étaient pour le moins devenus. L'exception majeure était Jacques Millerand, qui accusait Raymond Lindon, commissaire du gouvernement dans d'importantes affaires d'épuration, de faire du « jacobinisme judiciaire ». Cette gauche dont je suis doit plus à la Révolution française qu'à la Révolution d'octobre. Saint-Just, « impitoyable à l'ennemi secret », comme disait Pierre Jean Jouve, était alors un de mes héros.

Disons, en gros, que je me situe, en 1945-1947, entre Sartre et Mounier. J'avais lu de Sartre l'admirable et tout de même singulier article : « Jamais nous n'avons été aussi libres que sous l'Occupation allemande » sur « la république du silence » dans le n° 1 des *Lettres françaises* (9 septembre) et les premiers numéros des *Temps modernes* où il dressait le portrait de l'intellectuel engagé, tout en constatant dans « Littérature et révolution », un autre article des *Temps modernes*, qu'il y avait incompatibilité entre le fait même d'être un intellectuel et l'adhésion au Parti communiste. Très vite Sartre devint, même s'il put publier une « Mise au point » dans *Action*, la cible favorite des communistes. Mais à l'engagement pur et simple, je préférais la formule de Mounier sur « l'intelligence engagée-dégagée ». *Esprit* contribua de façon décisive à me rendre anticolonialiste. J'avais pourtant connu comme tout le monde la gloire des « taches roses » qui marquaient l'Empire colonial sur les cartes. En mai 1945, je crus pendant quelques jours que le PPA (Parti du peuple algérien) était une succursale du PPF de Doriot. On lisait cela dans la presse d'extrême gauche. En 1946, François-Georges Pariset nous donna comme sujet de composition de géographie « l'œuvre de la France en Indochine ». Je fis ce qui m'était demandé, mais l'éclatement et le développement de la guerre, les méthodes employées me révoltèrent. Je n'étais pas anticolonialiste par doctrine, par réflexion sur l'impérialisme, mais par universalisation des principes qui avaient animé la résistance à Hitler, ce en quoi je manquais, assurément, d'originalité.

Au fond, je ne voulais pas voir venir la guerre froide, malgré les signes éclatants qui s'accumulaient depuis 1945, je ne percevais que très imparfaitement les dictatures qui s'établissaient à l'Est et je crus longtemps, jusqu'en février 1948, que la Tchécoslovaquie constituerait une exception durable.

Quand la guerre froide fut effectivement venue, j'en refusai passionnément le principe, et je n'étais pas seul à raisonner ainsi. Blaizot, par exemple, me dit un jour que dans la guerre qui s'annonçait il était prêt à ramasser les morts et les blessés, rien de plus. Il fallait à tout prix garder nos libertés, mais il fallait aussi s'opposer à cette société injuste dans laquelle nous vivions et que l'énorme vague de grèves qui secoua la France avant et surtout après l'expulsion des ministres communistes du gouvernement Ramadier (5 mai 1947) semblait contester radicalement.

Tout cela faisait-il l'objet de débats avec mes amis, ceux de Paris et ceux de Marseille ? A relire les lettres que je recevais à l'époque, et qui, fatalement, venaient surtout de Marseille, je suis frappé du peu de place qu'y occupaient, relativement, les questions politiques. Il y avait bien Bonnaud, mais il ne m'écrivait guère, usant plutôt de la parole lors de mes venues à Marseille, pour tenter, dès 1945, de m'initier au « socialisme scientifique ». En 1946-1947, je lus le terrifiant petit traité de philosophie de Politzer, exemple affreux de ce que « l'esprit de parti » peut imposer à un philosophe considérable. Mais je ne pris pas aussitôt toute la mesure du désastre. Alain Michel était résolument conservateur et Gérald Hervé, laïc et rationaliste, très sensible à tout ce qui rappelait Vichy, mais soucieux aussi de garder l'empire intact, ce qui nous opposait. Il devait changer plus tard.

Ce qui me frappe aussi, dans cette correspondance, est le peu de place qu'y tenaient les événements culturels dont je me nourrissais, de façon privilégiée, puisque j'étais à Paris. Époque prodigieuse pour moi d'absorption intellectuelle : la musique au-dedans avec les disques et les leçons que dispensait Isabelle, répétitrice d'Yvonne Lefébure ; au-dehors, les concerts et d'abord ceux que donnait Yvonne « à merveille blonde et bleue », comme l'écrivait Bernard Gavoty dans *Le Figaro*. C'est la venue à Paris, en mars 1947, de l'Opéra de Vienne qui chantait, en allemand, je note ce trait d'époque, *Don Giovanni* et *Così fan tutte*, non par ignorance de l'italien, mais, disait-on, par peur de paraître ridicule dans un pays latin. C'était ainsi, la langue des lieder et des opéras n'était pas toujours la langue d'origine. Mon grand-père Edmond le déplorait déjà en 1914. Irmgard Seefried était la Fiordiligi de *Così*, mais je ne réalisai ma chance que bien des années plus tard. C'est Claude Crussard et le groupe *Ars rediviva* qui me firent connaître Marc Antoine Charpentier et la musique baroque, jusqu'au jour où ils disparurent, au-dessus des Açores, le 28 octobre 1949, dans l'avion qui emportait aussi vers la mort Marcel Cerdan et la violoniste Ginette Neveu.

Au-dehors encore, c'était le théâtre où je me rendais avec Jacques ou avec Suzanne Karpman, à qui je faisais une cour discrète : l'*Antigone* d'Anouilh – était-ce une apologie de la Résistance ou de la collaboration ? –, *Huis clos* de Sartre, Gérard Philipe se roulant par terre dans le *Caligula* de Camus, hurlant : « Je suis encore vivant », trait – je l'appris longtemps après – emprunté directement à Suétone. Et parmi les anciens, Jean-Louis Barrault, Marie Bell et Madeleine Renaud, la première dans le rôle de Prouhèze, la seconde dans le rôle de Doña Musique, au long des six heures du *Soulier de satin*, puis, à Marigny, un *Hamlet* dans la traduction de Gide, qui faisait dire à Claude Imbert : « Je suis en état de grâce. » J'avais vu Jouvet en 1941, je le revis encore en 1949 et en 1950 dans *Dom Juan* et dans un étrange *Tartuffe*, jaune plutôt que « gros et gras, le teint frais... », Jouvet, metteur en scène de *La Folle de Chaillot* de Giraudoux en 1945, avec en « reine de papier » à la Dickens, Marguerite Moreno. Souvenir suprême peut-être : Ludmilla Pitoëff dans *L'Échange* de Paul Claudel, noire, délicate avec quelque chose de souverain, et pourtant tremblante. Au cinéma, *Les Enfants du paradis* et l'échec grandiose des *Portes de la nuit*, et ces films de guerre ou de résistance, *Jéricho*, par exemple, en 1945, où les acteurs disaient si fort qu'il ne fallait pas être grandiloquent qu'ils le devenaient.

Je sais par expérience que certains de ces films de guerre ne pourraient être revus aujourd'hui qu'à titre purement documentaire. J'en ai fait, il y a peu, l'expérience, avec *La Bataille du rail*, saluée pourtant par tous, à sa sortie, en 1945, comme un chef-d'œuvre, alors qu'il me suffit de quelques images de *Jeux interdits* (1951) du même René Clément pour que me soit restituée l'atmosphère de l'Exode de juin 1940. Le seul de ces films de guerre que j'aurais envie de revoir aujourd'hui est un film suisse dû à un réfugié viennois, Léopold Lindtberg, *La Dernière Chance* (1945), qui racontait, sans complaisance je crois, les efforts d'un groupe de réfugiés, parmi lesquels un érudit juif traditionnel, pour pénétrer dans un pays qui accordait parcimonieusement l'asile.

Découverte du cinéma soviétique : pure propagande comme *Arc-en-ciel* ou géniale mise en mouvement des foules, comme la première partie d'*Ivan le Terrible* de Sergueï Eisenstein. Retour enfin du film américain avec rien moins que *Citizen Kane* d'Orson Welles, et arrivée des œuvres anglaises ou américaines de René Clair, *Fantôme à vendre*, *Ma femme est une sorcière*, *C'est arrivé demain*. Il y avait la peinture et les tapisseries, de celle de Bayeux, un temps exposée au Louvre, à Jean Lurçat. Et cette exposition de la galerie Charpentier : la *Vie silencieuse*, habile traduction de la *still life* anglaise, c'est-à-dire de la nature morte. On y voyait *Le Canard blanc* d'Oudry, jeu d'une prodigieuse habileté sur toutes les nuances du blanc. Je découvris Picasso au Salon d'automne de 1944, mais le sommet pour mes amis parisiens et pour moi fut la réouverture, en 1947, du musée des impressionnistes au Jeu de paume. Et que dire des chansons de Prévert et Kosma ? Ce sont elles qui me restituent aujourd'hui cette époque qui fut aussi celle des premiers sweat-shirts.

Mais de quoi discutions-nous avec mes amis marseillais ? De Gide que Gérald Hervé et moi aimions comme un libérateur, et qu'Alain Michel détestait, de la valeur de la philosophie de Bergson, nulle selon Hervé et Bonnaud, capitale selon

Michel et moi, de la littérature « méditerranéenne » du pied-noir Gabriel Audisio (*Ulysse ou l'Intelligence*) adoré de Bonnaud et d'Hervé, de l'engagement et de la fonction du poète, notions qui laissaient Hervé de marbre. Le thème se retrouvait partout. Dans *Contrepoints*, la revue de Freddie Goldbeck, s'engageait un débat sur « le musicien dans la cité » auquel participaient dans le numéro 4 (juin 1946) Gérard et Jacques Brunschwig. Une « marche funèbre » pour un combattant républicain espagnol serait-elle meilleure que celle qu'on aurait composée pour un combattant franquiste ? A cette question, Jacques répondait qu'elle serait différente. Quant à mes correspondants marseillais et à moi, nous étions à ce point centrés sur nous-mêmes que, lorsque Valéry mourut, Alain Michel m'écrivit, en juillet 1945, qu'il reconnaissait en lui « une certaine spiritualité à la Hervé », mais qui, bien entendu, n'était pas la bonne.

Gérald Hervé lui-même était si bien imprégné des vers du poète du « Cimetière marin » qu'il rédigea, en forme de tombeau, un pastiche que, aujourd'hui encore, je trouve si extraordinairement réussi que je ne résiste pas au plaisir de le transcrire :

Les luminosités claires du soir
De ton âme prendront une beauté propice
Et par les feux dorés d'un étendard de lice
Blanche ploiera calmé d'un vent de désespoir.

Ce cimetière et sa mer de prémisses…
Au pire de toi-même, ignores-tu la mort
Quand par la nudité du marbre tu t'immisces
Un brusque élan des dieux dorés s'endort ?

Mais plénitude à toi qui t'appartienne
Où la neuve douceur de la nuit valéryenne
Porte l'écho des mots d'un cœur qui se surprit,

Ce nocturne enjeu de mer et de tombes
Va-t-il donc se poursuivre, en vol clair de colombes
Éclatant de la nuit que livra ton esprit ?

De mon côté, j'aimais et je lisais Valéry. Je lui consacrai, au printemps de 1947, un essai, développement d'un exposé fait en classe de philosophie. Ce travail, centré sur le thème du néant et de sa « toute-puissance », inquiéta Alain Michel qui ne le toléra que sous la réserve qu'on admette que ce que Valéry appelait le « néant », c'était tout simplement Dieu. J'adressai ce texte aux *Cahiers du Sud* et Jean Ballard me répondit courtoisement qu'il sentait un peu trop son « devoir de français » mais qu'il lirait avec intérêt d'autres choses de moi.

Mais déjà s'était produit, en juillet 1947, à la galerie Maeght, un événement qui fut pour moi, et quelques-uns de mes amis, à long terme, une sorte de tremblement de terre, l'Exposition internationale du surréalisme, surgissement en force de ce qu'André Breton, dans *L'Amour fou*, appelait la « beauté convulsive ».

CHAPITRE VI

Imprudences

Bachelier en juin 1947, je devais de toute façon quitter le lycée Carnot et sa marquise. Comme plusieurs de mes camarades – Claude Chantalat, Claude Imbert, Louis Seguin –, je savais où aller : au lycée Henri-IV et l'hypokhâgne avec, à plus longue échéance, la khâgne et, selon mes espérances, l'École normale de la rue d'Ulm. Lorsqu'il me parlait de mon avenir, en 1942-1944, Lucien n'avait envisagé que deux possibilités : l'École normale ou le Conseil d'État. Je ne me sentais pas l'âme d'un juriste et, en dépit de pressions familiales qui se renouvelleront de 1948 à 1952, jusqu'à la veille de mon mariage, je me refusai absolument, en dépit ou à cause de l'exemple paternel, à faire mon droit pour devenir avocat. Quant à devenir autre chose qu'un intellectuel, je ne l'avais tout simplement jamais imaginé.

Parmi mes amis marseillais, Alain Michel suivait le même chemin, mais en s'inscrivant au lycée Thiers. Gérald Hervé devait, lui, venir à Paris pour faire équipe avec moi. Je lui avais proposé des vacances ambitieuses : un projet de voyage en Grèce ou, à défaut, une randonnée à pied, à la découverte des châteaux de la Loire. Il me répondit : « La Grèce : hum ! Le voyage s'avère difficile avec la révolution qui s'y prépare. [...] La possibilité demeure toujours. [...] Mais il faut craindre le rideau de fer... » Pour les châteaux de la Loire, dont j'avais aussi beaucoup rêvé avec Noël Alexandre, il me réclamait nombre de détails pratiques et ajoutait : « Je me demande aujourd'hui si je dois faire "première supérieure" [khâgne] ou même la faculté des lettres. Les débouchés de ces centres sont pécuniairement bien minces… » Et il me développait ses projets : l'« École des hautes études sociales » (qui n'existait pas encore), une école de journalisme et la faculté de droit. Je vécus sa renonciation comme une véritable trahison. Sa mutation le mena tout droit à l'Institut d'études politiques et, plus tard, au Commissariat de la marine. Rue Saint-Guillaume, il allait pendant quelque temps subir l'influence des amis de Pierre Boutang et de Pierre Boutang lui-même qui rayonnait alors comme une sorte de soleil maurrassien. Cela devait, après 1950 surtout, obscurcir notre amitié qui renaquit pendant la guerre d'Algérie.

En fait, à Henri-IV, c'est essentiellement Jacques Brunschwig que je suivais. Il y était entré en octobre 1946 et y avait connu son habituelle réussite que devaient sanctionner, en 1948, l'admission comme « cacique » à la rue d'Ulm et, en 1952, la première place sur la liste des agrégés de philosophie. Tel il était, au risque de lasser ses amis et de se lasser lui-même.

Jusqu'au bachot, j'avais pu me faire quelques illusions. Par rapport à Jacques, je me sentais comme une sorte de jumeau inférieur. Passer de la gémellité à la vraie fraternité, celle qui dure encore, fut une entreprise difficile. Entre 1947 et 1952, j'eus à conquérir mon autonomie. Je la cherchai et peut-être la trouvai-je dans des entreprises littéraires, par l'élargissement du cercle de mes amis, et pour finir, en 1952, en fondant ce qu'on appelait alors un « foyer ». Au reste, dans tout cela, rien de dramatique : pas de « meurtre du cousin » comme substitut d'un impossible « meurtre du père »[1]. Pendant de longues années je passai encore avec Jacques une grande partie des vacances d'été : à Beg-Meil en 1947 et 1948, à Beg-Meil encore en 1949, mais surtout, entre le 4 septembre et le 4 oc-

1. Cela dit, Jacques ressemblait et ressemble encore, plus que quiconque, à son oncle Lucien. J'étais le seul à ne pas m'en apercevoir.

tobre 1949, en Italie, du col de Montgenèvre à Assise, au cours d'un mémorable voyage à bicyclette. A tous égards ce fut un des grands moments de ma vie.

Ce fut surtout un voyage à la recherche de l'art italien du Moyen Age, et même de Byzance, puisqu'il devait inclure Ravenne, jusqu'à la Renaissance, mais peu au-delà. Le baroque était encore pour nous entièrement muet et il le demeura longtemps. Benedetto Croce n'enseignait-il pas à ses disciples de Naples que le baroque était une variété du laid ? Le centre et le but du voyage de 1949, ce fut Florence où nous nous installâmes le 12 septembre à la Villa Fabricotti, sur la route de Fiesole, sorte d'auberge de la jeunesse pour étudiants en vadrouille. C'est là que nous devions apprendre la naissance du premier bébé de la nouvelle génération, Antoine Brunschwig (1949-1994), fils de Gérard et de Francine Elias qu'il avait épousée au début de l'année. Gérard nous écrivit dans un italien macaronique : « Quand vous aurez fini de fabricotter zé né sais quoi avé les zolies Florentines, révénez vite lè videre. »

A vrai dire, nous ne « fabricottions » rien de tel. Nous étions des touristes infiniment sérieux, et en repensant à ce voyage, je me dis que la question qui se posait déjà à moi et que je me pose toujours est : comment l'histoire et le beau s'articulent-ils ? Le Quattrocento était évidemment le siècle qui, à Florence, avait mis la beauté à son programme, et le beau suprême s'incarnait peut-être dans les fresques de Gozzoli à Florence et à San Gimignano. J'en demeure aujourd'hui encore si marqué qu'un de mes neveux, grand voyageur, tient à me faire savoir régulièrement qu'il n'y a pas de Gozzoli à Hong Kong ou à Tokyo. Giotto peignait différemment, il ne peignait pas « moins bien » que Botticelli ou Ghirlandajo. De l'un aux autres, il y avait changement, mais ce changement était-il un progrès ? Déjà, à Carnot, François Cloquet m'avait enseigné cette vérité élémentaire : le gothique ne marque pas un « progrès » sur le roman. Et comment la langue commune d'un siècle et celle des individus qui la parlent peuvent-elles s'articuler ? Piero della Francesca parlait-il la même langue que Benozzo Gozzoli ?

Par-delà ces graves questions, qu'une œuvre comme celle de Michel Foucault a tenté depuis de mieux poser, trois épisodes, en eux-mêmes minuscules, me reviennent en mémoire, une mémoire aidée par un calepin que j'ai conservé. Les vertus guerrières des Italiens m'inspiraient, je l'ai dit, peu de considération. Mais ces vertus étaient-elles *la* Vertu ? Le 9 septembre au soir, nous nous trouvions, Jacques et moi, dans le village de L'Ariosto, lieu natal du poète de l'*Orlando furioso*, tout près de Reggio Emilia, un peu désorientés parce qu'il allait pleuvoir et qu'il était difficile de camper. Le facteur du village vit notre embarras et nous conduisit dans une ferme dont les habitants, les Corradini, étaient manifestement communistes, puisque sur la porte on pouvait lire cette inscription : *« Questa casa è per la pace »* (Cette maison est pour la paix), et que l'intérieur était orné d'un portrait du Baffone (le moustachu, c'est-à-dire Staline). Nos hôtes nous expliquèrent que le grenier – c'est ce que nous avions demandé – c'était bon pour les vagabonds, et ils nous donnèrent généreusement des lits. La conversation s'engagea avec eux ; ils nous dirent qu'ils avaient vu aux actualités notre *« deputato »* Blum et qu'il était *« molto comico »*. Ils utilisaient tantôt l'italien, tantôt un dialecte émilien où pomme se disait *pom* et non *mela*. Mais c'est surtout le facteur, qui parlait un peu français, qui s'exprima. Il nous raconta son odyssée : « Ié souis été prisonnier en Afrique. Ié souis été prisonnier en Angleterre. Ié souis été prisonnier en France. Ié souis revenu à la maison. Ié souis été fortuné. » Du coup, je compris quelque chose d'essentiel : beaucoup d'Italiens avaient refusé la guerre parce qu'ils étaient un peuple civilisé et qu'ils ne voulaient pas de ces combats que Mussolini avait tenté de leur imposer. Ici encore, la société civile avait joué contre le pouvoir politique ; et je suis toujours reconnaissant au *porta lettere* – c'est ainsi qu'il se présenta – de L'Ariosto de me l'avoir enseigné. A quoi il faut ajouter que les communistes italiens ne donnaient pas l'impression d'être une « contre-société ». Ils étaient dans la société civile et leur humour s'exerçait parfois à leurs propres dépens. Ainsi dans cette fête à Ravenne où les enfants étaient invités à faire un tour de manège sur le « crocodile capitaliste ».

A Florence, à la Villa Fabricotti, nous étions un soir attablés pour le dîner à côté d'une jeune Américaine, Polly [Mary] Garrett, et d'un grand garçon, rose et blond. Il nous demanda soudain : *« Do you study art ? – No, and you ? – Yes. – Where ? – In Munich. »* La glace s'installa aussitôt et ne fondit pas. C'était la première fois que je voyais un civil allemand. Décidément, la guerre était encore proche. Ce n'est pour ma part qu'en 1965 que j'ai pu me résoudre à franchir pour de bon la frontière allemande – car je ne compte pas une simple traversée du pont de Kehl en 1952 –, pour aller à Munich précisément.

De Florence, nous avons repris le train pour Assise, revenant de là à vélo par Arezzo, Pérouse, Sienne et San Gimignano, cheminant au long de ces collines spirituelles dont Blaizot nous avait dit qu'il rêvait de les parcourir à pied. D'Assise, j'écrivis à Alain Michel : « Dans la patrie de saint François j'ai rencontré un véritable franciscain et une multitude de canailles onctueuses, de fripouilles dévotes, de punaises de sacristie, de pharisiens et pour tout dire de tartuffes. » Pour être franc, je ne sais plus qui j'honorais du titre de « véritable franciscain ». Mais je me souviens très bien d'un de ces tartuffes. A Assise, nous avions planté notre tente dans le jardin de religieuses françaises qui donnaient une hospitalité admirable. Nous avions ainsi dîné avec un réfugié de la Libération, M. Édouard Schneider, qui se prenait pour un héritier légitime de François d'Assise et nous expliqua que la France risquait de perdre ses colonies arabes parce qu'elle avait envoyé, pour gouverner ces peuples fiers, des francs-maçons et des Juifs. Nous étions jeunes, et plus timides que nous ne le pensions. Nous avons gardé le silence.

L'année suivante, en 1950, je fis encore un long séjour italien, séjour commencé dans l'amertume, car j'avais été, par décision de mes oncles Félix et Georges, interdit de voyage en Grèce, alors que mes billets étaient achetés, mais continué dans l'allégresse le jour où, me trouvant à Milan, je décidai tout à coup, avec un vif sentiment de liberté, de prendre le train pour Rome. Ce furent d'abord les Dolomites et Venise, en compagnie de François et d'Aline, puis, de nouveau avec Jacques, à qui je donnai rendez-vous à Rome, sur le Capitole, et enfin une installation à Capri, à Marina Piccola, d'où nous devions rayonner en Campanie et jusqu'à Paestum. Cet été-là, constatant qu'il m'avait fallu trois voyages pour découvrir que « vous », en italien, se disait *Lei*, c'est-à-dire « elle », je me décidai à apprendre un peu d'italien, en lisant un roman de Moravia, *Le Ambizioni sbagliate (Les Ambitions déçues)*. Pendant ce séjour dans les Dolomites (j'habitais un village minuscule du nom de Carbonin), j'appris, presque par hasard, la mort de ma grand-mère Mina, deuil qui frappa au cœur Isabelle, deuil que je ressentis profondément, mais fus incapable d'exprimer.

Le cycle de vacances avec Jacques s'interrompit là, et lorsqu'en 1951 je partis pour l'Espagne en compagnie de Jean-Paul Arbousset, un protestant cévenol à visage de Christ, que passionnaient Chestov et Kierkegaard, Jacques me fit remarquer avec un rien d'amertume que j'avais mis un terme à ce qui était devenu, depuis 1943, une tradition.

Mon autonomie, je l'avais conquise aussi en quittant, en janvier 1948, la rue Gustave-Flaubert pour reprendre une chambre rue de Varenne dans l'appartement où j'étais né. Il était alors occupé par des meubles appartenant à différentes branches de notre tribu et logeait une famille amie des Valabrègue de Marseille : Henri Lévy, sa femme et leurs deux filles adultes. Lui, qui s'occupait au ministère des Finances de problèmes laissés en suspens par la fin de l'Occupation, conservait des souvenirs passionnés des discours de Jaurès pendant l'Affaire ; elle, un peu grincheuse et maniaque, dans un style très « mère juive ». L'aînée des filles, Marianne, était, est toujours biologiste, la seconde, Francine, alors étudiante en médecine, se dirigeait vers la psychiatrie. J'étais là comme en demi-pension, mangeant chez mes hôtes le soir ; les relations avec les parents furent parfois difficiles, surtout à partir de 1952, lorsque je me fus marié. Deux ménages, voire trois – puisque Francine s'était mariée avant moi – coexistent difficilement dans un seul appartement, même grand.

Marianne était alors fort liée avec un étrange personnage, directeur de recherche au CNRS et ancien professeur à l'université de Strasbourg, Émile-Florent Terroine. Il avait été dans sa jeunesse l'ami de Péguy au plus fort de sa période laïque, et, étudiant, s'était occupé d'un petit journal pour jeunes non religieux : *Jean-Pierre* ; à Strasbourg il s'était lié avec Marc Bloch et Lucien Febvre. Ayant appartenu à la Résistance, il s'était efforcé de porter assistance aux Juifs pendant l'Occupation, puis les avait aussi aidés à récupérer leurs biens spoliés après la Libération. Chose étrange, il était le sosie de Léon Blum, au point que des amis les avaient réunis en mettant Jeanne Blum entre les deux pour qu'elle puisse marquer différences et ressemblances.

Je décorai ma chambre avec l'aide de mon ami peintre François Cloquet. Sur le mur, un grand panneau de liège permettait d'épingler des cartes postales – il m'arrivait d'en dérober dans des musées – et des reproductions diverses, avec une dominante impressionniste.

D'octobre 1947 à juin 1950, je fus donc hypokhâgneux puis khâgneux au lycée Henri-IV. En 1949 comme en 1950, je fus éliminé, dès l'écrit, au concours de l'École normale supérieure, progressant un peu d'une année sur l'autre, pas beaucoup. Mon niveau était pourtant assez bon et je me classais assez souvent en tête, en français principalement et en histoire, parfois aussi en grec.

Si je disais que je sacralisais le lycée Henri-IV, lieu magnifique dominé par la vénérable tour Clovis, comme une galerie d'arcades où d'aimables jeunes gens devisaient selon le modèle des *Dialogues* de Platon, il y aurait un peu d'exagération, mais pas beaucoup. L'hypokhâgneux et le khâgneux moyens étaient des pensionnaires crasseux, revêtus de sinistres blouses grises. Mon premier chef de classe, qu'on appelait *hyposekh* puis, l'année suivante, *sekh*[1], fut Pierre Juquin. Sa vocation bureaucratique devait le mener loin, pas assez cependant pour qu'il évite de se casser la figure sous la férule de Georges Marchais. En 1947-1948, il jouait les prolétaires clermontois avec une ardeur telle que certains le prenaient pour ce qu'il n'était assurément pas : un trotskiste. Du traditionnel bizutage, je ne me rappelle que peu de chose. J'entendis Claude Bremond, le futur sémioticien et logicien du récit, ami de Jacques et qui devint le mien, s'indigner devant un bizuth qui ignorait qu'une « Sébasto » était une prostituée arpentant le boulevard de Sébastopol. Une des questions posées aux bizuths : « Es-tu puceau ? » Il me souvient pourtant d'un geste amical lorsque celui qui était chargé de me mettre à l'amende (une contribution à la caisse de la khâgne était imposée à tous les bizuths) apprit ma situation d'orphelin de guerre. On pouvait voir aussi un garçon très brun qui partait pour de perverses expéditions contre ses camarades plus jeunes et, quand ils réagissaient, allait se réfugier sous la protection d'un *penta*[2], un angliciste nommé Loiselet. Pendant l'année, ce garçon se distingua par des propos hitlériens qui le faisaient remarquer en ces temps peu éloignés de la Libération. C'était, me semblait-il à l'époque, plus par provocation que par conviction. Mais il n'allait pas manquer d'esprit de continuité. Il s'appelait Robert Faurisson...

Les grandes khâgnes, celles d'Henri-IV et de Louis-le-Grand principalement, sont désormais objets d'histoire et de

1. Abréviation de secrétaire.

2. Un hypokhâgneux est un « bizuth » ; un khâgneux est successivement, d'année en année, « carré », « cube », « bica » et « penta ». Être penta est une exception qui suppose que l'intéressé a sauté un concours.

sociologie, grâce à des historiens comme Jean-François Sirinelli ou des sociologues comme Pierre Bourdieu. Il n'est pourtant pas inutile d'évoquer de façon un peu précise celle où je fis mes premières armes, des armes rhétoriques bien sûr. A côté de la version et du thème, ce dernier objet très classiquement de ma haine, la dissertation régnait. J'ai noté le prix qu'y attachait mon grand-père Edmond, et s'il n'était pas à proprement parler un « héritier », puisque son père n'avait pas fait d'études secondaires, il n'en était pas moins le produit de plusieurs siècles d'une tradition que les jésuites avaient léguée à l'école républicaine. Longtemps auparavant avait existé ce « développement » que nous avons hérité d'Isocrate et des temps hellénistiques, et dont Marrou me révéla l'importance dans son *Histoire de l'éducation dans l'Antiquité* (1948).

L'explication de texte était un genre différent, et Barthes n'était pas encore passé par là. Détail qui aujourd'hui me frappe, mes choix furent surtout poétiques, Baudelaire et même « Le bateau ivre ». Seule exception significative, la fin de la douzième « Provinciale » : « C'est une étrange et longue guerre que celle où la violence essaie d'opprimer la vérité… » Que de fois, depuis, n'ai-je cité ce texte qui, entre autres, avait hanté l'époque de l'affaire Dreyfus !

Pour sortir de ces exercices et prendre un peu de champ, il n'y avait qu'une voie : l'exposé, qui pouvait éventuellement durer deux ou trois heures et qui demandait plusieurs semaines de préparation. J'en fis deux. Aidé de Louis Seguin, je traitai de Paris dans Balzac et Baudelaire. La formule finale : Balzac ce dieu, Baudelaire cet homme, aurait pu être inversée. C'était au fond, à travers l'œuvre de Balzac qu'avait éclairée un livre récent d'Albert Béguin, *Balzac visionnaire*, un vaste commentaire des vers du poète :

> Fourmillante cité, cité pleine de rêves
> Où le spectre en plein jour raccroche le passant !

Les mystères partout coulent comme des sèves
Dans les canaux étroits du colosse puissant.

Ainsi s'illuminaient, à nos yeux, des pages entières de l'*Histoire des treize*.

Traitant un tel sujet, il fallait bien parler des prostituées. J'employai donc une fois, et non sans hésitation, le mot « putain ». Un mot français, dit le professeur, Fernand Cauet, qui se contenta de faire remarquer que la courtisane au grand cœur est un *topos* de la littérature française.

Cela se passait en hypokhâgne. L'année suivante, aidé de Charles Malamoud, je rédigeai pour Jean Boudout un exposé sur le surréalisme, thème sur lequel je reviendrai. Je crus faire preuve d'une incroyable audace en citant, parmi diverses maximes du groupe d'André Breton, celle-ci : « Joie énorme comme les couilles d'Hercule. » Personne ne la releva ! J'aimais déjà le mélange et il m'arriva, en classe d'anglais, de commenter le portrait d'Ève, dans *Le Paradis perdu* de Milton, avec des vers d'Eluard :

Chargée de fruits légers aux lèvres
Parée de mille fleurs variées,
Heureuse dans les bras du soleil…

Chez Eluard comme chez Milton, la scène se passait dans un jardin, mais il faut avouer que la comparaison n'avait pas beaucoup de sens.

Qui étaient donc nos professeurs, ou nos maîtres, puisque telle était l'appellation officielle que nous étions censés leur donner ? On les divisa un soir de revue[1] en trois catégories, les « chastes », les « tristes » et les « pontifes »[2], mais cette plaisanterie ne permet guère de les regrouper. De « maître »

1. La « revue » était une mise en boîte des professeurs en fin d'année.
2. Allusion aux trois recueils de poèmes d'Ovide, les *Fastes*, les *Tristes* et les *Pontiques*.

d'ailleurs, dans cet ensemble d'hommes, je ne m'en reconnais qu'un : André Alba, professeur d'histoire, même si, pour raisons de santé, il fut parfois suppléé par M. Fourniol, personnage dont la gorge se gonflait telle celle d'un dindon, mais qui ne manquait pas de souffle.

Alba, comme Fourniol, l'« austère huguenot » dont parle Lucien Febvre dans une lettre à Marc Bloch de 1929, comme André Diény qui l'assistait pour l'histoire ancienne, était protestant, comme l'ont été la grande majorité de mes professeurs d'histoire, qui avaient choisi ce métier par héritage peut-être d'une lecture critique de la Bible. Le front zébré d'une cicatrice profonde (souvenir de la guerre), ironique, impitoyable, Alba avait une sorte de malin génie pour débusquer les imposteurs de tous les temps et de tous les pays, particulièrement s'ils portaient l'habit épiscopal. Il ajoutait alors : « Je m'excuse auprès de ceux d'entre vous qui sont fils d'archevêque, mais il faut bien avouer que Mgr X était une effroyable canaille. » Je devais comprendre un jour le secret amer de ce type de formule. Il venait d'écrabouiller un militaire quand il ajouta : « Je m'excuse, je suis fils de général et d'une famille d'officiers de carrière. » Lorsque je publiai en 1962 *La Raison d'État*, je lui en envoyai un exemplaire, comme à celui qui m'avait « enseigné la méthode historique ». C'était vrai, non qu'il nous enseignât l'érudition, ni même les formes nouvelles de l'histoire que symbolisaient les *Annales*. J'avais lu *L'Étrange Défaite*, mais ce fut Robert Bonnaud qui me révéla l'existence de la revue fondée par Marc Bloch et Lucien Febvre en 1929 et prononça pour la première fois devant moi le nom de Fernand Braudel. Il arrivait à André Alba de donner des livres en exemple. Un jour où il se sentait expansif, il nous parla de trois ouvrages qui lui paraissaient des exemples de méthode, le *Jésus et Israël* de Jules Isaac qui venait de paraître et en fait valait plus par ce qu'il disait de l'Église contemporaine que des Évangiles eux-mêmes, *Les Massacres de Septembre* de Pierre Caron et *La Grande Peur* de Georges Lefebvre,

Sur quels thèmes m'a-t-il marqué ? Sur celui de la Révolution française, parce qu'il fut le premier à nous parler de la dimension totalitaire du gouvernement des Montagnards, sur celui de l'anticolonialisme, parce qu'il faisait ressortir l'exploitation éhontée à laquelle avaient été soumis les peuples d'Indochine, ce qui soulevait des échos contemporains.

Rien pourtant ne nous passionna autant que l'histoire du modernisme catholique, la tentative d'un petit nombre de religieux – l'abbé Alfred Loisy et quelques autres – pour provoquer un *aggiornamento* de l'Église, en matière d'exégèse notamment. Du coup, je lus, entre autres, *Jean Barois* de Martin du Gard. Ai-je saisi tout de suite que des problèmes analogues se posaient à l'Église communiste ? Je ne sais. Mais un jeune prêtre-ouvrier comprit cela et consacra des années de sa vie à l'étude de cette crise moderniste de la fin du XIXe siècle et du début de notre siècle, une crise à laquelle les excommunications n'ont pas mis fin : Émile Poulat, aujourd'hui mon collègue à l'École des hautes études. En histoire-événement comme en histoire-discipline, les admirations d'Alba étaient éclectiques mais républicaines : Garibaldi, Jules Ferry, Brazza, Jaurès. Il arrivait alors que sa voix tremblât. Tel était donc *le* maître.

D'autres pourraient plus aisément être appelés les aristocrates. Il y en avait de diverses sortes. Ferdinand Alquié, par exemple, dont je n'ai pas été à proprement parler l'élève – il venait de quitter l'hypokhâgne pour la Sorbonne –, était un aristocrate d'un genre assez spécial, puisqu'il lui arrivait de recommander à un jeune collègue, nommé dans une ville de province, les meilleurs bordels du cru, mais Descartes et Kant s'exprimaient solennellement par sa bouche, et il détestait toute philosophie qui refusait la transcendance. Sa jeunesse avait été surréaliste, et c'est même un article de lui dénonçant « le vent de crétinisation » soufflant sur l'Union soviétique qui avait précipité la rupture (1931-1932) entre surréalistes et communistes. Tout cela était loin, et l'existentialisme, « la jeunesse des autres », ne lui inspirait plus que méfiance. Je l'entendis en disserter au Collège de philosophie, en dialogue avec Jean Wahl.

Fernand Cauet, long, anguleux et assez distant, ne parlait jamais de Barrès sur lequel il avait écrit un livre, mais beaucoup de latin et de littérature classique. Mes références fréquentes à Kafka – Jean-Louis Barrault venait de monter *Le Procès* – avaient le don de l'exaspérer, mais il supportait que je lui rende des dissertations en forme de dialogue. René Duret, philosophe, était un humoriste glacé qui aimait faire de longues énumérations de synonymes, qui retombaient telle une série de paroles gelées. En me faisant disserter sur le mensonge, il m'obligea à réfléchir sur ce que pouvait être un langage à l'état pur. Au mois d'août 1948, il mourut en faisant l'ascension du Puy de Sancy. Fatigué, il s'assit sur le bord du chemin, roula une cigarette en disant à sa femme : « Je crois qu'aujourd'hui nous n'irons pas plus haut », et tomba mort. Il avait soixante et un ans. « Une mort à la Tacite », nous dit Fernand Cauet qui, à la rentrée de 1948, nous raconta, en petit groupe, cette fin.

Dernier aristocrate que j'ai envie de mettre en scène : Jean Boudout, que certains appelaient « bouche d'or » et qui nous enseignait le français et la version latine. C'était, curieusement, un homme en partie double : ouvert et pénétrant, éloquent même, dès lors qu'il s'agissait d'analyser un texte, mais timoré, pour ne pas dire constipé, quand il lui fallait juger une dissertation ou présenter une question d'histoire littéraire. Tout alors devait passer par une Moulinette conservatrice. Il formait un singulier contraste avec son symétrique de l'autre khâgne, Laurent Michard, que des manuels (« Lagarde et Michard ») devaient rendre célèbre, et qui était fin et gris.

Aux aristocrates s'opposent, dans ma mémoire, ceux que j'appellerai les bouffons. Je n'ai connu, si je puis dire, qu'un seul grotesque direct, et je ne le nommerai pas. Quand il se mettait en colère, il criait : « Ce n'est plus le professeur qui vous parle, ce n'est plus l'ami, c'est le capitaine d'infanterie... » Par le mot bouffons je désigne ceux qui nous faisaient rire plus ou moins volontairement. Ainsi l'helléniste Henri Berguin, qui avait traduit assez platement Euripide, compara un jour *Œdipe roi* et *Le Secret* de Bernstein. Son visage ne s'animait d'un sourire japonais que lorsque, sollicité de réciter un sonnet, il s'exécutait en jouant les prima donna.

Pierre Dreyfus Le Foyer, surnommé Le Dry (d'où le titre d'une revue de fin d'année, *La Bataille du Dry*), était un tout autre personnage. En philosophie il était classique, aimant Kant et non Heidegger, et nous disant parfois : « Laissez ce Boche. » Mais il était surtout doté d'une très grande faculté d'autodérision. Roux, petit et un peu malingre, ce qui l'avait fait surnommer « le mal blanc » par opposition à son frère qui était « le pruneau », il avait fait l'internat des asiles. Il nous raconta qu'un jour, dans un hôpital psychiatrique, il avait eu à conduire au long d'un interminable couloir un impressionnant malabar qui, à l'arrivée, se tourna vers lui et lui dit : « Avoue qu't'as eu les foies. »

Tous ces hommes – il n'y avait, bien entendu, pas de femmes – étaient savants. Un seul était *un* savant. Dans le peu de grec que je sais, beaucoup vient de Maurice Lacroix dit le Khrux. Ce n'était pas un orateur, mais un authentique philologue et un linguiste. Pour rien au monde il n'aurait manqué un cours d'Émile Benveniste au Collège de France. Il avait une incroyable dégaine, enfouissait nos copies dans les poches d'un imperméable crasseux et postillonnait dans tous les sens. Résistant courageux, fondateur de la « Jeune République », un groupe chrétien qui avait refusé de rentrer dans le MRP, il se battait aussi pour les humanités et se retrouvait alors aussi bien avec le communiste Georges Cogniot qu'avec les conservateurs les plus affirmés.

Il n'était pas le seul politique parmi nos maîtres, puisque Étienne Borne, très engagé dans le MRP, enseignait la philosophie en hypokhâgne. J'étais très éloigné du MRP mais

Borne était un homme sympathique que j'allais parfois écouter, orateur se penchant et se redressant d'une phrase à l'autre avec une allure de métronome détraqué mais éloquent.

Dans tout ensemble, il y a un centre et des marges. Le seul marginal que j'ai alors connu était le philosophe Jean Beaufret. Marginal, il l'était à tous égards. Son homosexualité était notoire, mais il n'en tirait à notre usage que des effets d'humour : « Si je suis pédéraste en Angleterre, je n'en ai pas le droit, mais si je suis pédéraste en France, j'en ai le droit, parce que le Code civil est l'œuvre d'un pédéraste. » Bonaparte, Cambacérès et Lebrun, les trois consuls de l'an VIII, n'étaient-ils pas connus comme *hic*, *haec*, *hoc*[1] ?

Beaufret avait été résistant. Professeur à Grenoble, il y avait enseigné à ses élèves, dont Simon Nora, l'art de se servir d'une mitraillette. Il affichait volontiers des idées d'extrême gauche et était allé soutenir, à la Mutualité, les communistes aux prises avec la Troisième Force. C'était un merveilleux improvisateur, capable d'arriver sans la moindre note et de développer des « thèses sur Bergson ». Il avait un amour de la philosophie grecque qu'il m'a certainement inculqué, bien que je sois totalement étranger à la philosophie de l'être dont il découvrait la fulgurance chez les présocratiques. Beaufret détestait Sartre en qui il voyait un fade moraliste français.

Dans ce domaine comme dans d'autres, il était l'interprète français par excellence du maître de la Forêt-Noire qui tenait les Français pour *etwas naiv*, quelque peu naïfs. Le passé nazi de Heidegger ne l'intéressait pas. Il tentait de nous faire saisir ce que voulait dire : être transi par l'être. L'homme était délicat, exquis même ; il avait des amitiés multiples : Marcel Jouhandeau, Roger Vailland, Fernand Lumbroso, un impresario qui était notamment celui de l'Américaine Katherine Dunham, admirable chorégraphe de ballets nègres. Il ne témoigna de mépris qu'à un seul de ses élèves : il s'agissait

1. Masculin, féminin et neutre d'un démonstratif latin.

encore de Robert Faurisson. Sur ce dernier personnage, il devait changer d'avis à la fin de ses jours.

Ce que je tirai de son enseignement n'était certainement pas ce qu'il avait de meilleur. Je me souviens d'une appréciation sur une copie : « Du fond, mais précisément excès du fond sur la forme. » C'était probablement l'inverse : textes rapprochés au hasard, mélange de Hölderlin et d'Héraclite.

J'avais suivi ses cours en 1948-1949. A la fin de l'année scolaire suivante, il fut mis en cause publiquement par les philosophes du jury de l'École normale, Maurice Merleau-Ponty et Vladimir Jankélévitch, qui s'indignèrent d'avoir trouvé dans plusieurs dizaines de copies la même sentence d'Héraclite assaisonnée à la sauce de Heidegger *via* Beaufret. Il dut quitter sa chaire de Henri-IV pour celle, beaucoup moins prestigieuse, de Condorcet.

C'est dans ce milieu, face à ces diverses tentatives, que je pris une des quatre ou cinq décisions qui devaient orienter ma vie : celle de me consacrer à l'histoire, de « faire » de l'histoire comme on dit. Directement, l'enseignement d'Alba n'en est pas responsable. Quant à notre maître d'histoire ancienne, André Diény, dont je séchais assez régulièrement les cours, il n'y fut pour rien du tout, bien qu'il ait eu le mérite de nous parler des livres « romains » de Georges Dumézil, alors dans leur jeune virulence.

Ma décision fut prise soudain à l'occasion d'un devoir que j'avais rédigé pour Fernand Cauet, en hypokhâgne, sur le roman. De la notion de roman j'étais passé à celle de totalité, et la totalité ne pouvait s'exprimer que par et dans l'histoire. Faire de l'histoire, c'était pour moi le meilleur moyen de m'intéresser à tout ce qui me passionnait, l'histoire elle-même bien entendu, surtout contemporaine, que j'appréhendais avec quelques cadres marxistes, la philosophie et la littérature, c'est-à-dire la poésie, le roman, et le théâtre. Au-delà de cette recherche de la totalité, l'histoire pour moi est née d'une réflexion sur la tragédie.

C'était un pari, mais en somme, ce pari-là, je l'ai tenu. Ce n'est pas quelque chose qu'on puisse dire assurément de tous les rêves que l'on a caressés pendant son adolescence. La décision était prise, mais elle ne se traduisit pas tout de suite en termes universitaires. Hypokhâgneux et khâgneux s'inscrivaient en Sorbonne et ne suivaient pas les cours. Ceux que je lisais pour préparer mes certificats de licence – français, latin, grec, morale et sociologie – me paraissaient des modèles de pédantisme universitaire. J'allai écouter René Jasinski commenter Rimbaud : « J'ai embrassé l'aube d'été... » et en sortis horrifié : une profanation. Le rapport à Rimbaud avait quelque chose de sacré. Un de mes camarades, Xavier Mignot, aujourd'hui linguiste connu, arriva un matin en disant : « Hier j'ai lu Rimbaud, eh bien, je suis déçu. » On imagine ma réaction. Pour comprendre Corneille, je lisais Péguy plus que Lanson, et sur ce point je n'avais pas tort. A l'oral de « Morale et sociologie », un certificat que l'on passait volontiers parce qu'il était peu technique et permettait de compléter une licence libre, Georges Gurvitch me dit – c'était en octobre 1949 – avec son terrible accent russe : « Les khâgneux sont les pires ennemis de la sociologie. » Sur ce point, il avait raison.

Je mentionne ces détails pour souligner ce qu'il y avait en moi d'un peu déchiré : le choix d'une discipline qui n'est pas concevable sans une forte dose de technicité, et une orientation qui demeurait résolument esthétique, voire poétique. A la même époque, mon ami Robert Bonnaud, par exemple, avait rompu les amarres de la rhétorique dissertante et s'était résolument engagé dans l'étude des aspects les plus scientifiques de l'histoire et de la géographie. C'est à l'épistémologie de ces disciplines qu'il entendait se consacrer et il s'y consacra effectivement. Ce « matérialiste » était peut-être plus hégélien que marxiste. Il citait volontiers une formule de Charles Morazé : « Le rythme profond du monde est celui de l'esprit », et il interrogeait à ce sujet Gérald Hervé, qui suivait à Sciences Po l'enseignement du fondateur, avec Braudel, de la nouvelle série des *Annales*. Point, à mes yeux, frappant : dès cette époque lointaine, Robert Bonnaud était obsédé par la question du rythme de l'histoire du monde, à laquelle tentent de répondre tous les livres qu'il a commencé à publier à la fin des années quatre-vingt. J'avais pris quant à moi une tout autre voie, mais pour la suivre, il me faut maintenant montrer que le lycée n'était qu'une partie de ma vie, pas obligatoirement la plus importante.

Il est bien des figures de l'amitié, celles de l'enfance, passionnelles parfois mais instables, celles de l'adolescence, faites de camaraderie approfondie, pouvant les unes et les autres durer, celles dont je vais parler furent mes premières amitiés d'adulte, enfin de très jeune adulte. Sous les combles du 7 rue Richepance, près de la Madeleine, chez Edmée Cloquet et son frère François, j'avais, je l'ai dit, rencontré Catherine Blum et Zayane (officiellement Denise-Ariane) Spanien. Mon amitié avec l'une et avec l'autre – elles étaient alors inséparables – se renforça à la veille de la rentrée de 1948. Plusieurs mois auparavant, un rendez-vous avait été pris pour un soir, devant l'hôtel de Sens, dans le Marais. Entre-temps, le silence était de rigueur, et je ne le rompis que par une carte envoyée de Rome où je passai dix jours pendant l'été de 1948 et dont j'étais revenu après un parcours sans guide et des admirations banales, avec, aussi, une fleur pour mon anthologie personnelle, la Vierge au voile bleu, *l'Annunziata* d'Antonello de Messine, aujourd'hui à Palerme, alors exposée à la Villa Borghese.

Je fus présent au soir fixé, ce qui étonna et ravit Catherine : menue, aiguë, à l'écriture extraordinairement régulière et élégante, elle était alors physicienne, domaine dans lequel elle ne devait pas faire carrière, se consacrant à l'édition scientifique et, avec une sorte de perfection, à la traduction. Son père Robert, fils unique de Léon Blum, était infiniment courtois, modeste, habitué aux injures voire aux diffamations –

qui frappaient aussi bien le fils du dirigeant socialiste que le patron d'Hispano-Suiza –, et profondément cultivé. Sa mère, Renée, issue d'une famille de protestants de Genève, les Weigle, la parole et la visage coupants, me terrorisait un peu, malgré la bonne grâce que mettait Catherine à établir les rapports et la gentillesse de Renée elle-même qui n'avait rien de fictif.

Je n'ai pas connu la mère de Zayane, qui fut la cousine germaine de mon oncle Robert Brunschwig et qui mourut d'un cancer du poumon. Chacun vantait sa grâce et son esprit. Le père de mon amie, Samuel Spanien, que la mort frappa, en voiture, à la fin de l'été 1952, était un grand avocat politique. Socialiste, ancien membre du groupe des étudiants socialistes révolutionnaires internationalistes au début du siècle, il avait rédigé pour Léon Blum, à Riom, des conclusions fracassantes. C'est par lui que l'on connaît ce mot célèbre prononcé par Blum après l'étude de son dossier : « Ma conviction est faite. » C'était un homme exquis, qui nous rendait fier d'être homme ; désintéressé, éloquent, spirituel. C'était aussi un homme inquiet, angoissé même, que sa fille rencontrait dans la rue, si elle était un peu en retard pour rentrer à la maison, en train, comme par hasard, de poster une lettre. Il était juif et, à l'instar de Léon Blum, favorable au mouvement sioniste auquel son père avait déjà au début du siècle donné son aide. Samuel Spanien était une sorte d'encyclopédie de l'anecdote et de la petite histoire, capable aussi bien d'imiter Bergson au Collège de France que Jaurès prononçant l'oraison funèbre de Francis de Pressensé.

Zayane, sa fille cadette – l'aînée, Zabeth, dotée d'une moindre fantaisie, avait épousé un avocat, Philippe Schreiber, cousin germain du célèbre Jean-Jacques – un peu plus âgée que moi, était l'esprit le plus complètement original que j'aie jusqu'alors rencontré. Elle avait une frange de cheveux très noirs, passait à tort pour laide ; son seul sourire et mieux encore son rire, bien que parfois inquiétant, attirait l'affection. Le domaine de ses études accentuait à mes yeux cette originalité : le sanscrit – auquel s'ajouta plus tard le tibétain qu'elle enseigne à l'École pratique des hautes études – et l'ethnologie. C'est elle qui me prêta mes premiers livres de Dumézil, *Le Festin d'immortalité* et *Horace et les Curiaces*, que mes dix-huit ans dévorèrent avec délices. Si, devenu historien, j'ai mis l'accent sur l'anthropologie, c'est à Zayane que je le dois. Elle est aussi liée pour moi à une découverte : la musique de Kurt Weill pour *L'Opéra de quat' sous*. Je pouvais difficilement l'aider. Je le fis pourtant à l'occasion d'un mémoire qu'elle rédigea pour le musée de l'Homme sur le marionnettiste Yves Joly. Je lui apportai ce que la khâgne m'avait enseigné : l'art de faire un plan. Je ne puis guère rendre compte de ce que sa parole avait de personnel, tantôt impétueuse, tantôt d'une indifférence glaciale – et dans le second cas, on était alors pour elle un « caillou blanc ». Parmi tant de choses qu'elle m'enseigna, il y a cette coutume russe : s'asseoir un moment avant de partir en voyage. J'en ai retrouvé tout récemment mention en lisant *La Promesse de l'aube* de Romain Gary. Cette lettre de 1948, avec un art du *nonsense* qui fait penser à Lewis Carroll, donne une idée du style de Zayane :

> Bel agneau vert, ceci est une proposition. Voulez-vous venir dîner à la maison ce soir, puis entendre les quatre suites de Bach à Pleyel ? Non, vous ne voulez pas parce que vous sortez demain et que votre travail dépérirait. Alors (ceci est une autre proposition) voulez-vous venir seulement dîner et partir immédiatement après ? Au cas où votre esprit ingénieux et torve trouverait à redire à cet honnête compromis, téléphonez, ou si ça vous épuise, ne téléphonez pas. Donc, à ce soir.

Je n'étais pas le seul à bénéficier d'un nom d'animal. Alexander William McDonald, qu'elle épousa en 1951 – cela ne me causa pas une vraie joie – était un Écossais roux aux yeux verts qui, pendant la guerre, avait été parachuté derrière les lignes japonaises ; il pratiquait une multitude de langues et de savoirs anthropologiques, et nous l'appelions le « pithécanthrope de Java ».

Ce trio – Zayane, Catherine et moi – fonctionna d'abord comme tel, mais il devint un quatuor lorsque j'y eus introduit Charles Malamoud.

Charles s'appelait alors Malamond et était mon camarade en hypokhâgne, seule année scolaire du reste (1947-1948) que nous ayons parcourue dans la même classe. Si le coup de foudre existe en amitié, nous en fûmes frappés l'un et l'autre et ses effets durent encore. Cela se fit au sortir d'un ciné-club près de la République, rue Yves-Toudic je crois, ou rue Jean-Pierre-Timbaud.

Je ne sais pourquoi, mais ces années 1947-1952 qui furent pourtant dans ma vie celles des débuts du festival d'Aix (1949) et des représentations de ce que Pierre Jean Jouve appelait « Don Juan aux étoiles », au théâtre de la cour de l'archevêché, un Don Giovanni très jeune, Renato Cappecchi, qui se tordait sous la poigne du Commandeur, sont placées pour moi, pour nous, sous le signe du cinéma et surtout du cinéma ancien : Chaplin et René Clair, Jean Renoir et Orson Welles, Painlevé et Eisenstein, Marcel Carné et Max Linder, Rossellini et Dreyer. Pour voir certains films rares à la Cinémathèque de l'avenue de Messine, par exemple *Un chien andalou* et *L'Age d'or* de Luis Buñuel, chefs-d'œuvre du cinéma surréaliste, il fallait veiller tard, jusqu'à deux heures du matin, voire une nuit. Le *14 Juillet* de René Clair devint alors, avec peut-être *Dies irae* de Dreyer, et pour des années, mon film préféré : ironie tendre, à mes yeux typiquement française, qui me faisait associer dans un même amour René Clair, Marivaux et Mozart – ce dernier étant, une fois de plus, annexé. J'y ajouterais aujourd'hui le nom de François Truffaut.

Je ne sais ce que nous vîmes ensemble ce soir-là, Charles et moi. Toujours est-il que nous devions commencer une de ces longues marches à travers Paris, tout au long du faubourg Saint-Antoine, et jusqu'à Vincennes où il habitait un « grenier sans mystère » avec sa mère, aide-soignante dans une clinique d'accouchement. Charles était communiste et je me dis d'abord que sa mère, alors communiste elle aussi, devait être une « pétroleuse » dans le style de Jeannette Vermeersch. C'était tout le contraire, une femme intelligente ô combien, mais douce et pleine d'une infinie tendresse qui n'excluait pas un peu d'ironie.

Charles était juif, né « roumain » à Kichinev en Bessarabie, ville à majorité juive et dont les bouchers, tous juifs, avaient un jour accueilli avec leurs instruments de travail un congrès de la « Garde de fer »[1] qui prétendait se réunir dans cette ville. De l'autre côté du Dniestr, dans cette Transnistrie dont les Roumains firent, après juin 1941, un lieu de mort pour les Juifs, c'était l'Union soviétique où des tracteurs labouraient les terres des kolkhozes. Ils constituaient, pour le très jeune Charles qui se prénommait alors Shalom et, pour les Roumains, Sulim, un symbole du communisme et de l'accès à la modernité.

Comme tant d'autres, les parents de mon ami étaient venus vers la République française dans cette « Marche à l'étoile » dont a parlé Vercors. Arrivèrent l'Occupation et l'étoile jaune de juin 1942. Charles était en sixième et le meilleur élève de sa classe au petit lycée Janson. Le jour venu, le proviseur accueillit d'un mot et d'un regard affectueux chaque élève porteur d'étoile. La rafle du Vel' d'Hiv (16 juillet) ne concernait pas mon ami et ses parents citoyens roumains. Il n'en fut pas de même le 24 septembre 1942. L'aide se mit alors en marche – et ce en dépit des caricatures dont on charge cette époque. Juifs français venant au secours de Juifs d'Europe de l'Est, policiers faisant savoir aux parents de mon ami qu'il fallait déguerpir, séjour fantastique dans un appartement du XVIe tapissé de masques, celui du chorégraphe suédois Rolf

1. Organisation roumaine fasciste et antisémite. Ce renseignement n'est pas certain. Peut-être ce souvenir familial remonte-t-il à l'époque russe et aux préparatifs du pogrom de Kichinev (1903).

de Maré, accueil au lycée de Nevers, grâce à l'entremise du directeur du « petit lycée » Janson, M. Miquelard, asile chez des paysans nivernais. En bref, Charles et les siens, séparés mais solidaires, en réchappèrent et il se retrouva à la Libération, en tête de sa classe, au lycée de Bourges, dans une région où ses parents avaient trouvé du travail. « Littéraire » jusqu'au bout des ongles, Juif très francisé mais internationaliste, il y avait fondé en 1945 avec trois amis une petite revue, *Départ.*

Lors de notre conversation à la sortie du ciné-club, j'ignorais qu'il fût juif. Comme quoi, selon ce que nous avaient enseigné les maîtres de la *Gestaltpsychologie* (la psychologie de la forme), dont on nous avait beaucoup parlé en classe de philosophie, un détail (le changement d'une lettre dans son nom) suffit à modifier l'ensemble de la forme.

Son communisme de Juif « étranger », mon patriotisme français nous empêchaient-ils de voir avec sympathie la naissance d'Israël ? J'avais assisté de très loin, et avec des sentiments parfaitement conformistes, c'est-à-dire inconditionnels, aux batailles menées par le *yishouv* contre le gouvernement et l'armée britanniques. Je ne me sentais pas directement concerné, en ce sens que la Palestine n'était aucunement un lieu où je pouvais envisager de m'établir, mais l'idée qu'il y avait quelque part une terre où un gouvernement faisait la guerre à des Juifs, pendait des terroristes juifs, cette idée me révulsait. De la question arabe, je ne soupçonnais pas véritablement l'existence. Contrairement à moi, Charles appartenait à un milieu auquel l'idéologie sioniste parlait directement. Il n'était, puisque communiste, nullement sioniste, mais, pour des raisons plus profondes que celles que pouvait inspirer la sympathie soviétique à l'égard d'Israël naissant, il éprouvait pour cette nation jeune et vieille un peu de tendresse émue. En 1948-1949, je le vis sortir secoué d'un cours de français. Un de nos camarades venait d'expliquer cette tirade d'*Athalie* que Racine a plus ou moins traduite de l'*Apocalypse* de Jean :

Quelle Jérusalem nouvelle
Sort du fond du désert brillante de clartés,
Et porte sur le front une marque immortelle ?
Peuples de la terre, chantez.
Jérusalem renaît plus charmante et plus belle.
D'où lui viennent de tous côtés
Ces enfants qu'en son sein elle n'a point portés ?
Lève, Jérusalem, lève ta tête altière…

On était en plein mythe, et bien des hommes de gauche, alors, vénéraient les terroristes de l'Irgoun. Mais ce mythe pouvait aisément s'expliquer après les années que nous avions vécues.

Charles parlait et écrivait comme un fleuve lent irrigue un champ, entourant chaque motte de terre et la dissolvant dans un miracle rationnel.

C'est Zayane, je pense, qui l'introduisit aux études indiennes dans lesquelles il est devenu un maître. Entre Catherine Blum, qu'il avait rencontrée chez moi, rue de Varenne, à l'occasion d'une sorte de pendaison de crémaillère fêtant ma réinstallation, et lui, des rapports amoureux se nouèrent qui aboutirent à leur mariage, le 31 octobre 1951. J'étais le témoin de Charles et j'avais vingt et un ans. Le témoin de Catherine était Alexandre-Marie Bracke-Desrousseaux, illustre helléniste et illustre socialiste (guesdiste), âgé de près de quatre-vingt-dix ans, fils du chansonnier du « P'tit Quinquin ». Il construisait ses phrases comme de vastes cathédrales dont on craignait qu'elles ne s'écroulent, mais dont les fondations demeuraient solides, et il arrivait toujours au bout de sa pensée.

Que faisions-nous en quatuor, en dehors du cinéma et de la musique, et des promenades à Châteaufort, une localité du Hurepoix où Me Spanien avait une petite maison ? Un de mes plus vifs souvenirs est celui d'une expédition dans l'immeuble d'André Breton, rue Fontaine. Pour tous, *Nadja*,

Les Vases communicants et *L'Amour fou* étaient les grands textes de la prose poétique contemporaine. Devant la porte du fondateur du surréalisme, on était accueilli par l'inscription suivante, cloutée de rouge :

ANDRÉ BRETON
NE REÇOIT
QUE SUR RENDEZ-VOUS
Prière de ne pas insister

Pas de préfaces
Pas de dédicaces
Pas de conférences
Pas d'interviews

1713.

Quant à la signature, 1713, il me fallut lire *Arcane 17* pour deviner dans ce cryptogramme les initiales d'André Breton. Catherine glissa derrière l'inscription le message suivant, dépourvu de toute allusion à l'œuvre du destinataire, mais susceptible, espérions-nous, de l'intriguer : « Avez-vous retrouvé un Ololo et un hôtel Pimodan que nous avons perdus[1] ? » Nous revînmes quelques jours après pour voir s'il y avait une réponse. Il n'y en avait pas. L'inscription fut alors décrochée et Zayane me la fit attribuer. Je la possède toujours mais j'ai perdu les clous rouges, ce que Zayane me reprocha vivement.

Par Zayane et son père, en 1948, à Châteaufort, puis par Catherine en juillet 1949, à Jouy-en-Josas, je rencontrai Léon Blum qui était alors dans les derniers temps de sa vie puisqu'il mourut soudainement le 30 mars 1950. Je n'étais pas « blumiste », me tenant alors pour un socialiste beaucoup plus « radical » (au sens américain du mot), mais j'étais conscient de ce qu'avait représenté l'effort de Léon Blum pour empê-

1. L'Ololo était, comme son nom l'indique, un *milk bar* du boulevard Saint-Michel, disparu depuis plusieurs années. L'hôtel Pimodan est un des plus beaux de l'île Saint-Louis.

cher jusqu'en juin 1936 son parti de goûter aux délices du pouvoir. Je savais ce qu'avait été son attitude à Riom, y compris lorsqu'il parlait des militants communistes. Je n'étais pas assez naïf pour avoir cru, au-delà de quelques semaines, en 1946, que l'éviction par Guy Mollet et ses apparatchiks des dirigeants de la Résistance socialiste, et notamment de Daniel Mayer, au nom du marxisme et de la lutte des classes, représentait un tournant à gauche. Ce n'était pourtant pas l'héritier de Jaurès qui me fascinait, mais bien l'homme de mémoire, qui évoquait avec une étonnante précision son bref séjour à l'École normale et ses amis de jeunesse dont les plus doués paraissaient, au jeune homme qu'il avait été, Paul Valéry et Marcel Proust – Marcel Proust que je commençais alors à lire. Daniel Mayer vint un soir et évoqua *Le Populaire* d'avant-guerre, quand il était « le petit Daniel dans la fosse au Léon ».

Je n'étais pas « blumiste », mais qu'étais-je ? La tentation communiste était là, écrasante, et Charles Malamoud l'incarnait. La cellule du lycée Henri-IV existait et manifestait même un peu d'indépendance, non sur Tito, dont le passage du statut de « maréchal aux yeux de velours » à celui de « maréchal des traîtres » fut fort bien digéré par ces intellectuels à partir de juin 1948, mais sur l'affaire Nizan. Paul Nizan avait été déclaré traître et policier par Aragon pour avoir quitté le Parti en 1939. Son fils voulut adhérer à la cellule du lycée, mais souhaitait ne pas être tenu de considérer son père selon ces termes. La cellule, ignorant que ces accusations avaient été reprises par Thorez en personne, vota qu'il s'agissait là d'une opinion personnelle d'Aragon. J'ignore la suite. A l'École normale de la rue d'Ulm, un nom déjà prestigieux incarnait le dogme communiste, celui d'Emmanuel Le Roy Ladurie. Je ne sais quand, fin de 1948 ou début de 1949, je proposai à Charles de prendre la carte du PC sous réserve de « faire de l'opposition à Staline ». Il me répondit avec douceur que c'était utopique. Bientôt, la discussion n'eut plus lieu d'être. Le procès Rajk, dans la Hongrie de septembre 1949, n'était certes pas le premier du genre mais le premier que j'abordais avec un œil critique. Charles et moi nous procurâmes le « livre bleu » édité aussitôt par les communistes hongrois. L'analyse ne laissait pas le moindre doute : il s'agissait d'une mystification éhontée, d'une descente aux enfers les plus obscurs. L'admirable article de François Fejtö dans *Esprit* de novembre nous confirma dans notre jugement.

Qu'est-ce qui bascula alors en moi ? Les restes de ma croyance au « socialisme réel » assurément. Pourtant, tout ne bascula pas. Je me surpris un jour à penser avec sympathie au *Figaro*. Mais justement, pouvait-on, en se laissant convaincre par *Le Figaro*, rester partisan de l'indépendance des peuples colonisés, des Vietnamiens aussi bien que des peuples de l'Afrique du Nord ? Au moment du schisme yougoslave, Claude Bourdet avait réagi par un reportage publié dans *Combat* : « Voyage à la petite URSS », ce en quoi il avait sans doute plus raison encore qu'il ne le croyait. Je lisais le *Combat* de Bourdet puis, à partir de mai 1950, cet hebdomadaire qui imitait ceux de la gauche britannique et qui s'appela d'abord *L'Observateur*. Mon ancrage dans ce qu'on devait appeler beaucoup plus tard la « petite gauche » ne m'empêcha nullement – bien au contraire – de lire dès sa publication, au printemps de 1950, *1984* de George Orwell.

A ces amitiés anciennes et nouvelles, à ces contradictions que nous ne sentions pas comme telles, et sous le poids desquelles nous ne succombions pas, puisque nous ne les percevions pas, il fallait essayer de donner un lieu d'expression : c'est ce qui fut tenté, de mars 1948 à mars 1949, avec la brève aventure de la revue *Imprudence*.

Ce fut un lieu d'amitié, un lieu de mes amis. De Pierre Nora tout spécialement, que je voyais alors beaucoup chez ses parents. La table à laquelle je dînais avait quelque chose d'étrange. Le docteur Gaston Nora, chirurgien et plus particulièrement urologue, la présidait avec un rien de solennité et beaucoup de distinction, mais autour de lui les « gros mots » – « con », « couillon », « merdeux » – fusaient avec une vivacité qui me stupéfiait. L'aîné des fils, Simon, inspecteur des Finances, portant volontiers un smoking flamboyant, avait épousé Marie-Pierre de Cossé-Brissac, fille d'un duc et chassée de sa famille. Elle avait fini par dire « nous » en parlant des Juifs. Jean, futur médecin, ancien maquisard comme son frère Simon, avait moins d'éclat et plus de modestie. Leur ravissante sœur Jacqueline, qui arborait un somptueux manteau de velours rouge, fabriquait de petits objets dignes de son charme.

L'idée de faire une revue, que Pierre Nora contesta tout en y participant activement, que Noël Alexandre vécut, avec tension, comme une aventure poétique, m'était venue en Angleterre, pendant l'été 1947, au cours de vacances dans le Surrey, et un jeune Anglais, homosexuel raffiné, figura au comité de rédaction et fournit quelques subsides. Y collaborèrent, outre ceux que j'ai nommés, les amis de Marseille, Gérald Hervé et Alain Michel, ceux de Carnot, François Cloquet qui dessina une couverture pour une édition de luxe – tirée sur du papier alfa-mousse des Papeteries Navarre que nous donna Jérôme Lindon, alors chef de fabrication aux Éditions de Minuit, Claude Imbert et Louis Seguin. De Henri-IV enfin vinrent Jean-Jacques Salomon et Charles Malamond puisqu'il s'appelait encore ainsi. Robert Bonnaud voulut nous censurer, au sens intellectuel du mot, et fut censuré en retour. Je veux dire que son texte ne fut pas publié. Il plaidait pour la science contre l'art et nous écrivait à propos de l'émotion esthétique : « Ne m'invoquez pas vos expériences, car je vous répondrai : Et les alcooliques et les érotomanes ? » François Cloquet tira aussi sur lino une affiche à thème acrobatique qui, dans les librairies du Quartier latin, eut beaucoup plus de succès que la revue elle-même.

Pour moi, l'expérience fut celle d'une initiation à rebours.

Je donnai à la composition un poème, le dernier que j'aie jamais écrit. Quand je reçus les épreuves, le mot « espace » qui à lui seul était un vers était remplacé par un blanc. Cela me suffit, je supprimai le poème et ne voulus plus que d'une poésie lue ou entendue.

Je viens de mentionner le nom de Jérôme Lindon. Je l'avais, je crois, entraperçu à Marseille pendant la guerre ; mais c'est en 1948 que notre amitié commença à se former. Cet étrange et long jeune homme aux allures de clergyman, comme devait l'écrire un jour Georges Arnaud, avait refusé de faire des études au sortir du bachot et du maquis. Il était animé d'une double passion pour la littérature et pour l'édition dans laquelle il faisait alors son apprentissage. Il avait, au cours de multiples conversations, tout fait pour nous dissuader de tenter l'aventure d'une revue. Après quoi il nous aida de son mieux, avec une générosité qu'il dissimulait élégamment sous une affectation d'avarice.

Imprudence vécut ses trois numéros sous le signe de la révolution permanente. Même la couverture se fit selon trois modèles successifs. Entre nous, tout particulièrement entre Noël Alexandre, Pierre Nora et moi, ce fut tension et passion.

Il nous parvint pour le troisième et dernier numéro, consacré au bonheur, un texte de Jean-François Lyotard que nous ne savions comment intituler. Faute de mieux, nous l'appelâmes « Texte… »

Imprudence put être imprimée parce que j'avais fait la connaissance d'un personnage singulier, Raoul Mortier, directeur des Éditions Quillet. Ancien inspecteur général de l'enseignement technique, spécialiste de *La Chanson de Roland*, coéditeur d'une célèbre *Histoire des religions*, il officiait dans un petit bureau de la rue de Bourgogne, orné d'un vitrail de Chartres dont il disait qu'il était authentique et que la cathédrale n'en avait que la copie.

Alors qu'il nous voyait à la tête de nouveaux *Cahiers de la quinzaine*, il fut déçu dans ses espérances. Quand le numéro 4 fut prêt, à la rentrée de 1949, il se contenta de doubler la facture et mit ainsi un terme à l'expérience. Un ancien de la revue *Départ*, ami de Charles Malamond, Jean-François Boulet, nous fit bien miroiter un redémarrage foudroyant avec des motocyclettes publicitaires, mais tout cela était pur fantasme. Il me poussa tout de même à collaborer à un petit journal appelé *Montparnasse carrefour des arts*, en échange de quoi il me donna une « carte de presse » dont il était l'inventeur et le distributeur et qui me permit parfois de visiter gratuitement une exposition ou d'obtenir un livre en service de presse...

Le numéro 1 d'*Imprudence* était frappé au cœur par une contradiction qu'un lecteur sagace, Louis Berthe, que je n'ai jamais rencontré, décela aussitôt. Il se réclamait à la fois de la nudité et de la préciosité. Nous repoussions les « récits guerriers et autres aragonades ». Nous nous définissions par rapport à une guerre que nous n'avions pas faite. C'est quelque chose qu'on oublie aujourd'hui, où tout nous lie à ce passé qui ne veut pas passer. Nous n'avions pas fait la guerre, c'est ce que disait l'éditorial, largement rédigé par Pierre Nora : « Nous avons été élevés dans le souvenir des valeurs d'avant-guerre et dans la tradition des bienveillances réciproques dont l'on voudrait pouvoir défendre les restes avec acharnement, tandis qu'Auschwitz en sonne le glas et que l'histoire nous en révèle l'agonie à coup de matraques et de fours crématoires. » Les fours crématoires, et non les chambres à gaz, avaient alors – faut-il le rappeler ? – valeur de symbole, et le thème revient de façon obsédante dans le long texte poétique du numéro 2, « La rivière coule aussi la nuit », de Noël Alexandre. Je relis ce texte qui m'avait profondément remué, et ne sais si, aujourd'hui, il parlera encore : « Pourquoi est-ce affreux le four crématoire ? C'est qu'il ne peut vous dire que le seul crime est votre habitude de vivre, et la merveille est le temps qui ne suspend pas son vol. Ce n'est pas malin d'en parler n'est-ce pas, et nous les avons trop vues les images des actualités, une porte qui s'ouvre sur un trou sombre dans les briques réfractaires et au fond l'image d'un squelette humain comme gravé dans la pierre. Mais vous n'entendez que trop le cri de cette image et vous avez peur... »

Or notre numéro 1, après cette déclaration fracassante, était essentiellement précieux. Le plus long texte, le meilleur certainement, était une nouvelle raffinée de Jérôme Peignot, Claude Imbert traitait de nos émotions au musée du Jeu de paume (par une coquille sinistre, le titre de son article, « Anachronique », était devenu « Ancharonique »), Hervé parlait de Rilke et moi de Giraudoux, le précieux par excellence.

Quel fut l'écho ? L'étonnant est qu'il ne fut pas nul. Nos camarades de la khâgne de Lyon nous renvoyèrent au Sonnet d'Uranie, « tout de même moins prétentieux », et Jacques Body, le futur éditeur et commentateur de Giraudoux, qui était avec nous à Henri-IV, trouva notre revue « tragique ». Elle est, m'écrivit-il le 25 mars 1948, sur le ton très moraliste de l'époque, « une délicieuse image d'Épinal, où les grands noms de notre époque pourraient retrouver leur caricature et sans doute en tirer profit », tragique parce qu'incapable de la rupture qu'annonçait son titre. Peu après, je reçus une lettre singulière signée J. P. J'y lus ceci : « Je voudrais bien m'abonner à *Imprudence*, mais comment ? On n'a jamais vu revue qui n'indiquât pas son prix. » Suivaient quelques commentaires, et le conseil d'éviter les « mots distingués ». Je portai à l'adresse indiquée le mot suivant : « Cher J. P., je vous envoie bien volontiers un bulletin d'abonnement mais comment ? On n'a jamais vu lecteur faisant pareille demande qui n'indiquât pas son nom... » L'adresse était celle de Jean Paulhan et du coup voici *Imprudence* invitée aux cocktails de Gallimard. Paulhan me parut moins aigu et tranchant que ses livres. Il était à l'époque obsédé par l'idée qu'il fallait renouer avec la littérature pure, et c'était le sens qu'il donnait aux *Cahiers de la Pléiade*.

Avec Louis Seguin et Pierre Nora, nous rencontrons, sur la suggestion de Jean Paulhan, l'équipe de la revue *84*[1] que dirigeait Marcel Béalu. Il nous expliqua que l'avenir était aux Éditions de Minuit. Ce n'était pas si mal vu. Dans un coin du salon, je vis, vêtu d'une chemise rouge et pressant la main d'un ami sur son cœur, exactement comme le faisait son contemporain Léon Blum, André Gide, et mon émotion fut grande, mais je n'osai pas me présenter.

Et pourtant, quelque chose travaillait en nous qui nous conduisait vers une tout autre direction. En juillet 1947, à l'Exposition internationale du surréalisme, j'avais fait l'acquisition de deux minces plaquettes : *Seuls demeurent* et *Feuillets d'Hypnos* de René Char. L'une était la première publication du poète après le silence de la guerre et de l'Occupation, et nous restituait une Provence tragique, l'autre son carnet de notes de Résistance et de maquis. Un petit livre de Georges Mounin, *Avez-vous lu Char ?* avait été publié chez Gallimard au début de 1947. Char n'était pas le seul poète, parmi ceux qui étaient issus du surréalisme, à refuser de se faire embrigader à la façon d'Aragon et d'Eluard dans le communisme d'appareil et d'État. Le mois où naquit *Imprudence* (mars 1948) est aussi celui de la mort d'Antonin Artaud, « suicidé de la société » comme Van Gogh. Nous lisions les textes de lui que publiait un petit éditeur qui avait pris le nom de K., le héros du *Procès* et du *Château* de Kafka, et qui publia aussi Georges Bataille et Benjamin Péret. Une émission d'Artaud, *Pour en finir avec le jugement de Dieu*, fut interdite de diffusion et publiée, elle aussi, par K. Mais Char était un ancien surréaliste qui avait été au maquis, et, contrairement à Benjamin Péret, auteur d'un pamphlet intitulé *Le Déshonneur des poètes*, nous pensions qu'il était bon d'avoir été maquisard et d'avoir lutté contre l'occupant. Nous cherchions aussi des ancêtres aux surréalistes, jeu où ils

1. Elle était installée au 84, rue Saint-Louis-en-l'Ile.

avaient eux-mêmes excellé. « Victor Hugo est surréaliste quand il n'est pas bête » était une de leurs maximes. Henri Parisot avait publié chez Gallimard, en 1943, sous le titre… *La Bouche d'ombre*, un recueil de poèmes pré-surréalistes de Hugo. Zayane me fit don de ce livre qui prit place aussitôt dans mon anthologie personnelle.

Les textes de Char n'agirent pas tout de suite sur nous, mais un jour Nora me dit, dans notre langue de grands adolescents : « Tu sais, c'est tellement ça. » Le numéro 1 d'*Imprudence* était placé sous le signe d'un texte de Valéry, « Le meilleur des conseils ne vaut pas la moindre imprudence ». Le deuxième prenait un chemin nouveau : celui d'une révolution sur le plan moral, d'un refus catégorique de la guerre froide que les uns et les autres voulaient nous imposer, au nom de l'« heure du choix ». C'était là, sous la plume de Pierre Nora, les thèmes de ce qu'on allait appeler, un peu plus tard, injure ou option, le neutralisme : « Nous arrivons dans le débat bien après qu'il a débuté. Peut-être pourrons-nous y apporter la lucidité qu'ont perdue ceux qui s'y sont épuisés ? » A ce contenu nouveau, il fallait un symbole nouveau. Or, dans *Feuillets d'Hypnos*, je lus ceci :

> AUX PRUDENTS : Il neige sur le maquis et c'est contre nous chasse perpétuelle. Vous dont la maison ne pleure pas, chez qui l'avarice écrase l'amour, dans la succession des journées chaudes, votre feu n'est qu'un garde-malade. Trop tard. Votre cancer a parlé. Le pays natal n'a plus de pouvoir.

Au nom de la revue, et donnant son adresse qui était la mienne, Nora écrivit au poète pour lui demander l'autorisation de mettre ces formules éclatantes sur la quatrième page de couverture de notre numéro 2.

La réponse vint, courtoise, datée du 18 juin 1948 : « Je ne puis que vous envoyer mon consentement, dans la mesure, bien entendu, où vos camarades et vous êtes persuadés de l'accord, avec votre pensée et vos intentions, de mon propre sentiment. »

Là était toute la question. Et c'est un peu en tremblant que, à la fin de ce même mois, nous adressâmes à Char le numéro 2 qui s'ouvrait sur un texte, une sorte d'éditorial, que j'avais écrit-réécrit dix fois, aidé de Nora, « L'avant-garde n'est à personne », et qui expliquait pourquoi il n'était pas possible d'être surréaliste en 1948 et que notre révolution ne pouvait se faire que sur un plan moral.

Quelques jours après me parvint, enveloppée dans du papier à musique, une « lettre missive » qui contenait les *Fragments d'Héraclite d'Éphèse* publiés par les *Cahiers d'art*, traduits par Yves Battistini et préfacés par Char et aussi, dans une autre enveloppe, la lettre suivante datée du 10 juillet 1948 :

> Enfin, Pierre Vidal-Naquet, on ne glisse pas sur une authenticité seulement embryonnaire en lisant les textes de votre revue. Votre façon substantielle d'appréhender le réel, la loyauté et les scrupules dont font preuve vos collaborateurs dans le dire du labyrinthe que le monde d'aujourd'hui vous offre, l'exigence d'une vérité que se disputent les machiavels pour l'anéantir (rassurez-vous, ils crèveront), toutes ces intentions, cette réserve, ces accents, ces critiques justifiées, ce refus de vous asseoir, cette foi dans le juste, dans le lucide, m'ont fait plaisir et m'ont ému. Restez du bond, déclinez le festin. Je vous écris spontanément, n'aimant pas correspondre. Vous gagnerez du terrain encore, certes, vous vous allégerez. Je vous souhaite de conserver longtemps le pouvoir, l'honnêteté et l'ardeur de vous exprimer. Les éternelles génisses de la politique et de la littérature ne vous ménageront pas les critiques. Tenez votre liberté et surveillez vos illusions, vous n'en serez que plus « profond », le moment venu, comme l'arbre à réglisse dont les racines sont les fruits de la terre succulente ;
> A vous très sympathiquement
>
> René Char

« Être du bond, décliner le festin, son héritage », c'était une maxime des *Feuillets d'Hypnos*. Peut-on imaginer notre éblouissement ? Il dure encore. Je demandai à voir Char. Il me reçut à maintes reprises, seul ou avec Noël Alexandre ou Pierre Nora, à l'hôtel Montalembert. Il vint même un soir chez moi où il rencontra Charles Malamond et écouta du Mozart. J'étais en présence d'une montagne, d'un Ventoux de la poésie. Je n'essaierai pas ici de le faire parler. Seul ou presque, Paul Veyne l'a vraiment donné à entendre[1]. Me stupéfiait cette possibilité, ce don d'être poète dans l'immédiat. Cette dédicace, par exemple, sur mon exemplaire de *Dehors la nuit est gouvernée*, en mars 1949 : « Quand les nuits sont privées de chemin, les étoiles se les partagent et nous ne savons plus rien. » Ou encore, vingt-six ans plus tard, en décembre 1975, ces mots, sur Homère, en réponse à un essai que je lui avais dédié : « Homère, dieu pluriel, avait œuvré sans ratures, en amont et en aval à la fois, nous donnant à voir l'entier Pays de l'homme et des dieux. »

Le troisième et dernier numéro d'*Imprudence* fut placé sous le signe de Char : texte inédit du prologue à son film, *Sur les hauteurs*. Nous nous excusâmes « d'ouvrir notre numéro par le texte d'un auteur connu ». Suivait « Le glas » de John Donne, traduit par Jacques Brunschwig, dont un extrait avait donné titre et épigraphe à un roman célèbre de E. Hemingway. Le titre de mon propre éditorial, « Obscurité et aventure », avait été trouvé par Char. Les notes de lecture, celles de Louis Seguin notamment, apportaient un peu d'insolence. Je fis aussi dans cet ultime numéro le premier compte rendu de livre que j'aie jamais publié. Il s'agissait de *La Rage* de Jacques Panijel que venaient de publier les Éditions de Minuit. Biologiste, homme de théâtre, éventuellement philosophe, Panijel était le romancier d'une Résistance qu'il avait

1. Dans son livre, *René Char en ses poèmes*, Paris, Gallimard, 1990.

vécue et qu'il revivrait longtemps. Son livre aussi mériterait de revivre. L'homme me parut un « monstre allègre » et je ne m'en dédis pas. Je le retrouverai un peu plus tard, pendant la guerre d'Algérie.

Ce numéro était consacré au bonheur, et Charles Malamond parlait de « bonheur et révolution », s'insurgeant contre la métaphore du « mauvais moment à passer ». « Aussi bien, disait-il, demander au révolutionnaire s'il accepte la nécessité des générations sacrifiées, c'est lui poser une question inutile : car si l'on entend que ces générations sont effectivement sacrifiées, c'est demander au révolutionnaire s'il consent à tuer la révolution ; et si par ce sacrifice l'on entend les contraintes et les responsabilités qu'impose toute affirmation de soi, c'est lui demander s'il consent à se libérer pour être libre. » Quelques jours avant la publication de ces lignes, le 23 février 1949, Margarete Buber-Neumann racontait au procès intenté par Victor Kravtchenko, auteur de *J'ai choisi la liberté !*, aux *Lettres françaises*, comment, ayant été livrée par Staline à Hitler, elle avait connu à la fois Karaganda et Ravensbrück. Char en fut bouleversé, nous aussi, et Charles me dit peu après, au temps de l'affaire Rajk, qu'il inverserait désormais les termes de sa conclusion.

René Char avait donc été résistant et maquisard. Dès octobre 1940, il avait été dénoncé comme communiste, ce qu'il n'était d'ailleurs pas. A la Libération, il avait refusé de se mêler de l'Épuration, mais son mépris pour tous ceux qui avaient pactisé avec Hitler était sans limites. Quand je l'ai rencontré en 1948, la seule idée de croiser un homme comme Marcel Jouhandeau lui faisait horreur. Ce sentiment dura. Dans une lettre du 19 mai 1973 à Maria Jolas, mère de son amie Tina, il écrivait : « Non, ces gens-là n'étaient pas seulement stupides – ou parfois innocents. Ils ne semaient pas que la grêle. Ils n'avaient pas l'"effroi de l'horreur", surtout. Ah ! ils méritaient au moins d'être tous bannis à perpétuité. Vous savez la suite. »

Char manifesta, il est vrai, de l'amitié à Martin Heidegger qu'il reçut pour la première fois en 1966 au Thor, sans pouvoir lui parler directement puisqu'ils n'avaient aucune langue en commun. J'ai vu naître chez le poète cette quête du philosophe en 1949, alors que je connaissais déjà Jean Beaufret, sans être encore son élève, et je jouai un peu les intermédiaires. Char croyait savoir que l'ancien recteur de Fribourg-en-Brisgau préparait un livre sur Hölderlin, Rilke et lui-même, ce qui n'était d'ailleurs pas vrai. Char, comme Heidegger, voyait dans les présocratiques l'expérience d'un contact immédiat avec l'être, que Platon puis Aristote avaient médiatisé. Il pensait, de plus, qu'Empédocle et Héraclite étaient les porte-parole d'une « démocratie tragique ». Je crois pourtant qu'il y avait dans cette rencontre avec Heidegger une part immense de malentendu. La « patrie grecque » de Heidegger était germanique et politique au plus haut degré ; elle s'identifia même, en 1933, avec le nouveau Reich hitlérien. Rien de tel n'exista jamais chez René Char. Son Hellade, « rivage déployé d'une mer géniale d'où s'élancèrent à l'aurore le souffle de la connaissance et le magnétisme de l'intelligence, gonflant d'égale fertilité des pouvoirs qui semblèrent perpétuels », quelles qu'aient été les circonstances de l'écriture de ce poème, ne s'identifia à aucune patrie terrestre, à aucun État, jamais.

1948-1949. Sous le signe de l'imprudence, une nouvelle amitié était ainsi engagée. La dernière lettre que j'ai reçue de Char est du 6 novembre 1987, et je fus présent et lecteur de poèmes, un après-midi de grand vent, le 24 février 1988, lorsque son corps fut mis en terre au cimetière de L'Isle-sur-la-Sorgue. Il serait donc tentant de dire que ce jour-là borna une amitié de près de quarante ans. Tentant mais faux, car, de mon fait, cette histoire fut discontinue.

Le 26 août 1949, je me rendis de Marseille à L'Isle-sur-la-Sorgue à l'invitation de Char. Je passai auprès de lui deux jours et rentrai à vélo. Il me montra le partage des eaux, la rivière, dont il parlait comme il aurait parlé d'une femme, et le Thor. Quelques jours plus tard, je reçus de lui des photos qui avaient été prises de nous. Je gardai le silence, parce que je ne trouvais pas les mots ; puis je partis avec Jacques Brunschwig, le 4 septembre, pour l'Italie. Quand je repris contact au mois d'octobre, la réponse fut dure et pleinement justifiée : « Je m'étonne que vous vous étonniez de mon silence. Si quelqu'un fut silencieux c'est vous. Après votre passage à L'Isle et l'envoi par moi de vos photos, un petit mot de votre part eût été tout naturel. Mais il est vrai que nous vivons à une époque si embrumée qu'on a peine déjà à tracer à bout portant la silhouette d'un ami. » Il ajoutait qu'il pensait me voir à son retour à Paris, dans « quelques jours ». Mais cela ne se fit pas. De brèves missives furent échangées de part et d'autre en 1952, au moment de mon mariage. Le silence dura jusqu'à 1965 et la protestation qu'il organisa contre l'installation d'un ensemble d'engins balistiques au plateau d'Albion dans le Vaucluse. Le 3 mai 1968, il m'écrivit plus longuement à l'occasion d'un article que j'avais écrit dans *Le Monde* contre les colonels grecs : « Mon souvenir évoquait votre présence là-bas au bord de la Sorgue où les eaux se partagent toujours, mais en baissant leurs paupières pour ne plus voir les rives saturées de laideurs, accumulées an après an pour le plaisir des nouveaux fortunés… » Quelques années plus tard, grâce à Maria et à Tina Jolas, je pus enfin revoir Char et le faire connaître aux miens.

Mon ancienne imprudence m'avait au moins valu cette rencontre. Elle m'en avait aussi valu quelques autres puisque c'est par ce biais que j'entrai en rapport avec *Esprit*. Je vis d'abord, avec les Brunschwig, Mounier qui s'amusa de ce qu'il appelait dans le langage de Barrès un « orphéon », c'est-à-dire une jeune revue. Je vis ensuite, chez les Nora, Jean-Marie Domenach qui avait connu au Vercors Simon et Jean, les frères aînés de Pierre. Il militait aux côtés d'Yves Farge au « Mouvement de la paix », c'est-à-dire à la frange du Parti communiste, avant d'en être exclu, en février 1950, pour titisme.

Domenach s'intéressa à *Imprudence* sur laquelle il écrivit pour *Esprit* une note qui ne parut jamais, mais le contact était désormais établi et il ne fut jamais rompu en dépit de désaccords parfois extrêmement violents. Quand Mounier mourut, le 22 mars 1950 – il n'avait pas quarante-cinq ans – j'eus le sentiment d'un deuil personnel. Mes camarades avaient beau me répéter que la mort de Sartre aurait été un événement infiniment plus grave, je ne l'entendais pas de cette oreille.

Au printemps de 1949, François Mauriac, choqué notamment par un article de Simone de Beauvoir dans *Les Temps modernes* sur la sexualité féminine (c'était un chapitre du *Deuxième Sexe*), lança dans *Le Figaro littéraire* une grande enquête sur le déchaînement de l'érotisme dans la littérature contemporaine. Comme tout le monde, je lisais des « livres du second rayon », mais à ce « déchaînement », je ne participais pas beaucoup. Avec Noël Alexandre, j'étais allé voir Boris Vian afin de lui demander un texte pour *Imprudence*. Il nous proposa un poème qui débutait ainsi : « La peau du gland n'est pas inusable. » Nous remerciâmes poliment. Toujours est-il que, sur la recommandation de Domenach, je fus prié de donner mon avis sur ledit « déchaînement ». Je le fis et manquai complètement mon entrée dans *Le Figaro littéraire*, le 2 juillet 1949. Mon texte, qui paraissait à côté d'une analyse fine et pudique de Dominique Fernandez, avait été, il est vrai, tronqué au point que je dus le renier. Mais j'invoquais « l'air du temps », ce qui, faute d'une longue explication, ne signifiait pas grand-chose et me valut d'être traité de « jeune imbécile » par Roger Nimier à qui il arrivait alors de signer François Saint-Anne dans *Liberté de l'esprit*, organe intellectuel du RPF que dirigeait Claude Mauriac.

Au bout de l'été, l'aventure était terminée pour les raisons que j'ai dites. Un long essai que j'avais écrit sur Valéry, toujours, se perdit. Venant de Florence, j'arrivai, un peu en retard, un peu hagard, au lycée Henri-IV et j'y travaillai avec acharnement. En mai, Charles et moi nous cloîtrâmes à Beg-Meil pour affronter le concours. Il fut admissible, moi non. C'est alors que je décidai, au début de juillet 1950, de tenter une dernière fois l'épreuve, mais de Marseille. J'avais vingt ans ; pour la première fois depuis 1944 et la dernière, les quatre enfants de Lucien et Margot étaient à nouveau réunis.

CHAPITRE VII

Les années capitales : entre Platon et Jaurès

Pourquoi Marseille ? Les raisons avouées étaient d'ordre intellectuel. Trois ans à Henri-IV, c'était déjà beaucoup, et je n'étais pas le seul à désirer changer de « bahut ». Si Charles Malamoud (il avait obtenu sa naturalisation et repris son nom) y demeura, Pierre Nora, par exemple, migra l'année suivante, en 1951-1952, en direction de Louis-le-Grand, ce qui se faisait beaucoup. Quant à la « khâgne phocéenne », elle avait eu de grands succès aux concours de 1950 : cinq admissibles chez les garçons et deux reçus : Alain Michel et Claude Nicolet (dont je fis la connaissance au cours de l'été), deux admissibles chez les filles dont une reçue, Simone Fortunat – de l'autre j'aurai à dire quelques mots. A peine avais-je pris ma décision que j'en parlai à Jean-Louis Napp, que je fréquentais, avec des intermittences, depuis 1941 et le home des Marmousets. Jean-Louis était *bica* et, khâgneux beaucoup plus brillant que moi, ayant été deux fois admissible il avait le droit de se présenter une troisième fois en *penta*. Il saisit la balle au bond et décida comme moi de s'installer une année à Marseille. Fils d'un homme d'affaires, il pouvait loger dans un appartement du centre-ville où son père avait un bureau et un correspondant.

C'est ainsi que Jean-Louis et moi, jeunes bourgeois assez farauds, débarquâmes à Marseille pour nous installer sur les bancs arrière de la khâgne du lycée Thiers dont le *sekh*, un garçon bien-portant, rond et jovial, de ton volontiers populaire, s'appelait Roger Duchêne. Il est devenu depuis l'éditeur et l'historien de la marquise de Sévigné, personnage aristocratique s'il en fut.

Pour m'installer à Marseille, n'avais-je que des raisons intellectuelles ? En dépit des amis qui m'entouraient, j'étais un garçon assez solitaire. Du fait des amours et des mariages qui se profilaient, le quatuor dont j'ai parlé était en voie de dislocation. Noël Alexandre partit cette même année scolaire au service militaire. Il servit dans la musique, mais cela ne diminua guère son désespoir qu'il m'exprima par lettres tout au long de l'année. Examinant une photo où l'on me voyait au forum romain, Zayane m'avait souhaité d'enlacer autre chose que des colonnes, mais, à cette époque, il n'y avait pas pour moi d'amour heureux. Alex Derczansky, un semeur de yiddish très folklorique et très savant, dont j'aurai à reparler et que j'avais rencontré à *Esprit*, m'expliqua un jour – est-ce en 1950 ou en 1951, je ne sais – que j'étais un personnage de Kafka. Comme toujours, il exagérait considérablement et, dans son jugement, il y avait une part d'idéologie juive et sioniste. Un Juif solitaire, non encadré, est un Juif perdu. En fait, retrouver de façon permanente mes frères et ma sœur, voir en particulier Claude se transformer, était une raison plus que suffisante pour un séjour de longue durée à Marseille.

La khâgne de Marseille avait quelques particularités très notables. Passons sur ce qui relève de l'orthographe ou du folklore. Le mot khâgne, par exemple, quand on l'écrivait, n'était pas entouré des petits bâtons que l'on appelait à Paris des « poils ». Je venais du reste depuis peu d'apprendre, de la bouche de l'helléniste et socialiste Bracke-Desrousseaux, que l'orthographe de ce mot n'était pas très ancienne. A la fin du siècle dernier, les « cagneux » avaient été appelés de la sorte par les candidats à Saint-Cyr, les « cornichons », qui voulaient se moquer ainsi de leur faiblesse physique et de leurs genoux « cagneux ».

A Marseille comme à Paris on chantait, sur l'air des trompettes d'*Aïda*, l'hymne de la khâgne, *Vara*[1]. Mais on y ajoutait d'autres chansons, qui me reviennent souvent ; ainsi, sur l'air de la Paimpolaise :

Quand je sortirai de l'École
Je serai fort considéré,
Et j'en porterai l'auréole,
Parmi tous les cons sidérés.

Ou encore, en hommage à la sociologie, et sur un air que je ne puis identifier :

Adorons le Totem
Le grand Manitou,
Que le maître Durkheim
Planta parmi nous...

Par-delà ce folklore, l'immense originalité de la khâgne de Marseille était qu'elle comportait des filles. On voyait bien au lycée Henri-IV quelques ombres féminines raser les murs : c'étaient des candidates à l'École des Chartes, mais on ne leur parlait guère. Les présences féminines à Marseille changeaient tout. Les pensionnaires s'en faisaient moins crasseux. Les filles n'étaient point nos rivales, puisqu'elles ne passaient pas le même concours, mais elles mettaient un peu de fantaisie, un peu d'équilibre psychologique dans cette atmosphère confinée. Garçons et filles se réunirent à plusieurs reprises au cours de ce qu'on appelait des « soirées du temps perdu » où l'on dansait un peu et s'amusait très sagement, chez l'un ou chez l'autre.

Je ne nommerai pas tous les membres de ce petit monde parmi lesquels j'ai compté et compte encore nombre d'amis ou de bons camarades, même si la mort a déjà frappé, empor-

1. Féminin de l'adjectif latin *varus* : cagneux.

tant il y a plusieurs décennies le germaniste Pierre Gérard, et, en août 1991, l'historien Charles Piétri qui fut comme moi élève d'Henri Marrou, et devint directeur de l'École française de Rome. Il était en 1950 un thomiste sec et rigoureux ; il a beaucoup changé par la suite. Le philosophe (authentique) Édouard Barnoin – il n'avait pas fait de grec et se sentait de ce fait un prolétaire –, le spécialiste de français et d'histoire de l'art Guy Borreli, Roger Duchêne que j'ai déjà nommé et dont le fils est mon élève, Jean Giraud qui était à la fois musicien, lunaire et grammairien, et qui est devenu germaniste à Strasbourg, l'helléniste aixois Albert Machin. Ce sont tous là des noms qui me sont encore aujourd'hui familiers parce que leur amitié est vivante. La khâgne de ce temps s'est même offert depuis deux professeurs au Collège de France, mon ami Paul Veyne, qui avait fait, entre Marseille et Paris, le même itinéraire que moi, mais en sens inverse, et Marc Fumaroli. En hypokhâgne, le futur médiéviste Pierre Toubert était alors un garçon très mince avec des yeux noirs et brûlants ; un séjour en sana, à la suite d'une tuberculose, l'a privé de sa minceur, sinon de sa flamme.

Dans la partie féminine de notre classe, Monique Barthélemy, qui obtint à la fin de l'année le prix d'excellence et une place de première à Sèvres, était passionnée de littérature et d'opéra, et se crut à la Scala de Milan quand on joua à l'Opéra de Marseille *Le Mariage secret* de Cimarosa, si cher à Stendhal. Jeannine Durand, « discrète et sage personne » pour reprendre une expression d'Anatole France, se consacrait à la philosophie. Luce Gascoin, historienne, était frileuse et timide ; fille du proviseur de Périer, mon ancien lycée, elle était une pure « laïque », ce qui ne l'empêcha pas d'épouser, en 1955, le très « tala » Charles Piétri. Geneviève Railhac enfin avait très vivement attiré mon attention (qu'elle déclinait), moins par son prestige d'ancienne admissible que par sa grâce, son sourire tendre, sa réserve qui était moins timidité que dignité. Elle aussi était historienne. Un peu comme un bal de village dans la France paysanne, la khâgne de Marseille fonctionna comme une agence matrimoniale. On verra bientôt ce qu'il en fut pour moi. Dès la fin de l'année, on savait, par exemple, qu'Édouard Barnoin allait épouser Hélène Bonerandi. Ces mariages n'étaient pas tous voués à durer, et tous les projets n'aboutirent pas. Alain Michel m'écrivit en septembre 1951 pour m'annoncer ses prochaines fiançailles avec Monique Barthélemy, mais ces fiançailles furent rompues et c'est mon ami de Carnot, Noël Alexandre, qu'épousa, en 1956, notre condisciple marseillaise.

Ce fut, le travail mis à part, une année pendant laquelle je lus et relus Stendhal, y cherchant le secret du bonheur, et entendis beaucoup de musique. A deux reprises, Yvonne Lefébure vint jouer à Marseille, dont une fois à la maison, invitée par ma tante Raymonde, et interprétant, comme le lui avait télégraphié son mari, un « petit Rameau noble et sentimental ».

Nos professeurs nous paraissaient fort différents de ceux de Paris. De fait, leurs aspirations étaient autres : la recherche et l'enseignement supérieur plutôt que l'inspection générale. La khâgne de Marseille avait connu quelques troubles parce qu'un professeur de philosophie, Marc Soriano – il vient de mourir –, s'était d'abord trop bien entendu avec ses élèves, puis totalement brouillé avec eux, à la suite notamment de sa conversion au stalinisme. Il a raconté cet épisode à sa façon dans un roman intitulé *L'Enclume et le Marteau.* Henri Coulet était notre professeur de français-latin-grec, et un de nos camarades, qui enseigne aujourd'hui à Aix comme l'a fait Henri Coulet pendant de longues années, s'appelait Noël Coulet, source d'innombrables plaisanteries. Intelligent et hyperconsciencieux, préparant ses corrigés avec un soin extrême, donnant le contexte des versions latines et grecques, ce que je n'avais jamais vu faire à Paris, il passait alors comme beaucoup d'hommes de sa génération par une crise de « réalisme socialiste » – il approuvait même l'élégante et révoltante déclaration de Paul Eluard, sollicité par André Breton d'intervenir pour un de leurs amis surréalistes tchèques, Z. Kalandra, condamné à mort par le régime communiste : « J'ai trop à faire avec les innocents qui clament leur innocence pour m'occuper des coupables qui clament leur culpabilité[1] » – et il se montrait contracté, ce qui ne facilita pas toujours nos rapports. Je mis longtemps à m'apercevoir de sa très réelle valeur qui s'exprima dans une œuvre abondante sur le roman au XVIIIe siècle. Dans un échange de correspondance en août 1951, nous avons tenté de mettre au jour les « incompréhensions réciproques » qui avaient marqué nos rapports et qui se dissipèrent peu à peu.

Il y eut dans l'enseignement d'Henri Coulet de bons et de grands moments. Parmi les meilleurs moments, le choix qu'il fit de donner à expliquer à notre camarade Jean Chélini le portrait d'Onuphre, c'est-à-dire de Tartuffe par La Bruyère. Jean Chélini était connu pour établir de longues listes des archevêques de Marseille, lesquelles se terminaient par le nom de Mgr Chélini. Il se maria, enseigna l'histoire à Aix-en-Provence, et ne devint pas archevêque, mais historien des papes et des évêques. Jean-Louis Napp expliqua un jour, avec une extraordinaire maestria, la description par Balzac de César Birotteau aux prises avec les banquiers. Ce que ne savaient ni Coulet ni la majorité de nos camarades, c'est que Jean-Louis projetait sur son texte les difficultés de son propre père dont l'affaire était mise en liquidation.

Jean Deprun, le philosophe, reconnaissable de loin à une calvitie dont je n'ai vu l'équivalent que chez Michel Foucault et Cornelius Castoriadis, était brillantissime, notamment quand il parlait d'autre chose que de philosophie au sens le plus technique du mot, par exemple en expliquant un poème de Rainer Maria Rilke. Il commentait les présocratiques non comme des chevaliers de l'Être, mais comme des penseurs voulant

1. *Action*, 19-25 juin 1950.

combler un vide, supprimer une distance. Je l'étonnai beaucoup en lui demandant, au début de l'année, en bon élève de Jean Beaufret, si le *Timée* de Platon n'était pas un canular. Il me convainquit du contraire et je lui dois d'avoir connu l'œuvre d'un de mes maîtres intellectuels, Victor Goldschmidt. Lui me doit, si du moins il m'écouta ce jour-là, d'avoir entendu pour la première fois présenter et commenter le *1984* d'Orwell.

Deprun passait, comme Coulet, par une phase communiste, et, lorsqu'il nous donnait un exposé à faire sur « compromis et trahison », c'était avec, à l'arrière-plan et en antithèse, Lénine et Trotski face au « gauchisme » et à la paix de Brest-Litovsk. Il gardait toutefois le sens de l'humour, et nous fit remarquer que l'on ne devait donner du « Monsieur » qu'aux vivants, mais encore fallait-il leur restituer leur vrai nom, et dire, par exemple, Monsieur Djougachvili et non Monsieur Staline. Il aimait évoquer le communisme de l'avenir plutôt que celui du présent et citait Aragon : « Je peins l'espoir des yeux afin qu'Henri Matisse/témoigne à l'avenir ce que l'homme en attend. » Dans la dialectique, il distinguait avec raison ce qui était marche en avant ou au contraire, sous une forme masquée, retour, voire régression.

Cette année-là, Fougeron, peintre officiel du PC, exposa à Marseille. Des chiens bondissaient contre les mineurs. Et Napp et moi de rédiger, au nom du Mouvement de la paix, « Section beaux-arts et sots métiers », un pastiche dénonçant « la meute de ces chiens dressés par le veau d'or ». Deprun lut publiquement le texte et rit, Coulet se tut.

Le professeur d'histoire était Charles Carrière, aujourd'hui disparu, et c'est avec lui que j'ai gardé, jusqu'à sa mort, les liens les plus amicaux. Comme Alba, comme Fourniol, il était protestant. Il avait même été instituteur-missionnaire au Cameroun. La santé de ses enfants s'accommodant mal du climat local, il revint et s'installa à Montpellier. Il aurait voulu faire de la physique, mais, pour des raisons d'horaires, il fut contraint de choisir l'histoire. Il passa tous les examens et tous les concours jusqu'à l'agrégation. Peu après, Maurice Crouzet, l'inspecteur général, lui dit : « J'ai besoin de vous pour la khâgne de Marseille. » Charles Carrière lui fit cette réponse qu'il m'a racontée lui-même : « La khâgne, qu'est-ce que c'est ? » Il s'agissait de succéder à un professeur prestigieux, Pierre Guiral. Charles Carrière se consacra à son travail, en faux modeste qu'il était, avec un acharnement et un courage admirables. Il fut un grand professeur et devait devenir, à Aix, un grand historien du commerce et de la peste de Marseille, me disant un jour : « Là où j'ai passé, on ne repassera pas. »

Henri Coulet et Jean Deprun étaient communistes ou très proches de l'être, Charles Carrière était un homme de gauche que ne bridait aucun dogme. Qu'étais-je moi-même ? Nous ne nous trouvons pas à un moment indifférent de l'histoire de l'après-guerre, puisque la Corée du Nord attaque le Sud le 25 juin 1950. Claude Nicolet devait me raconter par la suite – et le fait était exact – que, pendant les mois qui précédèrent cette agression, il avait dessiné et redessiné la carte de ces deux pays frères et ennemis dits « du matin calme », séparés par le 38e parallèle. Il ne sut jamais quelle intuition l'avait guidé. Je ne crus pas un instant que le Sud avait attaqué le Nord, comme l'affirmait la presse communiste, ni même que le Nord fût tombé dans un piège savamment ourdi par le Sud et l'Amérique, comme tentèrent de le démontrer des esprits fort sérieux, notamment le journaliste américain I. F. Stone. Je demeurais neutraliste et donc partisan d'un compromis, mais s'il fallait absolument choisir, nul doute que j'aurais choisi le Nord. J'étais à l'époque abonné au *New Statesman and Nation*, organe de la gauche travailliste, et un historien célèbre, G. D. H. Cole, spécialiste du mouvement ouvrier, entièrement étranger au communisme, faisait ce choix que j'approuvais [1]. Entre Syngman Rhee, l'affreux vieillard, natio-

1. Dans un article intitulé « As a Socialist sees it », *New Statesman and Nation*, 3 février 1951.

naliste fascisant, et les communistes du Nord, ceux de l'hyperstalinien Kim Il-sung, je choisissais donc, de fait, ce dernier.

Je faisais ce choix d'autant plus délibéré que, comme beaucoup d'autres, j'avais accueilli avec joie la victoire de Mao sur le régime pourri de la Chine nationaliste. Je retrouve dans le n° 3 d'*Imprudence* cette conclusion d'un article signé « Jacques Delmas », qui n'était pas de Chaban mais de Marie-Pierre Nora : « Derrière Mao Tsé-toung, six cent mille hommes marchent à la conquête de leur propre pays. Le bonheur est une idée neuve en Asie. » Nous admettions volontiers que la Révolution russe avait dégénéré. Mais le communisme chinois n'était-il pas, à son tour, la « jeunesse du monde » ? On est là à l'origine d'un schématisme qui occupera les devants de la scène à la fin des années soixante.

Il est clair *aujourd'hui* que c'est en Corée du Sud qu'ont pu se développer, après 1953, et les conditions d'une progression économique et les ferments d'une démocratie. Pourquoi alors cette erreur de jugement ? Pour deux raisons fondamentales. La première est le lien que j'établissais, pas entièrement à tort, entre le communisme et le mouvement anticolonialiste. La guerre d'Indochine avait-elle changé de nature avec la victoire des communistes chinois ? Il est vrai que l'Union soviétique a servi de base arrière, intéressée et à demi mythique, à la décolonisation.

La seconde est l'insuffisance radicale de la théorie de l'impérialisme, lié au seul capitalisme, telle qu'elle était répandue à gauche et à l'extrême gauche. J'avais lu en 1947 *L'Ère des organisateurs* de James Burnham, théoricien américain de la « révolution directoriale » *(managerial revolution)*. Burnham était un ancien trotskiste et il démontrait dans ce livre que l'URSS était tout autre chose que l'héritière, même très infidèle, d'une révolution prolétarienne. Léon Blum avait préfacé la traduction française de son ouvrage qu'avait publié Raymond Aron dans sa collection « Liberté de l'esprit ». Mais

Burnham n'était pas seulement un théoricien dur de la guerre froide, il était un homme qui avait renoncé, et Léon Blum le constatait avec regret, à l'idée socialiste elle-même. J'ignorais alors l'existence de la revue *Socialisme ou Barbarie* que je ne découvris qu'en 1956, et, à propos de la Russie, je croyais comme Bertrand Russell en 1919 qu'à tout le moins le « socialisme » développait les sociétés arriérées plus rapidement que le capitalisme, ce qui était assurément problématique.

En 1950, à Beg-Meil, Charles Malamoud, qui décida cette année-là de quitter le PC, m'expliquait encore : « Tu as fait suffisamment d'histoire économique pour savoir qu'il ne peut pas y avoir d'impérialisme soviétique », et je le croyais à moitié. La guerre de Corée favorisait à l'extrême, bien au-delà du PC, ce qu'Edgar Morin a appelé la « seconde glaciation stalinienne ». En mai 1951, le même Malamoud m'écrivait son désespoir : « A mon avis, la guerre nous pend au nez, elle est pour très bientôt. [...] Que s'il se trouve des types [...] persuadés que les malheureux gestes humains auront malgré tout un sens face aux bombes atomiques et aux T 34[1], alors ces types devront résolument se ranger du côté russe. [...] Que cette action soit parfaitement désespérée [...] signifie simplement [qu'elle] ne devra pas être orientée vers la construction d'un *futur* dont nous savons bien qu'il ne sera pas radieux et qu'en tout cas il ne sera pas pour nous, mais qu'elle devra être déterminée par notre fidélité à un *passé*, ce passé étant les conclusions que nous avons tirées de notre expérience vécue du capitalisme, de notre cohabitation avec les Syngman Rhee, Krupp, Pétain, etc. Ce qui sera *pour nous* à l'ordre du jour dans la guerre qui vient n'est donc pas à mon avis la lutte pour des “lendemains qui chantent”, mais une action qui ne soit pas indigne de gens qui *avant la guerre* auront eu foi en la nécessité du socialisme. [...] Cela signifie qu'avant l'occu-

1. Il s'agit d'un modèle de tanks soviétiques.

pation de la France par les Russes, je serai dans un maquis communiste, et qu'après je servirai dans une administration occupante jusqu'au jour où l'on me trouvera trop peu zélé ou trop pessimiste et où l'on m'enverra rejoindre mes aïeux. »

Au fond, il se vivait comme un futur accusé des procès de Moscou ou de Budapest. De la part de Charles ce fut, en quelque sorte, le dernier soubresaut de ces réflexes communistes qu'il avait acquis dans son enfance et son adolescence. Il n'avait jamais été ce qu'on appelle un « intellectuel communiste ». Il était devenu un membre du PC bien avant d'être étudiant. Il n'avait donné ni dans le « culte de la personnalité », ni dans le « réalisme socialiste », ni dans le mythe de la « science prolétarienne ». Mais il ne remettait pas en cause alors le principe même de la Révolution d'octobre.

Quelques mois à peine après avoir écrit cette lettre, il entra, sur le plan politique, dans une sorte de « mutisme désespéré » dont il ne sortira que pendant la guerre d'Algérie. A l'automne, il s'engagea auprès de Pierre Pascal, témoin et acteur de la Révolution russe, dans une recherche sur Custine – un voyageur du XIXe siècle – et la Russie. C'était là une façon de commencer à réfléchir sur le totalitarisme, le destin de la Russie, et aussi sur la dissidence, puisque Pierre Pascal, avant d'être l'historien du « raskol », de la dissidence religieuse russe, avait rompu successivement avec la mission militaire française dont il faisait partie, puis avec le léninisme lui-même.

Mais revenons au printemps de 1951. Si j'ai cité si longuement cette lettre que Charles garda par-devers lui plus de huit jours avant de me l'expédier sans la terminer, c'est qu'elle exprime à l'état pur la théorie des « deux camps » qui avait alors cours et qui n'hésitait pas à remonter le temps, opposant par exemple Démocrite et Platon, le matérialiste et l'idéaliste. On sait qu'elle mit longtemps à s'effondrer et que, pour certains, elle n'est pas encore morte. Et c'est cette même argumentation qui servit de justification, voire d'explication aux aveux des procès de Moscou, telle qu'on pouvait la lire dans *Le Zéro et l'Infini* de Koestler ou, de façon plus philosophique, dans *Humanisme et Terreur* de Merleau-Ponty (1946). En dépit de tout, des « dérapages », des « tournants », de la « dégénérescence » et des monstrueux procès, quelque chose s'était incarné en octobre 1917. Je le croyais mollement, mais je le croyais. J'ajouterai encore ceci : Charles Malamoud, introduit par moi à *Esprit*, y publia en juin 1952, peu après avoir soutenu son « diplôme » sur Custine, sous le pseudonyme de Marcel Compardoux, une note critique fort sévère sur la prétendue « guerre bactériologique » que les Américains étaient censés mener en Corée. De toutes les analyses qui parurent alors dans la revue, en juin et en octobre, c'est celle dont les conclusions négatives sont les plus nettes. La lucidité était revenue parce que la croyance était morte.

D'autres lettres me parvenaient de Paris, plus distrayantes. Ainsi Gérard Maillat, qui enseigne aujourd'hui la littérature comparée à Tours, et que je connaissais à la fois par son art d'écrire des comédies érotiques et par les somptueuses cordouanneries qui ornaient l'appartement de ses parents, m'écrivit une longue lettre en italien pour me faire comprendre qu'il se consacrait désormais à l'étude de cette langue. Voulant parler de notre camarade François Chapon – le futur conservateur de la Bibliothèque Jacques-Doucet –, fils peu prodigue d'un imprimeur célèbre qui couvait ses manuscrits autographes et inédits de Claudel, de Milosz, etc., il l'appela « la gallina », ne voulant pas le nommer Al Capone.

Année de travail, année de discussions, année qui comporta aussi des moments très vifs : aux vacances de Noël 1950 par exemple, que je passai à Paris, découvrant les chansons de Juliette Gréco, *Si tu t'imagines* et *Dans la rue des Blancs-Manteaux*. Au cours de ce même voyage, je crois, je dînai avec Alain Michel et Robert Bonnaud. Ce dernier avait été sous-admissible à l'agrégation d'histoire dès 1950 et avait obtenu une bourse pour recommencer son année à Paris. Son marxisme était un scientisme qui descendait de celui de Renan et de Taine, et son communisme se teintait d'humour. Il fallait certes « réviser » un certain nombre de dogmes, mais pas avec n'importe qui : « Ni Rajk, ni Tito, ni Trotski. » Staline, lui, demeurait « impeccable ». Au sein du groupe des historiens communistes (François Furet, Denis Richet et quelques autres), il passait pour le moins orthodoxe de tous. Un an et demi plus tard, le 1er juillet 1952, il se trouvait à Paris pour l'oral de l'agrégation – qu'il franchit cette fois brillamment – quand Jacques Duclos, arrêté le 28 mai lors de la ridicule affaire du « complot des pigeons[1] », au soir de la manifestation anti-Ridgway, fut libéré par le président Didier, seul magistrat à avoir refusé de prêter le serment à Pétain. Bonnaud riait et commentait de façon sarcastique : « Elle a du bon la bourgeoisie ! »

Mais en cette année 1950-1951 dont je me suis éloigné un instant, il y eut plus, car ce fut aussi une année de décision et de choix. Un jour, Alain Michel me parla d'un de ses camarades de l'École qui avait un travail en cours sur la philosophie de l'histoire. Le malheureux lisait Hegel. Quelle absurdité, me dit Alain, comme si tout n'était pas déjà dans Platon ! Naturellement, je n'en crus pas un mot, mais une idée germa aussitôt : étudier la pensée de Platon par le biais le plus inattendu, l'historicité de l'homme – ce que précisément il refusait. Ma décision fut prise avant la fin de l'année scolaire et a orienté le reste de ma vie de chercheur. Henri Coulet fut un de ceux qui comprirent ce choix d'un sujet de diplôme d'études supérieures d'histoire (on dit aujourd'hui maîtrise), avant même que je n'aie acquis, dans cette discipline, le moindre certificat de licence. Il m'écrivit le 17 août 1951 : « Il n'y a rien de trop

1. On avait trouvé dans la voiture de Jacques Duclos, au soir de la manifestation contre Ridgway, des pigeons hâtivement qualifiés de voyageurs.

ambitieux [...] dans votre projet de diplôme. Le sujet est triple, historique, littéraire et philosophique. Et sur la pensée grecque, il doit ouvrir des perspectives immenses. Donc c'est un beau, un excellent sujet. Je croyais que vos goûts vous auraient porté vers une époque moderne ou contemporaine : mais je suis sûr que, même si vous vous spécialisez dans l'Antiquité grecque, vous ne perdrez jamais le contact avec la littérature et la culture actuelles... »

Pourquoi l'histoire grecque, l'histoire intellectuelle de la Grèce ? Henri Coulet n'était pas seul à en être surpris, je l'étais moi-même tout le premier. Y avait-il là pour moi un moyen d'échapper aux emballements politiques, à la tyrannie de l'immédiat ? Plus tard, je fis et refis une comparaison : dans *Le Soulier de satin* de Paul Claudel, Doña Prouhèze, avant de s'engager dans la vie amoureuse, met un de ses souliers sur l'autel de la Vierge, pour montrer qu'une part d'elle-même lui restera fidèle. Peut-être ai-je ainsi pris une sorte d'assurance contre le risque de l'engagement, mais du coup ma vie allait être à la fois une et double.

En développant les conséquences de ce choix, j'ai anticipé sur l'issue – malheureuse – de mon année scolaire. Le jour venu, dans une salle du lycée Thiers, je me trouvai à côté de Geneviève Railhac qui m'offrit des cerises ; mais elle s'effraya de me voir démarrer ma copie d'histoire, sur « la ville au XIXe siècle », sans prendre le temps de réfléchir et de préparer mon plan. Quelques jours plus tard, je rejoignis Charles Malamoud et sa mère dans un petit hôtel de Carry-le-Rouet, près de Martigues, où il préparait l'oral, et nous traduisîmes Homère au bord de la Méditerranée. Mon ami fut une deuxième fois admissible.

Beaucoup pensaient que je le serais aussi à Marseille et tous donnaient Napp gagnant, mais un sinistre jour de la fin de juin, il me téléphona : « Nous sommes bittés tous les deux. » Le soir même, Jean-Louis et moi prenions le train pour Paris et buvions du champagne pour nous consoler. Les résultats marseillais furent bons à l'écrit : cinq garçons et trois filles admissibles. Seuls furent reçus Guy Borreli et, chez les filles, Monique Barthélemy et Jeannine Durand. Geneviève Railhac, septième à l'écrit, se retrouva première des collées, titulaire tout de même d'une bourse de licence qui lui permettrait d'aller « étudier en Sorbonne ». Elle avait choqué Mario Roques, fossile pourrissant sur lui-même qui interrogeait en français, parce que, le jour de l'oral, elle n'avait pas trouvé drôle le texte de La Bruyère sur lequel il la faisait plancher. Charles Malamoud fut lui aussi collé à l'oral, de peu. J'essayai de noyer mon chagrin non dans l'alcool, mais en accompagnant mes camarades au « Bœuf sur le toit », où se produisait Agnès Capri. Cela du moins fut un acquis de ces journées sinistres. Avec Geneviève, revue à Paris, j'envisageai un travail en commun pour la rentrée. Après quoi nous partîmes pour l'Espagne, Jean-Paul Arbousset et moi, équipés d'une tente et d'un réchaud à essence – un mois de vadrouille entre la côte catalane et l'Andalousie, avec retour par Tolède et Madrid : Le Greco et Goya. J'avais emporté comme viatique un petit chef-d'œuvre, l'*Histoire d'Espagne* dans la collection « Que sais-je ? » de Pierre Vilar, un marxiste qui savait même comprendre les anarchistes, à vrai dire le plus grand historien marxiste qu'ait jamais connu la France. Un détail me revient, qui éclaire un peu l'actualité d'aujourd'hui. Nous avons dîné un soir chez un bon bourgeois de Barcelone qui s'appelait d'ailleurs Vidal. Il eut ce mot : « Quand je parle à un chien, je lui parle en castillan. »

Je me disais historien, mais le serais-je un jour ? Alors que je voulais entrer en histoire comme on entre en religion, dans l'immédiat, quatre ans après mon bachot, je me trouvais en situation d'échec, avec pour tout bagage une vague licence libre. Une tentation se présentait, celle de l'abandon. Pourquoi, par exemple, ne pas briguer un poste à Tahiti ? Mais une solution plus concrète se présenta. La presse annonça que l'Égypte recrutait des professeurs sur la base de la licence pour enseigner le français dans ses lycées. En dépit des objurgations de la mère de Charles Malamoud que cette perspective inquiétait, je décidai de me porter candidat, ou pour le moins de m'informer. Je me rendis à l'ambassade royale d'Égypte où l'on me fit remplir un dossier. A la question : religion ? je ne répondis pas. Je reçus quelques précisions : il s'agirait d'enseigner la langue française en Haute Égypte ou dans le Delta. Je pourrais habiter dans un hôtel – ces établissements étaient généralement, me précisa-t-on, tenus par des Grecs. On m'indiqua que je devais me rendre le plus tôt possible au service des relations culturelles, rue de Lille, qui gérait les professeurs français à l'étranger, dans la perspective d'obtenir éventuellement un complément de traitement. Là, il me fut demandé soudain : « Ne seriez-vous pas juif ? » Je répondis que je l'étais, mais que ce n'était pas obligatoirement inscrit ni sur mon passeport, ni sur mon visage, ni dans mon nom. C'est que, me répondit mon interlocuteur, nous devons nous engager auprès des Égyptiens à ne pas leur envoyer de professeurs juifs. J'en demeurai sans voix. Une note fut publiée à ce sujet dans *Esprit*, en janvier 1952 ; un député MRP de gauche, André Dumas, posa une question écrite. Le ministre démentit. Le chef du service intéressé écrivit à la revue, fit valoir qu'il s'appelait Abraham et qu'il n'était donc pas suspect, mais que, naturellement, on expliquait aux postulants dans quelle situation ils risquaient de se trouver en Égypte.

Je commençais effectivement en ces temps à collaborer à *Esprit*. Je trouvai chaleur et amitié au « Journal à plusieurs voix » où se rencontraient notamment ceux qui formaient à eux deux « le club des cent kilos du personnalisme », c'est-à-dire Georges Suffert et Alex Derczansky. Le premier était issu d'une petite revue, les *Mal Pensants*, où il côtoyait aussi Claude Cadart. Suffert a appris depuis à penser « bien ». Ce n'est pas le cas fort heureusement de Claude Cadart. Alex Derczansky, lui, avait tendance à tout ramener à la question juive. Il commença à me donner un minimum de culture dans ce domaine. Lors de notre première rencontre, il m'expliqua que j'étais un « aristocrate juif », chose que j'ignorais totalement. Que voulait-il dire ? Que lui, en tant qu'« Ostjude », était un plouc, tandis que moi, comtadin de vieille roche… Je le rassurai un peu en lui parlant de ma grand-mère d'Odessa. Avec le seul Albert Béguin, qui avait succédé à Mounier, les rapports manquaient de chaleur. Son interprétation de la « question juive » me paraissait théologique plutôt qu'historique. Autrement dit, si éloigné qu'il fût de l'antisémitisme, il en voyait tout de même l'explication dans le refus matérialiste opposé par les Juifs au Christ en tant que Messie. C'était, au fond, la théorie de Léon Bloy dont Albert Béguin s'était fait l'exégète. Nous nous sommes parfois affrontés, très indirectement, dans les colonnes de la revue. Rien de tel ne se produisit avec Jean-Marie Domenach.

Autres incidents : Pétain était mort le 23 juillet 1951, ce que j'avais appris avec d'autant plus de satisfaction que cette mort « tombait » le jour où je devenais majeur. Une messe solennelle fut célébrée à Notre-Dame par le cardinal Feltin pour le repos de son âme, le 27 octobre 1951. J'allai manifester contre cette initiative en compagnie notamment de Jacques Brunschwig et de Samuel Spanien. Après quelques heurts, on se replia sur la Sorbonne. Là arrivèrent un certain nombre de nervis qui chantaient à tue-tête quelque chose comme : « En avant pour un dernier assaut contre la République, les Juifs, les Francs-Maçons… » Ce jour-là ou un peu plus tard, je tentai de savoir qui était le chef de cette bande. On me dit que c'était le président de la « corpo » de Droit, et qu'il s'appelait Le Pen. Le même après-midi, d'humeur décidément protestataire, je me rendis avec Jacques à la « Boutique des *Cahiers* », au 8, rue de la Sorbonne. Nous étions l'un et l'autre de grands lecteurs de Péguy. Or cette boutique avait une vitrine affichant l'auteur de *L'Argent* à côté de Maurras. C'était, pour nous, beaucoup trop. On nous répondit que ce n'était pas parce que nous avions le nez crochu et que nous étions nés à Varsovie ou à Tel-Aviv que nous avions le droit de donner des leçons aux vrais patriotes. Le jour où la monarchie serait rétablie, on nous expulserait. Ce jour ne nous paraissait pas imminent, mais je ne saurais dire que j'accueillis cette cascade d'incidents dans la joie et la sérénité.

En tout cas, après l'expédition manquée en Égypte, je n'avais en principe plus le choix. Un peu plus tard pourtant, à la fin de l'hiver, alors que j'étais déjà un étudiant assidu à la Sorbonne, une dernière tentation se présenta. Raymond Schwab, grand mélomane et père d'une fille ravissante, était un ami de ma famille. Il avait soutenu tardivement une thèse demeurée célèbre sur *La Renaissance orientale*, c'est-à-dire la (re)découverte de l'Inde et de l'Iran au XVIIIe et au début du XIXe siècle. Il avait été longtemps chef du service du « Compte rendu analytique » au Sénat. Retraité, il dirigeait le même service au Conseil économique. Il me proposa soudain de m'apprendre ce métier qui laissait beaucoup de loisirs. J'essayai et échouai, plus ou moins volontairement peut-être. Ma camarade et amie Geneviève Railhac jugea cette tentative et cet abandon avec sévérité. A tout le moins cela me permit-il d'entendre au Palais-Royal un brillant exposé d'Alfred Sauvy et un autre de l'économiste marxiste Jean Duret.

Mais revenons à la Sorbonne. Il me fallait, avant de me consacrer à Platon, passer la licence d'histoire. Pendant un peu plus d'un mois, en septembre-octobre 1951, je travaillai comme un fou pour préparer la moitié de cette licence, les certificats d'histoire ancienne et d'histoire moderne et contemporaine. Si l'histoire ancienne ne me posa pas trop de problèmes (je m'amusai même à rectifier une erreur dans l'énoncé du sujet), sauf à l'oral où André Dupont-Sommer n'eut pas de mal à découvrir les abîmes de mon ignorance sur le monde du Proche-Orient ancien, j'arrivai à demi hagard à l'écrit d'histoire contemporaine. Le sujet était : « L'empire allemand en 1902. » Que s'était-il passé en 1902 ? Soudain, un éclair : le chemin de fer de Bagdad, grand projet de l'impérialisme allemand sous Guillaume II ! L'idée était bonne et je la notai, m'empressant pourtant de me réfuter moi-même dans un addendum. Je fus tout de même reçu.

Restaient le Moyen Age et la géographie. Le premier ne posait pas de problèmes spéciaux et, tout au long de l'année, je suivis avec plaisir l'enseignement d'Édouard Perroy sur la société française au temps de la guerre de Cent Ans et celui, donné dans une langue archaïque et belle, de Charles-Edmond Perrin, contemporain de Marc Bloch. La géographie pour historiens était *le* certificat technique que comportait la licence d'histoire. Elle impliquait la confection de coupes topographiques et géologiques, pour lesquelles j'étais à peu près aussi doué que pour la conquête de la Lune. Geneviève Railhac n'était, en cette matière, pas beaucoup plus heureuse que moi, un peu tout de même. Il fallait de plus suivre dans un amphithéâtre bondé les cours du doyen André Cholley. Malgré les allusions érotiques dont il émaillait ses descriptions de côtes et ses commentaires sur les familles de nuages – que ne peut-on faire dire à des courbes ou à des masses d'air qui fusionnent ? –, c'était proprement insupportable. Au bout de journées d'efforts dans lesquels m'assista Claude Nicolet, je remis une coupe et un commentaire à un assistant promis à une belle carrière de géographe du monde musulman et d'apologiste des créations de nouveaux villages par l'armée française en Algérie, M. Xavier de Planhol. La note, sans doute méritée, fut : 1 / 20, avec ce commentaire : « Je ne corrigerai plus de coupes pareillement salopées. » On était déjà en janvier. Ma décision fut instantanée : « Eh bien, tu n'en corrigeras plus », et je courus m'inscrire au certificat de grammaire et de philologie classiques, préférant la grammaire comparée et les minutieux commentaires dont Jacques Perret ornait les vers de Virgile, l'enseignement véloce d'Henri Goube en grec, et les superbes exposés de Michel Lejeune, frère de Jean Effel, sur le verbe grec et le verbe latin, à tous les reliefs commentés du monde. Mes camarades de Sèvres et de la rue d'Ulm furent surpris mais m'aidèrent. C'est ainsi que je bénéficiai indirectement de l'enseignement de la philologue Suzanne Daniel, ancienne militante communiste et qui aujourd'hui, à Jérusalem, milite avec acharnement au sein du Gouch Emounim, le « bloc de la foi ». Marrou, que j'étais allé voir pour lui proposer mon sujet de diplôme, eut ce mot : « La philologie, ça rend intelligent ! »

Quand ai-je suivi ses premiers séminaires ? Dès cette année je crois, et j'y rencontrai, outre ma condisciple marseillaise Geneviève Railhac, bien d'autres étudiants ou étudiantes, Nicolet, mais aussi Anahite Ter Minassian que nous appelions « la jeune Arménienne », qui en était déjà à son deuxième enfant, Denise Grodzinski, au profil aigu de divinité sumérienne. Marrou recevait dans une petite salle de la Sorbonne, le chef couvert d'une calotte qui lui donnait l'allure d'un rabbin glabre, parlant avec une voix haut perchée de sourd. Il appartenait à la famille d'*Esprit* et c'est en préparant un article pour cette revue qu'il nous enseignait la théorie de l'histoire, de Spengler à Toynbee. Les séminaires, eux, portaient sur des questions plus étroites et plus précises. Marrou rayonnait d'ironie et de bonté. Ce catholique laïque avait sur son bureau le buste du réformateur moderniste Alfred Loisy, excommunié par Pie X en 1908.

Quelles que fussent les joies que me donnait la philologie – elles furent réelles et je lus l'*Aperçu d'une histoire de la langue grecque* d'Antoine Meillet comme un grand livre d'histoire ou de sociologie historique –, je m'y étais pris un peu tard et, en juin 1952, je fus collé – de très peu, mais collé. Je devais corriger le tir en octobre.

Entre-temps, ma vie était en train de changer radicalement, ma solitude de disparaître. Avec Geneviève Railhac, je ne suivais pas seulement des cours, mais, seuls ou avec d'autres amis marseillais, nous sortions, nous visitions Paris, nous allions au théâtre : Gérard Philipe dans *Le Cid*, voilà qui soudain rendait jeunesse aux roueries de l'avocat normand. Je lui lisais du Char et, plus encore, du Lorca : « La lune est un vautour blanc » – ce vers me revient en mémoire. Une belle journée d'avril, dans une petite rue du XIIIe, je lui demandai si elle voulait être ma femme. Elle me répondit qu'elle croyait qu'on pouvait prendre ce risque. C'était en effet un risque, mais nous le prîmes à deux. Elle était catholique et la question religieuse ne se posait pas pour moi. J'acceptai de l'épouser chrétiennement sans devenir chrétien moi-même. Sa sœur aînée avait donné le bon ou le mauvais exemple en épousant, à la mairie, un Juif polonais, aussi « assimilé » du reste que les personnages des *Eaux mêlées* de Roger Ikor. Qui se christianisait, qui s'enjuivait ? Sa cousine germaine épousa un Juif marocain, et sa sœur cadette, Alice (1932-1993), enseigna pendant près de vingt ans dans une école juive de l'ORT[1] à Marseille.

J'envisageai d'abord, à la limite de la muflerie, de passer en Grèce les vacances tant attendues, dont le projet de longue date était né en 1947 et avait prévu successivement divers compagnons de voyage : Noël Alexandre, Gérald Hervé, Charles Malamoud et Jean-Louis Napp. Partir seul en Grèce ? On me fit remarquer dans ma famille, doucement mais fermement, que ce genre de vacances, il valait mieux les prendre à deux, mariés. Notre hâte se renforçait aussi de l'idée que la Troisième Guerre mondiale restait menaçante et qu'il fallait vivre dans la joie tant que cela était possible. C'est ce qui fut décidé. Ni dans sa famille ni dans la mienne il n'y eut de véritable drame, un peu d'étonnement seulement devant le cours rapide que prenaient les événements. Un de mes oncles me dit tout de même qu'il aurait certes préféré que Geneviève fût « un peu plus riche et un peu plus juive », mais que mon choix ne pouvait qu'être respecté. En ce qui concerne le dernier point, le mal était sans remède. En ce qui concerne le premier, si je tenais de mes

1. ORT : Organisation, Reconstruction, Travail.

parents des ressources réelles encore qu'épuisables, la bourse qu'avait obtenue ma fiancée était un apport plus que substantiel. L'idée qu'un métier vaut toutes les « dots » du monde ne pénétrait encore que difficilement dans les milieux bourgeois. L'accueil qu'Isabelle réserva à Geneviève fut particulièrement chaleureux et ces sentiments furent réciproques. Aucun jugement ne comptait davantage à mes yeux.

Je connus ma future belle-famille quelques jours à peine avant qu'elle ne méritât cette appellation. Mon beau-père avait pris depuis plusieurs années sa retraite d'inspecteur des PTT, un métier qu'il avait fait le plus souvent de nuit pour pouvoir élever ses six enfants. Il était de famille languedocienne et bourgeoise, fils d'un receveur de l'enregistrement ruiné par la faillite du Panama et mort jeune. Il avait été élevé chez les jésuites de Montpellier. Ma belle-mère était une Lorraine de Dun-sur-Meuse, patriote, ayant vécu l'invasion de 1914. Elle restait marquée – et elle le restera jusqu'à sa fin, en 1963 – par la tragédie qui s'était déroulée sous ses yeux, le 25 août 1944, en pleine libération de Marseille, l'assassinat, dont l'auteur ne fut jamais identifié, de l'aîné de ses fils, Roger, catholique et résistant, qui venait de contracter un engagement dans l'armée de libération. La sœur aînée de Geneviève, Renée, avait elle aussi participé à la Résistance, dans un groupe chrétien d'abord, puis au sein de l'ORA[1]. Elle était discrète et n'aimait pas en parler. Elle avait depuis fait ce mariage qui devança le nôtre. Je me trouvais assurément dans un milieu très différent du mien, mais dans un milieu ami et qui l'est resté. On me parla, dans ma famille, de la nécessité d'offrir une bague. Celle-ci fut remplacée par un électrophone pour lequel Isabelle nous offrit nos premiers microsillons : *La Flûte enchantée* avec Irmgard Seefried et aussi, hélas, Karajan comme chef d'orchestre.

Notre mariage fut célébré le 17 juillet 1952 dans la belle

1. Organisation de résistance de l'Armée.

mairie de Marseille, par un conseiller municipal communiste ami de mon beau-père. Puis la noce franchit le Vieux-Port sur un bac dans une atmosphère joyeuse et alla prendre le pastis avant de remonter à pied la Canebière et le boulevard de la Libération (la Madeleine) jusqu'à l'église des Chartreux, où l'évêché avait accepté que le mariage fût célébré non à la sacristie mais devant un autel latéral, remplaçant simplement sur la dispense, qui fut « fulminée », la formule *extra tamen ecclesiam* par *in ecclesia*.

Les jours suivants se passèrent à Mimet près d'Aix et, un peu plus tard, à Villeneuve-lès-Avignon, entre Mozart et Musset *(Lorenzaccio)*, mais le jour où était prévue à Avignon une représentation en plein air du *Prince de Hombourg* de Kleist, avec Gérard Philipe, il pleuvait. Après quoi, nous partîmes pour la Grèce sur le *Korinthia*.

Nous fabulions naturellement sur un certain nombre de sites et de musées, mais ce n'était pas un pays mort que nous allions visiter. Depuis la libération d'Athènes en octobre 1944, la Grèce et ses guerres civiles successives avaient occupé une place considérable dans le romantisme révolutionnaire. En hypokhâgne, durant l'année scolaire 1947-1948, plusieurs de nos camarades avaient parlé de rejoindre les *andartes*, les partisans grecs. La Grèce faisait partie d'un domaine réservé à l'Occident, notamment dans le partage esquissé par Churchill et Staline à Moscou en novembre 1944. La droite, que nous appelions « monarcho-fasciste » et qui n'était pas totalement indigne de cette appellation, avait fini par l'emporter, non sans s'appuyer sur l'équivalent grec de la Milice, non sans enfermer nombre de résistants à Makronissos, « laboratoire politique », selon le mot de Louis de Villefosse qui, militant de l'« Union progressiste », suivait ce dossier de près. J'avais fait la connaissance, en 1949, de ce capitaine de vaisseau au cœur pur, qui avait déserté la flotte de Vichy à Alexandrie, en 1941, pour rejoindre de Gaulle, et déserté la flotte gaulliste, en 1942, pour suivre Muselier (fondateur des Forces navales françaises libres, dissident de la dissidence), et il m'avait nourri d'informations qui n'étaient sans doute pas d'une impartialité totale. J'avais envisagé en 1950 et 1951 de faire pour *Esprit* un reportage, et là encore je m'étais informé. Nous partions munis d'une lettre de Paulette Mounier pour Roger Milliex, sous-directeur de l'Institut français d'Athènes, qui était venu à Marseille expliquer aux khâgneux ce qu'était la situation linguistique de la Grèce, l'existence de deux langues grecques, la « purifiée » *(katharevoussa)* et la « populaire » *(dhimotiki)*.

A bord du *Korinthia*, nous voyagions sur le pont et dormions dans des chaises longues qu'il fallait surveiller de près. Un étrange Quasimodo régnait sur cette quatrième classe. Après Gênes où le bateau fit escale avant de gagner Le Pirée en trois jours *via* le détroit de Messine et le Stromboli flamboyant, nous renonçâmes à la cuisine de Quasimodo pour prendre nos repas en troisième classe. Nous faisions des lectures austères. Geneviève lisait Proust et moi *Païdeia* de Jaeger, livre cher à Marrou, traité un peu pompeux et solennel de l'histoire de la culture grecque. Quelques voyageurs grecs nous mirent en condition ; une dame nous dit d'un ton suave : « Nous n'avons plus de communistes en Grèce parce que nous les avons tous tués », ce qui était une vue un peu optimiste, et un monsieur nous expliqua que l'Institut français d'Athènes, que dirigeait Octave Merlier, philhellène passionné qui a maintenant sa rue à Athènes, était entre les mains des communistes français. C'était également très excessif.

Le débarquement au Pirée se fit en quelques minutes. Le chemin de fer électrique nous mit tout à coup en présence du Théséion. En montant sur le Lycabette, avec nos sacs à dos, au fur et à mesure que nous nous approchions de l'Institut français, des voix grecques nous guidaient, en français, dans la bonne direction. Hélas, une fois sur place, ce fut pour apprendre que Merlier et Milliex étaient en France, ce qui à la fin de juillet était légitime. Il fallut renoncer aux contacts et nous rabattre sur le club des étudiants, à quelques encablures de là, rue Hippocrate. On eut du mal à admettre que nous étions mariés. La preuve ayant été apportée, on nous installa deux lits de camp dans une pièce gigantesque. Que de fois nous devions entendre : Frère et sœur ? Non : Mari et femme ! Après quoi, dans une chaleur torride, nous montâmes à l'Acropole, nous étonnant en chemin de voir qu'hommes et femmes portaient peu de couleurs vives. L'Acropole était accessible, mais son musée, un de nos rêves, était fermé. C'est dans une semi-clandestinité que nous pûmes apercevoir un jour la « Victoire détachant sa sandale » de la balustrade du temple d'Athéna Nikè, un des reliefs que nous avions le plus désiré voir. Une telle fermeture était chose courante. A Sparte, au musée, les plus beaux objets étaient enfermés dans des caisses, timbrées au sceau du royaume de Grèce. Pourquoi ? La réponse fut : « Polemos, Germania. » Il y a eu la guerre avec l'Allemagne.

« Tout le monde » aujourd'hui est allé en Grèce, mais tout le monde n'y est pas allé au lendemain de la guerre civile, quand l'atmosphère était telle que dans certains villages les lumières s'éteignaient quand un voyageur s'approchait. Tout le monde n'y est pas allé alors qu'Athènes était l'exception et la campagne la règle. J'ai lu il y a peu d'années, dans le numéro « Témoins de Sartre » des *Temps modernes* (octobre-décembre 1990), l'admirable série de lettres envoyées en juillet-août 1935 par le très jeune philosophe, alors en Grèce, à son amie Wanda. Cette description au jour le jour est si belle, et, m'a-t-il semblé, si exacte, qu'elle me décourage de toute tentative d'évocation détaillée de notre voyage.

Il fut du reste des plus classiques : Athènes et ses environs, l'île voisine d'Égine, le tour du Péloponnèse, Delphes et Hosios Loukas et, dans les Cyclades, Syros, Myconos et Délos. Tous les moyens de transport nous étaient bons : cars publics et privés, auto-stop (c'est avec un peu de surprise que, dans une voiture hospitalière, nous devions entendre à la radio la chanson bien connue : « Et dans le lit de la marquise, nous étions quatre-vingts chasseurs »), cheval, mulet, train, bateaux bondés de pèlerins et de cages à poules, sans parler de la marche. Toutes les formes de logement aussi : depuis le temple antique ouvert sur le ciel jusqu'à l'hôtel puant ou propre, en passant, à la Vieille Corinthe, par ce lit installé dans la cour d'une ferme, au milieu des poules. De nourriture, peu, souvent des œufs au plat (des œufs-yeux, dit-on en grec) et de l'ouzo. Geneviève supportait mal ce peu qu'on trouvait dans les restaurants. Des raisins bien sûr, qu'il nous arrivait de dérober, en nous réclamant d'une loi de Platon qui veut que les plus beaux fruits soient réservés, le long du chemin, aux voyageurs, mais qu'on nous offrait très libéralement. Un petit livre nous accompagnait d'un site à l'autre : *Les Grands Sanctuaires de la Grèce* de Marie Delcourt. Un autre érudit belge, à la tête d'un car de touristes de son pays qui nous prit en stop, Julien Tondriau, nous fit visiter Épidaure. Mais je n'ai pu l'identifier que des décennies plus tard.

Insistons tout de même sur deux moments forts de ce voyage. Un jour, en fin d'après-midi, nous arrivons à Andritsaina, au cœur de l'Arcadie, point de départ pour la visite du temple de Bassae, ce qui demandait environ deux heures de marche. Un guide parlant anglais se présente, qui avait été garçon de restaurant à Chicago. Sur le chemin, il connaît toutes les sources et leurs spécificités. Il fait nuit quand nous arrivons au temple dans lequel nous dormons. Mais avant de dormir, nous ouvrons une boîte de sardines et de l'huile tombe sur la pierre. Profanation ? Je finis par me rassurer en pensant aux sacrifices antiques. Le lendemain, redescente à Andritsaina. Le bourg possède une bibliothèque avec d'incroyables richesses : des livres des XVIIe et XVIIIe siècles à l'état neuf. Une bibliothécaire les classe selon les principes qu'on lui a enseignés, nous dit-elle, au British Museum et à la Bibliothèque nationale. Pline l'Ancien y figure dans la science pure, et un Voltaire magnifique, de l'édition de Kehl, y est coupé en tranches selon qu'il s'agit de poésie, de théâtre ou d'histoire.

Après déjeuner, vers 17 heures, nous partons en direction d'Olympie : soixante-dix kilomètres au bas mot qu'il faut faire à pied. Première étape : Zakha. Pendant plusieurs heures, nous cheminons : nous sommes, selon les passants, à deux heures de notre but, puis tout d'un coup à cinq minutes. Une lumière est restée allumée tandis que les autres s'éteignent et que les chiens aboient. Nous entrons et on nous donne à manger et à coucher : le lit d'Ulysse, rien moins que cela. C'était l'auberge du village. Le lendemain à l'aube, un muletier nous fait franchir l'Alphée à gué. De là encore des heures de marche jusqu'à Olympie où, épuisés, nous nous précipitons sur le champ de fouilles éclairé par une lumière irisée, exceptionnelle dans le Péloponnèse. Au musée, l'Apollon, séparateur du sauvage et du civilisé, tend le bras, souverainement.

Pour gagner Myconos et Délos, il nous faut, nous dit-on à Athènes, rejoindre Syros, capitale des Cyclades. De là, nous trouverons une solution rapide. En fait, nous ne trouvons rien de tel et restons bloqués deux jours dans cette île dont la ville majeure, Ermoupolis, occupe deux collines, l'une catholique, l'autre orthodoxe. Nous allons nous baigner sur la côte ouest de l'île, à Kini si j'en crois la carte, le guide, et ce que m'a dit depuis lors François Aron, spécialiste de cette île. Nous le faisons fort sagement au milieu d'une bande d'enfants qui, manifestement, n'ont jamais vu un homme et une femme se baigner ensemble. Arrive un mariste, un « petit frère » chargé de l'éducation de ces enfants et qui nous accuse de leur offrir un spectacle incorrect. Il me dit cela à moi, détournant pudiquement la tête quand Geneviève prend la parole. Le ton du religieux devient tel que je le gifle. Arrive alors un autre personnage en noir, vice-consul de France à Syros, mais grec et qui développe ces accusations. Nous partons. Sur la route, une voiture se fait entendre, une Buick des années vingt que nous stoppons. Son propriétaire nous emmène de taverne en taverne, buvant bière sur bière et croquant des olives, et nous explique, en français, son désespoir. Il est le principal filateur de l'île. Il a jadis élevé une petite fille à des fins très privées, un peu comme Diderot et Rousseau avaient tenté de le faire. Mais quand cette petite fille est devenue grande, elle l'a quitté pour suivre son principal concurrent à Paros, île beaucoup plus vaste. Avec son bateau, il va parfois faire le tour de la grande île pour tenter d'apercevoir la belle disparue. Une chanson de Vassilis Tsitsanis, *« Se mazepsa, se symmassa »* (« Je t'ai recueillie, je t'ai gardée »), évoque pour moi, aujourd'hui, cet épisode. Le soir même, nous quittons Syros, non sans forcer un peu le destin, pour Myconos et Délos…

Avant de prendre le bateau de retour, à la police du Pirée il s'avéra que nous n'avions pas rempli je ne sais quelle formalité. Nous étions frappés d'une amende, mais nous n'avions plus d'argent, seulement des boîtes de thon ou de sardines pour nous nourrir sur le *Korinthia*. Il fallait aussi déclarer nos religions respectives. Je refusai de répondre et fus classé comme catholique. Geneviève se déclara bouddhiste. Ainsi naissent les statistiques.

Sur le *Korinthia*, du Pirée à Marseille, entre le thon et les sardines, nous dialoguons avec un groupe d'émigrants juifs. D'Alexandrie, ils vont en Israël, *via* Le Pirée, Gênes et Marseille. Leur langue maternelle est le judéo-espagnol, leur langue de culture le français. C'est à Marseille qu'ils vont préparer dans l'enthousiasme leur « alya ». La monarchie égyptienne vient d'être balayée, mais leur départ ne doit rien à Neguib ou à Nasser. Pour la première fois, je rencontrais de futurs Israéliens.

Ce voyage en Grèce était le premier d'une longue série, mais nous n'allions retourner dans ce pays d'hommes et de dieux qu'en 1960. Nous sommes rentrés à Paris aux environs du 9 septembre, dans un froid qui surprit Geneviève. C'était pour apprendre une nouvelle désastreuse : la mort de Sam Spanien, tué le 7 dans un accident d'auto entre Nancy et Contrexéville. Ce fut mon premier deuil d'adulte.

A Paris, notre installation se fit dans deux pièces de la rue de Varenne. Nous y sommes restés jusqu'au 4 avril 1955. Un artiste lent se chargea de les repeindre, selon des couleurs – un gris-bleu et un gris tourterelle notamment – qu'avait choisies une artiste rapide, Jolaine Meyer, amie de ma sœur. Pour nous installer dans les deux pièces qui nous étaient concédées, il fallait faire de la place, et pour cela « bazarder » auprès d'une figure très balzacienne, une sorte de « marchande à la toilette » qui se disait antiquaire, beaucoup d'objets venant des générations successives qui avaient habité la rue Gustave-Flaubert ou la rue de Varenne. Ainsi disparut, misérablement, le gigantesque portrait d'« Emmanuel », ce grand-oncle que j'ai déjà évoqué. Nous vivions là sur un rythme et avec des ressources variables, nous contentant parfois de pain, de beurre et de chocolat chaud, fréquentant les moins infâmes des restaurants universitaires et, les jours de grand luxe, un restaurant russe de la rue Malebranche, le Coq d'or, où le patron attendri nous consentait une forte remise. Entre ces deux extrêmes, des petits bouillons, notamment celui que tenait, près de la Contrescarpe, une certaine Solange, évoquaient pour nous le restaurant Flicoteaux de Balzac.

Il me fallait d'abord franchir l'obstacle de la philologie. Cela se passa sans trop de peine, grâce notamment à l'aide des précieuses fiches de Christian Jaby, un ami de Charles Malamoud, aujourd'hui professeur à Strasbourg.

Enfin muni d'une « licence d'enseignement », je me jetai dans mon philosophique sujet. Je devais y passer une année entière, de novembre à novembre, dont deux ou trois semaines furent réservées pour un « mémoire annexe » sur un sujet que m'avait proposé Ernest Labrousse : la première élection de Jaurès comme député de Carmaux, le 22 janvier 1893.

Cette tension entre un philosophe qui rentrait dans la caverne après avoir contemplé l'idée du Bien, et l'orateur, rompu du reste à la philosophie, qui s'efforçait de sortir les hommes de la caverne, est une assez belle allégorie des contradictions qui ont dessiné et dessinent toujours ma vie d'historien. Ce fut une année de travail, à la Bibliothèque nationale surtout, et de passion intellectuelle comme j'en ai peu connues dans ma vie. Une année traversée, sur le plan familial, de difficultés, puisque Geneviève fut gravement malade, à la suite d'une fausse couche mal soignée par un médecin indifférent – il habitait la maison voisine de la nôtre mais ne jugea pas utile de se déranger quand il l'eût fallu. Une année au cours de laquelle Pierre Mendès France, par sa déclaration d'investiture – rejetée – du 3 juin 1953, rendit à nombre de jeunes Français le goût de l'action et de la morale politiques.

Il n'était guère possible, même en travaillant avec acharnement, de rester indifférent à ce qui se passait en France et dans le monde. Les enfants Finaly, enlevés par leur protectrice catholique qui les avait sauvés et convertis, sont rendus à leur famille à la fin de juin 1953. *Esprit* avait pris position pour ce retour dans leur milieu natal. Il m'était difficile de ne pas m'identifier quelque peu à eux, mais j'éprouvai un sentiment de gêne quand ils furent expédiés en Israël où résidait, il est vrai, leur famille. Ils étaient français. Ne pouvaient-ils le rester ?

La question de la décolonisation devient, en Tunisie et au Maroc, de plus en plus dramatique. François Mauriac reçoit le 2 juin 1953 du maréchal Juin, qui fait son discours de réception à l'Académie, ce qu'il appela « le coup de bâton étoilé ». Décidément, *Le Figaro* lui-même peut servir la cause de l'indépendance des peuples soumis. Le 20 août 1953, le sultan du Maroc est déposé et exilé par les autorités françaises.

Par quoi fus-je le plus bouleversé ? Par l'immonde procès

Slansky à l'automne de 1952, ou par la mort des Rosenberg exécutés le 19 juin 1952 ? Les deux affaires ne se situaient évidemment pas sur le même plan et les metteurs en scène de Prague et de Moscou ne laissaient strictement aucune chance à ceux qu'ils transformaient en marionnettes tragiques. Claude Bourdet vit avec lucidité, à propos de cette affaire comme de celle des « assassins en blouse blanche » que Staline eut le temps de torturer non de tuer, et dont les « crimes » furent dénoncés par d'éminents intellectuels juifs communistes, qu'on assistait à un retour du mythe du « judéo-sabotage ». L'affaire des époux Rosenberg était vécue, très au-delà du PC, comme une répétition de l'affaire Sacco et Vanzetti (exécutés le 23 août 1927) que je connaissais par la tradition orale et écrite. Il est clair aujourd'hui que les Rosenberg – dont le dossier d'espions est loin d'être net, même s'il est absurde de les placer à l'origine de la bombe atomique russe – savaient au moins pour quelle cause ils allaient mourir ; mais Slansky et ses coaccusés ? Je peux difficilement répondre. Je crois tout de même que je compris assez vite que l'affaire Slansky était, de très loin, la plus grave.

Le 5 mars 1953 cessa de battre ce cœur qui, à en croire la presse communiste, n'avait battu que pour le salut du prolétariat et, à la limite, pour celui du genre humain, le cœur de Staline ! Sa mort renforça le mythe selon lequel il était un modérateur. C'est ce que Vincent Auriol lui-même avait cru au sujet de Maurice Thorez. Puis vint le « dégel », dont le premier signe fut la libération des « blouses blanches »...

Mon travail sur Platon me fit faire deux rencontres majeures. Victor Goldschmidt (1914-1981), réfugié juif allemand des années trente, d'une famille convertie au protestantisme, était l'auteur d'un livre essentiel sur les *Dialogues* de Platon. Cet ouvrage et les suivants avaient introduit dans les études platoniciennes l'analyse structurale, et rejetaient l'idée selon laquelle Platon pouvait et devait se lire selon l'ordre chronologique. Aucune épreuve ne pouvait être, pour un apprenti historien de la pensée de Platon, plus nécessaire et plus difficile que la discussion avec Goldschmidt. Je le rencontrais à la Bibliothèque nationale, et il m'emmenait prendre un café chez Poccardi, seul lieu de Paris où le café était digne de l'Italie. Il ne procédait jamais par affirmations mais par questions, parfaitement maïeutiques, qui donnaient le sentiment à son interlocuteur qu'il venait de découvrir la vérité.

Henri Marguerite (1888-1967), dont Goldschmidt avait jadis suivi l'enseignement, était un personnage tout différent. Ancien dominicain, contemporain du R. P. Festugière, il vivait à Enghien dans des conditions qui devaient être difficiles, puisque sa veuve, après sa mort, me fit venir pour m'annoncer, au milieu des détritus dont son appartement était encombré, que son mari avait été assassiné. Elle me fit l'effet d'une personne peu équilibrée. Il était aussi conseiller municipal communiste d'Épinay. Son enseignement à la IVe section de l'École pratique des hautes études n'était suivi que par un tout petit nombre de fidèles, dont le principal était le R. P. Pierre Golliet, un spécialiste du XVIIe siècle qui devint professeur à l'université de Nimègue, dans une tout autre discipline. Grand, maigre, le regard fixe, Marguerite était à la fois un homme de l'oral et un homme de l'écrit. Il ne publiait rien depuis longtemps, même s'il avait dirigé jadis la *Revue d'histoire de la philosophie*, mais rédigeait entièrement ses séminaires, quitte à les remanier de fond en comble, d'une semaine à l'autre, si une objection lui était faite, à laquelle il ne répondait jamais sur le moment. Il était, je l'ai dit, communiste, mais pas un atome de marxisme ne passait dans son enseignement qui consistait en une réflexion sur les rapports entre les dialogues de Platon et la tradition pythagoricienne. A la fin de 1953, il m'annonça qu'il avait fait de moi le successeur dont il rêvait pour sa chaire. C'était là un vœu pieux, dont je ne fus du reste pas le seul bénéficiaire, mais cette proposition me bouleversa. Sa mort passa inaperçue ;

aucune notice ne fut rédigée sur lui. Pierre Chantraine prononça son éloge au Conseil de la IVe section le 31 mars 1968. Le ton dut en être fort mesuré.

Travaillant sur Platon, je n'entendais pas le traiter comme s'il ne s'agissait pas d'un philosophe. Au contraire, c'est en lisant Platon et en le lisant intégralement que j'appris qu'un historien devait savoir respecter le genre des textes qui sont ses sources. Il était hors de question de *réduire* Platon à ce qu'il n'était pas, un historien, de le mettre au niveau de Thucydide et d'Hérodote, mais de suivre les articulations de son discours historique partout où il se trouvait, c'est-à-dire dans l'ensemble de son œuvre. Il était également hors de question de chercher à repérer simplement des allusions historiques dont cette œuvre était parsemée. Je voulais comprendre une philosophie de l'histoire, non faire de Platon une « source ». Ce que je découvrais avait un aspect un peu effrayant, celui d'une réfection idéologique de l'histoire. A la veille de Salamine, les Athéniens ne s'embarquaient pas sur leurs bateaux – une victoire maritime est pour Platon une victoire honteuse – mais sur les espérances que suscitait en eux la confiance qu'ils mettaient en leurs dieux. J'essayai toutefois de sauver Platon de l'accusation de totalitarisme réactionnaire, formulée par Karl Popper, en montrant que tout le système dépendait de l'idée du Bien, et que Platon intégrait à son niveau la pensée « progressive », l'*Aufklärung* du ve siècle. Sur ce dernier point j'avais raison ; sur le premier, j'oubliais que l'idée du Bien n'était pas un en-soi, mais une création de Platon.

Je ne lisais pas à l'époque un seul mot d'allemand, et ce fut une étudiante juive allemande, Rita Thalmann, qui lut pour moi Wilamovitz et quelques autres, y compris l'unique dissertation existant sur mon sujet, qu'elle dénicha pour mon compte dans une bibliothèque allemande.

Je ne passai à la rédaction du mémoire qu'en juillet 1953, à Luxeuil où Geneviève faisait une cure, et où m'avait suivi une malle de livres et de notes. Je continuai à Marseille et à notre retour de vacances à Paris, fin septembre. Entre-temps, Geneviève avait imposé à mes réticences un séjour de deux semaines à Florence – nous rejoignions nos amis marseillais Jeannine Durand et Guy Borreli, déjà historien de l'art très formé et disciple de Pierre Francastel –, ce qui eut pour moi, comme on le verra, des suites plus que bénéfiques.

Le travail sur Jaurès était d'ampleur et de nature très différentes. Il s'agissait à la fois d'une étude de presse assez détaillée, presse locale du Tarn et de Toulouse, presse nationale, et d'une étude de sociologie électorale, telle que François Goguel et Georges Dupeux en avaient fixé les règles. Pour que Jaurès puisse être élu dans la deuxième circonscription d'Albi, dont le centre était la ville minière de Carmaux, élu sur le programme du Parti ouvrier que symbolisait Guesde, il fallait qu'il ait à la fois les voix des deux catégories ouvrières très différentes qui coexistaient à Carmaux : les mineurs et les verriers, et une grande partie des voix paysannes. Il fallait, autrement dit, que se produise ce que Labrousse appelait la « captation totalitaire des voix ».

Ernest Labrousse me reçut, dans l'intimité, mais avec éloquence : « Et je vous remercie d'avoir déjà, si jeune, contribué à cette histoire du socialisme, qui est encore à faire. » Je puis reproduire les mots, non le ton.

C'était évidemment le jugement de Marrou que j'attendais avec impatience. Il me foudroya en me disant que c'était là le brouillon d'un des trois ou quatre livres sur Platon qu'on aurait envie de relire. Ce livre, je ne l'ai pas écrit, et lorsque j'ouvre mon mémoire de 1953, je constate que, dans le difficile domaine de l'analyse du discours philosophique, je n'avais pas encore compris qu'on peut atteindre des vérités, non la Vérité. Mais je constate aussi que je suis là à la source d'une bonne partie de ce que j'ai pu écrire depuis.

Jaurès ne disparut pas, lui non plus, sans laisser de traces.

Car en 1955-1956 Geneviève consacra son diplôme à Jaurès historien, sujet alors assez neuf. Pour son mémoire, je me chargeai seulement de découvrir le chiffre du tirage des œuvres historiques de Jaurès en allant voir un à un les imprimeurs de *L'Histoire socialiste* – toutes ces imprimeries subsistaient alors à Paris – et dénichai indirectement un vieux prote qui me donna un chiffre, 2 000 exemplaires, pour le dernier volume – pas le plus intéressant – de l'ouvrage. Labrousse avait alors un mot d'ordre et un seul : « Comptez-les. » Ce fut une enquête pittoresque. Nous rencontrâmes notamment Louis Noguères, ancien président de la Haute Cour, connu dans le parti socialiste sous le nom de D'Artagnan. Il était le seul survivant des auteurs de *L'Histoire socialiste* publiée (d'abord en fascicules) entre 1900 et 1908, mais le volume qu'il rédigea avait été signé par Paul Brousse, le fondateur du « possibilisme ». Il nous raconta comment Paul Brousse lui avait confié une mission difficile : informer Jaurès qu'il n'avait pas écrit une ligne du volume dont il était chargé. Fureur de Jaurès : « C'est une faillite morale, c'est une faillite tout court. » Et Jaurès de découvrir alors que son jeune interlocuteur était licencié en histoire. Le voilà, d'un coup, contraint d'écrire, semaine après semaine, l'histoire du Consulat et de l'Empire.

Tous les matins, le garçon de la maison Rouff, qui publiait *L'Histoire socialiste*, venait recueillir au pied du lit de Noguères les pages écrites pendant la nuit, après une dure journée de travail en bibliothèque et aux Archives. Un matin, il ne trouva rien : Noguères s'était enfui à Port-Manech, et Jaurès avait dû improviser, en toute ignorance de cause, un texte dont Noguères nous montra le manuscrit. Mais l'évadé était rentré et avait repris le collier ! Il me parla aussi de mon grand-père qui l'avait aidé au cours d'un grand procès contre Léon Daudet. Edmond Vidal-Naquet lui avait fait découvrir un aspect peu connu du directeur de *L'Action française* : « Il vit un jour, de ses propres yeux, un balai prendre vie et danser[1]. » Un nouveau rendez-vous fut pris, mais la veille, Louis Noguères mourut ; c'était le 5 mai 1956. Du fait de cette enquête, Geneviève me fit lire l'œuvre historique de Jaurès, l'histoire immédiate, celle des *Preuves*, et l'histoire à long terme, sous le signe de Marx, de Michelet et de Plutarque, sans parler de *L'Armée nouvelle*, utopie prophétique. Ce sont là quelques-unes des lectures qui ont fait de moi ce que je suis.

Qu'on ne croie surtout pas que Geneviève et moi ne pensions qu'aux examens et aux concours. Il y a un temps pour tout, y compris pour la chanson. Si l'époque de la Libération reste symbolisée pour moi par Prévert et Kosma, et le début des années cinquante par Juliette Gréco, dans les premiers temps de notre mariage nous écoutions – outre nos premiers microsillons, *La Flûte enchantée* et Debussy chanté par Suzanne Danco – deux interprètes tout à fait différents : Georges Brassens, découvert chez nos camarades sévriennes, et Germaine Montero qui chantait Mac Orlan et Garcia Lorca. Tout récemment, en octobre 1993 à New York, j'ai constaté avec plaisir, dans une immense tour à disques, qu'elle n'était pas oubliée.

Une fois titulaire du « diplôme », je me trouvai dans une situation universitaire bizarre. Ma licence était de lettres classiques et me donnait le droit de me présenter au CAPES de lettres, mais mon « diplôme » était d'histoire, ce qui me permettait de me présenter à l'agrégation d'histoire et à elle seule. Encore ce travail était-il si philosophique que Marrou m'avait dit : « Qu'êtes-vous venu faire chez les historiens ? » Aucune ambiguïté ne pouvait me plaire davantage.

Avant de me décider à affronter l'agrégation, j'allai voir un certain nombre de maîtres, dont Pierre-Maxime Schuhl, le

1. Louis Noguères, *Le Suicide de Philippe Daudet*, Paris, Librairie du travail, 1926, p. 181.

spécialiste de philosophie grecque de la Sorbonne, pour savoir s'il ne serait pas possible d'éviter, en entrant au CNRS, cette mortelle préparation. Il est bien vrai que, pendant cette longue année, j'avais connu l'ivresse de la recherche et j'étais tout près d'y consacrer ma vie. Ils me découragèrent, et j'estime aujourd'hui qu'ils ont eu raison.

Je me réinscrivis donc à la Sorbonne et aussi au collège Sévigné où existait une préparation payante et un peu plus intime que celle des amphithéâtres. J'avais chassé la géographie par la grande porte, mais elle revenait par la fenêtre. Je fis une leçon sur « le blé en France » chez Aimé Perpillou. Ce géographe avait aussi peu de relief que le Limousin auquel il avait consacré sa thèse, et on lui attribuait cet adage : « Jusqu'en 1919, c'est de l'histoire, entre 1919 et 1939, c'est de la géographie, après c'est de la politique. » Il me fit tout de même des observations très judicieuses, m'expliquant qu'un professeur devait savoir se servir d'une carte, et au besoin la montrer. Il y avait un programme immense, dont une partie seulement devait demeurer pour le concours de 1955. Au bout d'un mois de ce rythme démentiel, j'étais effectivement au bord de la folie, ne sachant plus où donner de la tête. C'est alors que Geneviève trouva la solution : préparer l'agrégation non pas sur une année mais sur deux, ne pas me présenter en 1954, ce qui m'éviterait les crises d'angoisse qui commençaient à me dévorer, profiter de cette année de répit pour combler, dans la mesure du possible, mes lacunes géographiques qui étaient béantes. Dans tous les domaines, elle m'aida à me préparer. Elle le fit en 1953-1954, en dépit d'une grossesse dont les débuts furent fort difficiles.

Pendant les mois d'attente, nous avions donné à notre futur enfant le nom gaulois qui est à l'origine du mot vassal. Il était donc le *gwas* et je m'étais promis que les premières paroles que je lui dirais seraient un hémistiche de Victor Hugo : « Vassal ton âme est neuve ! » Ai-je tenu cette promesse dans l'émotion qui était la mienne ? Je le crois, sans en être sûr. Car, en compagnie de ma belle-mère, j'assistai à l'accouchement qui se fit à Neuilly et qui avait été soigneusement préparé par les méthodes de respiration auxquelles on donnait le nom un peu abrupt d'« accouchement sans douleur » ou d'« accouchement sans crainte ». Denis-Lucien-Roger naquit le 11 juin 1954. Dans la nuit qui précéda cette naissance, je mis sur l'électrophone une série de disques de Mozart, singulièrement le Quintette en *sol* mineur, comme je le faisais à la veille d'un examen. Ce n'était pourtant pas moi qui allais passer l'examen en question. De ma joie, je ne dirai que ce détail cocasse. Quand j'emmenai ma belle-mère à déjeuner, je lui dis tout à coup : « Mais a-t-il donc des oreilles ? » Ce même jour, j'appris de mon beau-frère Georges Railhac que l'aînée de ses sœurs, Renée, allait mettre au monde non un enfant, ce que nous savions, mais deux. Il me demanda d'annoncer cette nouvelle avec précaution. Un peu plus d'un mois après, des jumelles naquirent donc chez les Lokiec à Marseille. L'une d'entre elles devait épouser le footballeur Jean Fernandez, qui fit ses premières armes d'entraîneur à Cannes puis à l'OM. Indubitablement, c'est ce neveu par alliance qui est maintenant la gloire de notre famille.

Il valait décidément mieux que mon fils ne fasse pas son apparition en plein concours d'agrégation. Quatre semaines avant sa naissance, Isabelle Brunschwig était morte dans son sommeil des suites de ce qu'on appelle aujourd'hui encore une « longue maladie », un cancer des os généralisé à partir du sein, qu'elle affronta avec sérénité sans le connaître. Dans la génération de mes parents, elle était pour moi l'être le plus proche. Yvonne Lefébure, l'amie qu'elle avait tant aimée, et qui l'aimait tant, ne put être présente à ses obsèques. Elle jouait ce jour-là en Suisse, sous la direction de Furtwängler, le concerto en *ré* mineur de Mozart. Elle disait que le second mouvement, la *romanza*, était un portrait musical d'Isabelle. Pour moi qui ne puis la peindre ni en termes musicaux ni dans les termes poétiques qui conviendraient, elle était tout cela à la fois : la musique, la poésie et la vie de l'esprit.

Son aide, Geneviève me l'apporta encore en 1954-1955, l'année cruciale, tout en poursuivant dans les conditions les plus pénibles ses propres études. Elle me fit notamment un résumé détaillé et systématique d'un manuel américain sur l'Amérique du Sud qui était *le* livre de base sur la question de géographie au programme. Le sens d'un mot lui échappait et m'échappait aussi : qu'était-ce que cet *alfalfa* qui reparaissait systématiquement dans les listes de productions agricoles ? Nous finîmes par découvrir qu'il s'agissait du nom espagnol de la luzerne.

Je continuai en 1954-1955 à suivre les cours du collège Sévigné, et c'est là que je fis la connaissance de Pierre Lévêque qui y enseignait l'histoire ancienne, personnage qui me parut érudit, courtois et précieux.

A Sévigné et à la Sorbonne, un homme symbolisa désormais pour moi cette géographie vivante dont j'avais besoin non seulement pour le concours, mais pour ma formation de citoyen : Jean Dresch. Je ne croyais pas beaucoup à l'existence de la géographie en tant que discipline unifiée. J'aurais volontiers annexé la « géographie humaine » dont Maurice Le Lannou se faisait le théoricien, à l'histoire, à cette « géohistoire » dont parlait Fernand Braudel. Des géographes avaient du reste fondé, au début du siècle, l'histoire économique et sociale, celle des *Annales*, et Roger Dion pratiquait une géographie historique, à propos de la vigne notamment, qui me passionnait. En revanche, je ne voyais pas trop quel intérêt pouvait présenter pour les historiens la géomorphologie.

Si je ne croyais pas beaucoup à l'existence de la géographie – je tenais même le caractère cyclique de la théorie de l'érosion pour une survivance de la « pensée primitive » –, je croyais beaucoup à l'existence de Jean Dresch, grand spécialiste de l'Afrique du Nord, sujet au programme pour le concours de 1954. En ces temps où s'amorçait la décolonisation au Viêt-nam, où Diên Biên Phu précédait Genève, entraînait la chute de la « dictature à tête de bœuf » comme Mauriac appelait le gouvernement Laniel, et amenait Mendès France, enfin, au pouvoir, ce qui lui permettait de conclure la paix de Genève avec le Viêt-minh, et d'inaugurer, avec la déclaration de Carthage (31 juillet 1954), la décolonisation de la Tunisie, aucun enseignement ne pouvait nous être plus utile.

Jean Dresch était communiste (il l'est resté jusqu'à sa mort) comme beaucoup de géographes, et le communisme provoquait en géographie de peu joyeux délires. Jean Tricart, à Strasbourg, définissait la géomorphologie comme une « science dialectique », et, dans un cours sur « l'habitat rural » que nous lisions à l'époque, expliquait gravement que, grâce aux « agrovilles », les contradictions entre la ville et la campagne avaient disparu en URSS, et ceci quelques semaines avant qu'un rapport de Nikita Khrouchtchev ne dénonçât la faillite totale de ces inventions de l'ère stalinienne. Pierre George publiait petits « Que sais-je ? » et gros traités en série pour démontrer que tout, absolument tout dépendait de la logique des deux systèmes, et que la ville socialiste, par exemple, était une construction de la pure raison, qui avait simplement à affronter l'héritage de la société ancienne. On a pu voir se reproduire ces types d'affabulations beaucoup plus tard, à propos de la Chine. Jean Dresch n'échappait pas complètement à pareilles rêveries quand il parlait de ces pays, mais il en parlait très peu, parce qu'il préférait enseigner ce qu'il connaissait, et il le connaissait merveilleusement. Grand, un visage aux traits fort accusés, avec des yeux enfoncés, Dresch était le fils d'un philosophe qui avait été recteur de l'université de Strasbourg, mais comme il me le dit un jour, « j'ai préféré la géographie, c'est plus concret ».

Le mot clé de son enseignement était le mot « drame ». « Cherchez le drame », nous disait-il, même s'il s'agissait de parler d'une petite rivière coulant entre deux haies de peupliers. Certains, pour lui complaire, parlaient de « dialectique ». « Vous avez parlé de dialectique, je préfère parler de drame. » Le drame par excellence, en ces années où l'Afrique du Nord explosait, c'était la coexistence malheureuse et en rien pacifique de deux économies, deux sociétés radicalement différentes.

Des problèmes analogues n'étaient pas inconnus en Amérique du Sud. Je me passionnai pour le Brésil, grâce à Dresch lui-même, grâce à l'enseignement et aux livres de Pierre Monbeig, membre de la célèbre mission française de l'avant-guerre dont Claude Lévi-Strauss était le survivant le plus glorieux, grâce aux livres de Gilberto Freyre sur le « Nordeste », grâce aux romans de Jorge Amado, écrivain communiste qui n'était pas encore le répugnant (au physique et au moral) et officiel poussah qu'il est devenu, qui m'ouvraient le monde de Bahia et des campagnes latifundistes.

Naturellement, il n'y avait pas que la géographie. André Aymard nous faisait préparer des leçons d'histoire grecque. Il nous impressionnait par sa science, mais surtout par ses mots féroces, que nous entendions ou que nous connaissions par la tradition orale : « Vous êtes très gentille, mademoiselle ; on vous donnerait le Bon Dieu, mademoiselle, mais sûrement pas l'agrégation » ; « Votre leçon, monsieur, était, je ne dirai pas une réflexion – le mot serait un peu gros –, mais une méditation autour de ce qui aurait pu être le sujet… » A moi, il dit, après une leçon sur Hérodote : « Vous êtes très cultivé, M. Vidal-Naquet, ou du moins, vous le paraissez ; à l'agrégation, c'est la même chose. »

C'est William Seston, protestant sec de type anglo-cévenol qui, entre tous, nous terrorisait par ses « reprises » de nos leçons d'histoire romaine. Je fis avec lui une leçon sur les paysans au Bas Empire qui me demanda trois semaines de travail, pour m'entendre dire que l'information était très bonne et le débit insupportable.

Maurice Baumont avait jadis été un bon historien de l'Allemagne contemporaine. Il en était réduit en 1954-1955 à un humour qui relevait plutôt du comique troupier. René Rémond me surprit en développant l'idée que le triomphe du nazisme s'expliquait difficilement à la lumière du seul marxisme et des choix opérés par les maîtres de l'industrie lourde, ce en quoi il avait raison. Mais le livre clé à mes yeux était *Fascisme et Grand Capital* de Daniel Guérin.

C'est à l'École pratique des hautes études que je reçus les enseignements les plus originaux. Alexandre Koyré nous parla de Nicolas de Cues et de l'évolution de la terre dans la pensée du XVe siècle, du statut de grosse boule située au creux de l'Univers à celui d'étoile divine. Je le suivis pendant quelques semaines. Ruggero Romano, que je fréquentai tout au long de l'année, nous passionna – nous, je veux dire trois ou quatre étudiants – en commentant des documents d'archives de la Venise et de la Florence du Quattrocento.

Henri Marrou avait été chargé par le SGEN[1] de donner une formation professionnelle à ses élèves : Jean-Louis Monneron, Elizabeth Calot (aujourd'hui Carpentier), Bernard Comte et quelques autres. C'est au cours d'une de ces séances qu'à la fin de janvier 1955 il nous dit à peu près : « Vous avez vu ce que veut faire le gouvernement Mendès France ; il veut déplacer les policiers tortionnaires d'Algérie en France. Vous savez ce que cela donnera : c'est en France que l'on torturera désormais. » La guerre d'Algérie avait commencé le 1er novembre 1954.

Ma préparation, vraiment intensive, ne se menait pas dans une équipe très définie. Je faisais mon miel de mes amitiés et de mes camaraderies, échangeant notes, bibliographies et résumés, recevant plus que je ne donnais, du fait notamment de mon écriture difficilement déchiffrable. C'est sans plaisir que je vis débarquer, parmi les agrégatifs d'histoire, Pierre Nora. Après *Imprudence* et mon retour à Marseille, nous avions pratiquement cessé de nous voir. Il avait fait à partir de la philosophie ce que j'avais fait à partir de la licence de

1. Syndicat général de l'Éducation nationale (CFTC puis CFDT).

lettres classiques. Mais j'eus l'impression, pénible et absurde, qu'il venait envahir mon territoire, et je me mis à répandre des mots désagréables sur son compte. Puis je l'entendis faire une excellente leçon et je me réconciliai avec lui. Parmi mes camarades, il y avait par exemple Jack Barnouin, fils très sanguin d'un boucher en gros du Vaucluse, François Caron qui mêlait une allure de premier communiant et des tentations d'activisme d'extrême droite, Pierrette Peyrot, future Pierrette Bonnaud et, parmi les élèves de Marrou, Anahite Ter Minassian, que le tonitruant André Labarrère, le seul ministre qu'ait fourni notre promotion d'agrégatifs, avait baptisée Nana. A l'oral du concours, elle indisposa le jury de l'agrégation féminine par son éclatante beauté et par l'ampleur de son décolleté. Elle dut attendre une année de plus.

Ceux qui me rendirent les plus grands services furent toutefois deux normaliens de la rue d'Ulm : Bernard Comte et Jacques Jarry. On peut difficilement imaginer deux personnages plus différents. Le premier, catholique, à la limite de ce que j'oserai appeler sainteté, minutieux, n'affirmant rien qu'il n'ait vérifié trois fois, le second, un Vendéen communiste, capable d'apprendre une langue vivante dans le temps qu'il me fallait pour apprendre une fable de La Fontaine. Jarry était toujours là quand il y avait un coup à recevoir et ses anciennes activités de responsable du comité « antititiste » du Quartier latin le mirent – ainsi d'ailleurs que la plupart des agrégatifs communistes – à rude épreuve en ces temps qui virent, le 26 mai 1955, la spectaculaire réhabilitation de Tito. Je vins leur demander : « Vous le croyez, vous historiens, que c'est la faute à Beria ? »

Et ce fut l'écrit, avec un devoir sur l'art florentin au Quattrocento qui me fit bénir notre voyage de septembre 1953 à Florence, et en géographie un sujet qui avait, sans que nous prenions cette rumeur tout à fait au sérieux, circulé à Sévigné : « Le relief de l'Amérique du Sud. » Je l'avais tout de même révisé, employant un vocabulaire que je ne comprenais pas toujours. Mon seul échec à l'écrit fut l'ultime dissertation sur un domaine que je connaissais bien : la République de Weimar, mais où je m'embarquai dans un exposé dépourvu de problématique.

Je ne pouvais croire à la réussite, et Marrou, par exemple, me disait que j'avais toutes les qualités nécessaires pour me faire coller. J'étais hanté par l'échec : depuis le bachot je n'avais connu aucun succès aux examens ou concours que j'avais passés en juin. Il fallut attendre un mois les résultats, et encore un mois après le succès à l'écrit pour que je commence les épreuves de l'oral, que présidait Fernand Braudel, comme un pacha plutôt que comme un roi. Ce fut une période épuisante, égayée par de rares sorties. Nicole et Jean Fabre, elle, psychologue, lui, polytechnicien et ingénieur à l'EDF, contribuèrent à me maintenir, tant bien que mal, au-dessus du niveau de flottaison. C'est à l'occasion d'une promenade avec eux, en Ile-de-France, que je fis la connaissance de Suzanne Prou, sœur de Nicole, qui devait devenir une de nos meilleures amies.

En dépit de la suralimentation que m'imposait Geneviève, je fondis, tombant en dessous des cinquante kilos. Entre-temps, tout de même, j'avais passé avec succès le CAPES de lettres classiques, surveillé à l'écrit par Louis Blaizot, retrouvant à l'oral le sourire « japonais » de Berguin, Henri Goube, et le légendaire professeur d'hypokhâgne de Marseille, Camille Marcoux. Le latiniste, nommé Cousin, était un malheureux spécialiste de Quintilien, connu comme plagiaire et croyant intelligent, pour dire « Fous-moi le camp », d'employer les mots latins *stultus* (fou), *ego* (moi), *castra* (camp). Je n'eus affaire à lui que pour m'entendre reprocher mon ignorance : je ne savais pas que Racine avait annoté Quintilien.

A l'agrégation, je fis un oral en dents de scie. Ma première leçon ennuya si fort le jury que l'un d'entre eux me montra les notes qu'il avait prises en m'écoutant : le dessin d'une pendule. J'évitai la carte d'état-major qui m'aurait étendu pour le compte et eus à la place un merveilleux texte de l'*Icarie* de Cabet, grande œuvre du socialisme que l'on disait « utopique ». Avant d'affronter ces épreuves, j'étais venu prendre le pouls du jury. Je les avais vus attentifs et questionneurs devant un petit jeune homme blond dont je devinai aussitôt qu'il serait le cacique. C'était Pierre Sorlin. Je lui donnai ce titre, et il crut longtemps que c'était pure méchanceté de ma part. Il fut effectivement le premier de notre promotion.

Le grand oral (il y avait en ces temps lointains une sous-admissibilité et une admissibilité) me vit plancher en géographie sur ce sujet : « Sierra et costa en Équateur et au Pérou ». En dépit des encouragements de Pierre Sorlin qui faisait devant moi de merveilleux croquis sur la pampa, je faillis renoncer. Pierre Quoniam, qui représentait l'histoire ancienne dans ce jury et qui en était le benjamin, me dit : « Mon vieux, si vous faites cela, je vous casse la gueule. » Il n'eut pas à le faire, même si ma leçon fut, cette fois, pire qu'ennuyeuse. Quand je tirai l'ultime sujet : « Donatello », je n'en crus pas mes yeux. Non seulement Donatello était pour moi le sculpteur florentin par excellence, mais dans ma copie d'écrit, j'y étais allé d'un grand mouvement d'éloquence : comment parler de Donatello ? L'historien ne se trouve-t-il pas décontenancé devant l'extraordinaire diversité d'une œuvre qui comprend à la fois les dionysiaques *putti* de la Cantoria du Dôme et le sévère saint Jean du Baptistère ? Pierre Quoniam me jura, bien des années après, que dans la corbeille où se trouvaient les sujets, il y en avait d'autres que Donatello...

Au début de la leçon, Braudel me demanda de crier ; un peu avant la fin il me dit que mon temps était terminé, ce qui n'était pas vrai. Je le lui dis. J'étais dans un jour de culot. Comme Robert Boutruche, le médiéviste du jury, sortait de ses papiers une carte postale représentant un relief de Donatello que j'étais précisément en train de commenter, je lui pris des mains la carte en question et la portai au président. Noël Alexandre me dit à la sortie, pour commenter le rituel de l'agrégation : « C'est l'admission au sein d'un ordre. »

Le jour des résultats, au ministère, Pierre Quoniam vint dire à Geneviève que non seulement j'étais reçu mais que j'étais troisième. Je le devais à Donatello. Jacques Brunschwig me dit que cela aurait fait plaisir à sa mère ; en me disant cela, c'est à moi qu'il fit un immense plaisir.

A la « confession[1] », Maurice Crouzet, l'inspecteur général vice-président du jury, me reçut avec l'humanité qui le caractérisait et me promit de ne pas m'envoyer trop loin. J'expliquai à Braudel que je voulais travailler sur la naissance de l'histoire en Grèce. Il me dit que c'était, tout au plus, le sujet d'un articulet. Mais il s'humanisa quand il découvrit que j'étais l'élève dont lui avait parlé Romano, sans le nommer. Il me conseilla de faire de l'histoire de l'art. On était déjà dans la seconde quinzaine d'août.

Ce qui restait des vacances d'été se passa à reprendre des forces dans les Alpes. Depuis le 4 avril 1955, nous avions, Geneviève, Denis et moi, déménagé pour nous installer rue du Cherche-Midi. Ainsi était consommée, tardivement, une certaine rupture avec le passé que symbolisait la rue de Varenne. Tard dans le mois de septembre, à Marseille, j'appris que j'étais nommé professeur à Orléans, au lycée Pothier. Quand je pris mes fonctions, la guerre d'Algérie entrait dans son douzième mois. Des événements décisifs s'étaient produits. L'insurrection du Constantinois avait éclaté le 20 août. Quelques mois auparavant, du 18 au 24 avril 1955, les dirigeants du tiers-monde et de la Chine s'étaient rassemblés à Bandung. Nous sommes à un tournant de l'histoire du XXe siècle.

1. On appelle ainsi l'entretien entre les candidats et les membres du jury, après l'oral.

Épilogue provisoire

Au point où j'en suis de ce récit, il n'est peut-être pas inutile de marquer un temps d'arrêt et de réfléchir sur mon parcours.

Il est clair qu'à cette date les choix essentiels ont été faits. « Entre Platon et Jaurès », il y a à la fois opposition et association. En apparence, rien de plus simple. La Grèce fut et demeure mon domaine de recherche : Grèce philosophique, Grèce poétique et littéraire, Grèce des institutions politiques, Grèce de la tragédie que j'avais commencé à découvrir en 1943, Grèce des historiens. Jaurès, lui, symbolise à merveille mon engagement politique, entre le dreyfusisme de la génération de mon grand-père et le socialisme réformiste ou révolutionnaire. Mais si l'affaire Dreyfus a joué pour moi un rôle de récit fondateur, est-ce parce qu'elle concernait un Juif ? A parler franc, en 1955 j'avais toutes les raisons du monde d'être conscient de ma *condition* de Juif. « Que fais-tu, qui es-tu ? Je suis un Juif et j'ai peur », lit-on dans le livre de Jonas. J'étais un Juif au sens sartrien du mot, vivant sous le regard d'autrui. En revanche, je ne devais à peu près rien à la *tradition* juive, dont j'ignorais pratiquement tout en dépit de mes lectures bibliques et des efforts d'amis comme Alex Derczansky.

C'est plus tard que la rencontre se fit, et j'essaierai, dans le prochain volume de ces *Mémoires*, de raconter cette rencontre. A-t-elle permis la jonction, presque la réunification du militant et de l'historien de la Grèce ? Je crois que les choses ne sont pas aussi simples. Militant pour des causes que je croyais justes, tantôt avec raison, tantôt à tort, j'ai toujours essayé de ne pas renier, ce faisant, mon métier d'historien, c'est-à-dire de m'imposer des règles minimales de rigueur. En 1958, quand je publiai, aux Éditions de Minuit, *L'Affaire Audin*, je plaçai sous mon nom, fièrement et presque ridiculement, mon titre d'agrégé d'histoire. Et pourtant j'eus le sentiment, en 1976, lorsque Jérôme Lindon me suggéra de présenter au public *La Guerre des Juifs* de Flavius Josèphe, ce texte grec qui raconte l'affrontement des enfants de Jacob avec ceux d'Alexandre et de Romulus, qu'il m'obligeait par là même à réfléchir de façon positive sur l'histoire des Juifs dans toutes ses dimensions, et pas seulement sous l'angle du malheur.

Beaucoup plus tôt, dès 1958, Lindon m'avait fait lire un texte qu'il avait, très discrètement, publié trois ans auparavant[1], *Jonas* précisément. « Il n'existe pas une qualité qui soit à la fois particulière et commune au berger nomade de Galilée, au marrane espagnol du XVIe siècle officiellement baptisé, au diplomate israélien, à tel membre du Soviet suprême, à tel financier de la 5e Avenue, à ce prolétaire noir qui vit à New York selon les lois de Moïse (rejeté non seulement par les Blancs non juifs, mais aussi par les autres Noirs parce que juif, et par les autres Juifs parce que noir), à ces hommes qu'on appelle pourtant tous des Juifs… », écrivait-il dans son commentaire, et qui ont prouvé qu'ils existaient non seulement en souffrant, mais en se taillant un empire et en manifestant leur solidarité en 1967 ou 1973.

Et c'est ainsi que, historien des Grecs, historien des crises et des crimes contemporains, je suis aussi devenu historien des Juifs, non pas double, simplement, si j'ose dire, mais triple et même quadruple si on y ajoute cette autre dimension de mon travail : l'histoire de l'histoire. Ce n'est pas une situa-

1. *Jonas*, traduit de l'hébreu par Jérôme Lindon, Paris, Éditions de Minuit, 1955 (réédition, 1990).

tion facile à vivre, et j'essaie effectivement de la vivre dans toute sa complexité. Je ne suis assurément pas le premier à la connaître, et chacun s'en tire comme il peut, qu'il s'appelle Théodore Reinach, traducteur de Flavius Josèphe et historien de Mithridate au début du siècle, ou, plus près de nous, Arnaldo Momigliano (mort en 1987).

Entre « Juifs » et « Grecs » n'existe-t-il pas pourtant une sorte de solidarité-rivalité qu'Elias Bickermann (1897-1981) a exprimé en ces termes : « Les Juifs sont devenus le peuple du Livre quand ce livre a été traduit en grec » ?

Donnons un exemple de ces rapprochements singuliers, de ces complicités volontaires ou involontaires, de ces interprétations qui peuvent parfois apparaître, voire se développer, entre deux cultures.

En octobre 1994, alors que ce livre était pratiquement terminé, je me suis rendu à Washington pour y donner des conférences à l'université du Maryland et à Princeton. L'une de ces conférences portait sur ceux qui se disent « révisionnistes » et que j'ai appelés, selon la suggestion de Yosef Yerushalmi, les « assassins de la mémoire ». C'était donc une conférence à thème juif. L'autre était centrée sur une sorte d'encyclopédie de la Grèce ancienne à l'époque de Démosthène et de Platon, le *Voyage du jeune Anacharsis*. Les six volumes de cet ouvrage de l'abbé Barthélemy, natif d'Aubagne, près de Marseille, ont été publiés en décembre 1788, et leur succès a été immense en cette veille des événements révolutionnaires et tout au long du XIXe siècle. Aujourd'hui encore existe à Marseille une rue du Jeune-Anacharsis, du nom de ce jeune Scythe censé avoir rencontré Platon et Aristote.

A Washington, je rendis visite à ma cousine adoptive, Suzanne Karpman, dont j'ai évoqué le destin au chapitre V de ce livre et qui est l'épouse d'un diplomate américain, Hank Cohen. Sans savoir le moins du monde le sujet que j'allais traiter dans une de mes conférences, elle tint à me montrer ce qu'elle estimait être le plus remarquable livre de sa bibliothèque. C'était effectivement un très bel exemplaire de la troisième édition, publiée en 1790, du *Voyage du jeune Anacharsis*. Il portait la dédicace que voici, signée d'un certain Armand Lévy : « A mon cher élève Alfred Dreyfus, à l'occasion de sa bar-mitzva, 16 avril [18]75. » On ne savait pas que le futur capitaine Dreyfus (il ne peut guère s'agir que de lui), alors âgé de seize ans, était devenu bar-mitzva (on disait déjà « faire sa bar-mitzva » comme on fait sa première communion), c'est-à-dire était entré comme adulte dans le peuple d'Israël. Ni les historiens de l'Affaire, ni même celui de la famille Dreyfus [1] ne mentionnent cet événement. Que cette entrée se soit opérée sous le signe d'un voyage imaginaire en Grèce est tout de même un joli symbole de ce que fut, au siècle dernier, l'entrée des Juifs dans la République française.

1. Michael Burns, *Une famille française, les Dreyfus*, trad. Béatrice Bonne, Paris, Fayard, 1994.

Index

Les noms des membres de la famille de l'auteur ne sont pas répertoriés dans l'index : le lecteur les trouvera, pour la plupart, cités dans les deux premiers chapitres de l'ouvrage et dans les arbres généalogiques des pages 302 à 304.

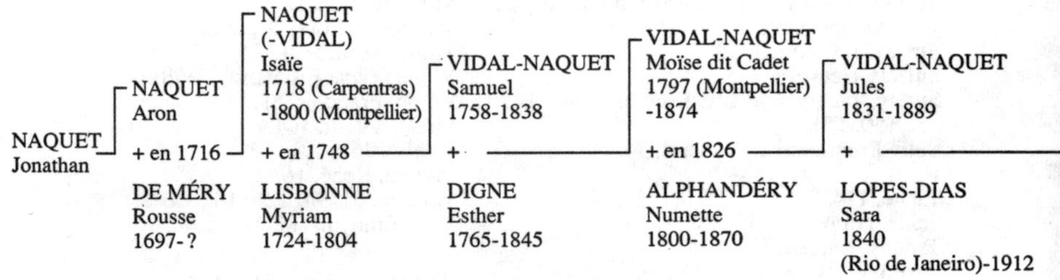

Ces arbres présentent les deux lignées dont je suis issu et descendent jusqu'aux enfants de mon frère, de ma sœur, de mes cousins germains ainsi que les miens. En lignée ascendante, il privilégie le côté paternel. Les chapitres 1 et 2 du livre mentionnent nombre de personnages qui ne figurent pas sur ces généalogies.

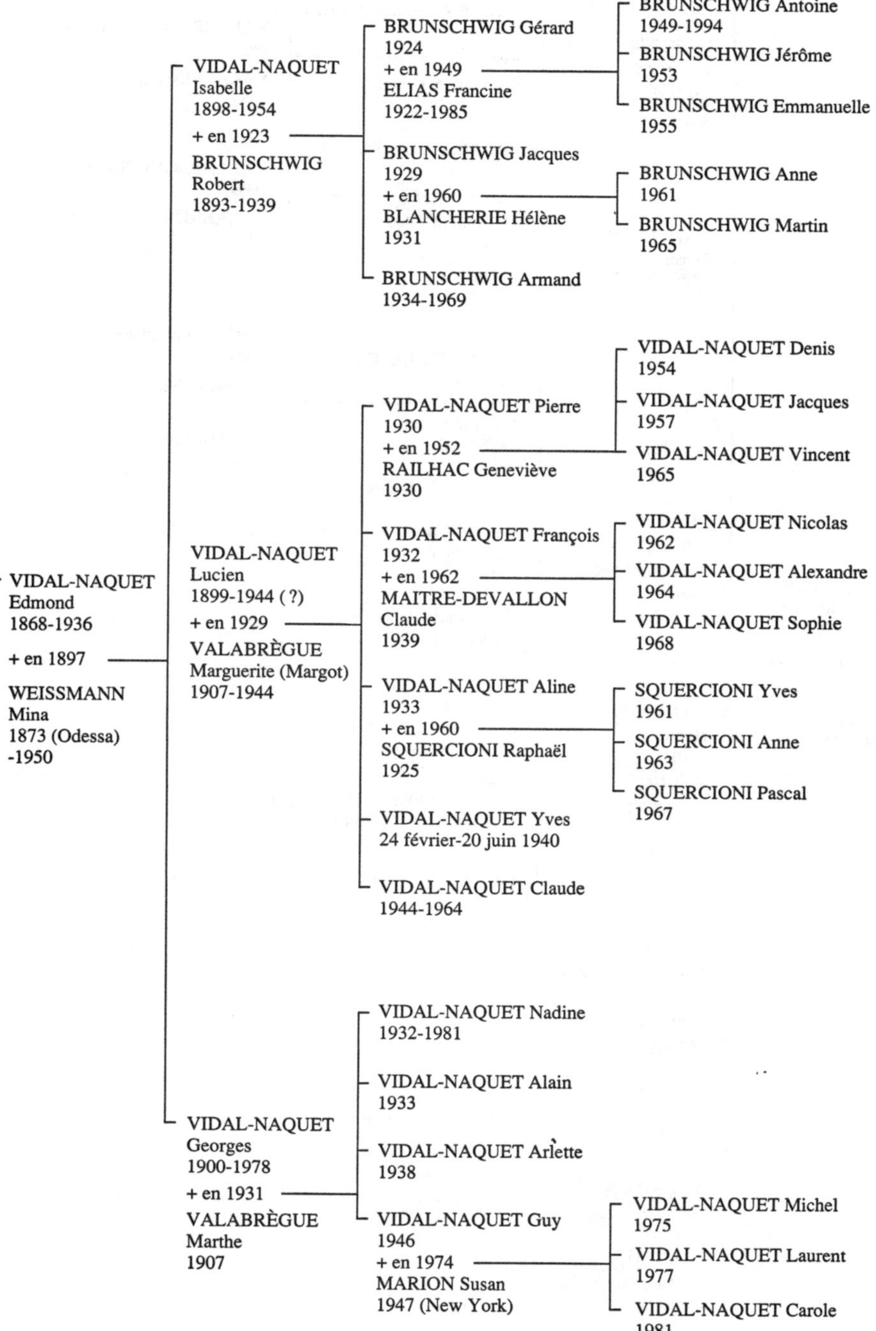

VIDAL-NAQUET
Edmond
1868-1936
+ en 1897
WEISSMANN
Mina
1873 (Odessa)
-1950
VIDAL-NAQUET
Isabelle
1898-1954
+ en 1923
BRUNSCHWIG
Robert
1893-1939
BRUNSCHWIG Gérard
1924
+ en 1949
ELIAS Francine
1922-1985
BRUNSCHWIG Antoine
1949-1994
BRUNSCHWIG Jérôme
1953
BRUNSCHWIG Emmanuelle
1955
BRUNSCHWIG Jacques
1929
+ en 1960
BLANCHERIE Hélène
1931
BRUNSCHWIG Anne
1961
BRUNSCHWIG Martin
1965
BRUNSCHWIG Armand
1934-1969
VIDAL-NAQUET
Lucien
1899-1944 (?)
+ en 1929
VALABRÈGUE
Marguerite (Margot)
1907-1944
VIDAL-NAQUET Pierre
1930
+ en 1952
RAILHAC Geneviève
1930
VIDAL-NAQUET Denis
1954
VIDAL-NAQUET Jacques
1957
VIDAL-NAQUET Vincent
1965
VIDAL-NAQUET François
1932
+ en 1962
MAITRE-DEVALLON
Claude
1939
VIDAL-NAQUET Nicolas
1962
VIDAL-NAQUET Alexandre
1964
VIDAL-NAQUET Sophie
1968
VIDAL-NAQUET Aline
1933
+ en 1960
SQUERCIONI Raphaël
1925
SQUERCIONI Yves
1961
SQUERCIONI Anne
1963
SQUERCIONI Pascal
1967
VIDAL-NAQUET Yves
24 février-20 juin 1940
VIDAL-NAQUET Claude
1944-1964
VIDAL-NAQUET
Georges
1900-1978
+ en 1931
VALABRÈGUE
Marthe
1907
VIDAL-NAQUET Nadine
1932-1981
VIDAL-NAQUET Alain
1933
VIDAL-NAQUET Arlette
1938
VIDAL-NAQUET Guy
1946
+ en 1974
MARION Susan
1947 (New York)
VIDAL-NAQUET Michel
1975
VIDAL-NAQUET Laurent
1977
VIDAL-NAQUET Carole
1981

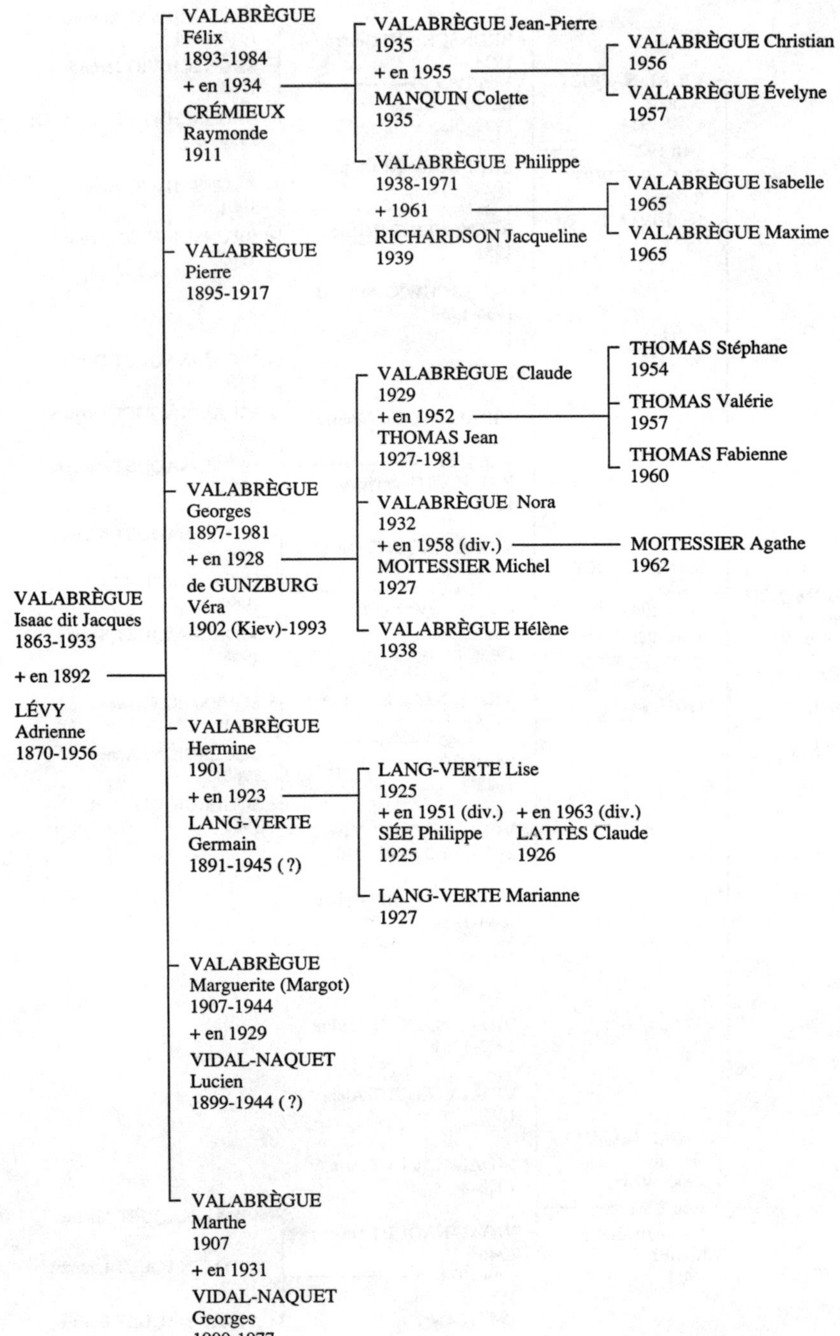

VALABRÈGUE
Isaac dit Jacques
1863-1933
+ en 1892
LÉVY
Adrienne
1870-1956
VALABRÈGUE
Félix
1893-1984
+ en 1934
CRÉMIEUX
Raymonde
1911
VALABRÈGUE Jean-Pierre
1935
+ en 1955
MANQUIN Colette
1935
VALABRÈGUE Christian
1956
VALABRÈGUE Évelyne
1957
VALABRÈGUE Philippe
1938-1971
+ 1961
RICHARDSON Jacqueline
1939
VALABRÈGUE Isabelle
1965
VALABRÈGUE Maxime
1965
VALABRÈGUE
Pierre
1895-1917
VALABRÈGUE
Georges
1897-1981
+ en 1928
de GUNZBURG
Véra
1902 (Kiev)-1993
VALABRÈGUE Claude
1929
+ en 1952
THOMAS Jean
1927-1981
THOMAS Stéphane
1954
THOMAS Valérie
1957
THOMAS Fabienne
1960
VALABRÈGUE Nora
1932
+ en 1958 (div.)
MOITESSIER Michel
1927
MOITESSIER Agathe
1962
VALABRÈGUE Hélène
1938
VALABRÈGUE
Hermine
1901
+ en 1923
LANG-VERTE
Germain
1891-1945 (?)
LANG-VERTE Lise
1925
+ en 1951 (div.)
SÉE Philippe
1925
+ en 1963 (div.)
LATTÈS Claude
1926
LANG-VERTE Marianne
1927
VALABRÈGUE
Marguerite (Margot)
1907-1944
+ en 1929
VIDAL-NAQUET
Lucien
1899-1944 (?)
VALABRÈGUE
Marthe
1907
+ en 1931
VIDAL-NAQUET
Georges
1900-1977

Table

RÉALISATION : PAO ÉDITIONS DU SEUIL
IMPRESSION : S. N. FIRMIN-DIDOT AU MESNIL-SUR-L'ESTRÉE
DÉPÔT LÉGAL : AVRIL 1995. N° 19882 (30232)